Hanyuyan Zhexue Fafan

汉语言哲学发凡

刘梁剑　著

高等教育出版社·北京

内容提要

本书试图初步阐明汉语言哲学的内涵及其与中国哲学研究的互动关系。汉语言哲学经由汉语言考察展开“穷理尽性以至命”的哲学思考。析而言之，基于汉语的独特经验，其一，考察中国思想关于语言的本质，语言的作用与限度，语言和思想、世界、人的存在之间的基本关系等方面的洞见；其二，通过跨语际的比较研究，考察汉语语法结构和中国思想基本特质之间的相关影响；其三，通过对中国古代及现代思想关键词的现象学描述，反思中国思想的语言环境，探索元哲学、知识论、政治哲学等层面的基本问题。

图书在版编目(CIP)数据

汉语言哲学发凡/刘梁剑著. --北京:高等教育出版社,2015.3
ISBN 978-7-04-042045-6

Ⅰ.①汉… Ⅱ.①刘… Ⅲ.①汉语-语言哲学 Ⅳ.①H1

中国版本图书馆 CIP 数据核字(2015)第019404号

策划编辑 孙海芳　责任编辑 孙海芳　封面设计 王 鹏　版式设计 杜微言
责任校对 陈 杨　责任印制 赵义民

出版发行 高等教育出版社
社 址 北京市西城区德外大街4号
邮政编码 100120
印 刷 大厂益利印刷有限公司
开 本 850mm ×1168mm 1/32
印 张 9.75
字 数 256千字
购书热线 010-58581118
咨询电话 400-810-0598
网 址 http://www.hep.edu.cn
http://www.hep.com.cn
网上订购 http://www.landraco.com
http://www.landraco.com.cn
版 次 2015年3月第1版
印 次 2015年3月第1次印刷
定 价 38.00元

物 料 号 42045-00

作者简介

刘梁剑，出生于浙江省永嘉县楠溪江畔。2006 年在华东师范大学获哲学博士学位，师从杨国荣教授。毕业后留校任教至今，现为华东师范大学哲学系暨中国现代思想文化研究所副教授。主要研究领域为中国哲学、中西比较哲学。出版专著 1 部，译著 3 部，参编教材 2 部，发表中英文论文 40 余篇。

目录

第一章　汉语与中国思想的特质：汉语言哲学的萌发

思想在语言中展开，有中国特色的中国思想（包括哲学思想）运作于汉语之中。我们运思于其中的汉语正处于何种境况？汉语有何特质？汉语在多大程度上有助于开启汉语之思的特质？这些问题只有在中国思想运作的实际过程中得以展示或“显现”，而在我们运用汉语进行思想之际，也无法从中国语言及思想中抽身而出居于其外思考上述问题。当然，这并不妨碍汉语在一定程度上可以、也应当成为反思的对象。

第一节　从洪堡特说起

从思想史上看，中西异质文化的相遇引发人们对他者及自身的文化反思，汉语结构和汉语哲学思想的内在关联便是其中一个突出的主题。中国学者与西方学者各抒已见，相互评论，无形中形成了一场世界范围内的讨论。在欧洲思想史上，相关的讨论可以回溯到19世纪（且不说莱布尼茨在17世纪对汉语的想象）。与黑格尔同时代的赫尔德（J. G. Herder）（1744—1803）在*Ideen zur Philosophie der Geschichte der Menschheit*（《人类历史哲学的概念》）等著作中认为，中国文化之所以缺乏“思维精神”，汉字与汉语负有直接的责任。赫尔德之后，洪堡特（1767—1835）对汉语语法与中国思想的特质进行了系统的考察并提出诸多卓见。

一、汉语的语法特征

洪堡特为什么考察汉语语法？他认为，“在研究汉语时，人们通常注意到的是汉字的特点以及汉字与汉语的联系，对汉语本身的语法结构则不太关注。”[①] 洪堡特从两个方面概括了古代汉语语法的特征：汉语中几乎没有语法形式；汉语借助语序和语助词建构句子。他进而评论：汉语激发起并维持着针对纯思维的精神活动，避开一切仅仅属于表达和语言的东西，这是汉语的一个优点。

洪堡特认为，汉语中的词没有确定的语法属性。“汉语不是根据语法范畴来确定词与词的联系，其语法并非基于词的分类。”[②] 洪堡特考察汉语语法特征，是以“其他语言”、实际上也就是以他心目中的古典语言（包括古希腊语、古典梵文等）为参照。古典语言的语法研究源远流长。在古希腊，专门的语法研究可以追溯到公元前3世纪的斯多亚学派。第一部完整的语法书《语法技艺》(*Techne grammatike*) 相传由公元前1世纪的 Dionysios Thrax 所著。在印度，著名的《波你尼（或译“巴尼尼”）语法》（又名《八章书》）成书于公元前4世纪。[③] 西方古典语言是印欧屈折语的典范，其语法一般包括词态学 (morphology, Formenlehre) 和句法学 (syntactics, Satzlehre) 两部分，洪堡特分别称之为“词源部分”和“句法部分”。[④] 前者探讨词的分类（最核心的两类词则是广义上的名词与动词）及词形变化，后者考察不同的词如何组成一个句子。古典语言的词

① ［德］洪堡特：《论汉语的语法结构》，《洪堡特语言哲学文集》，姚小平编译，商务印书馆2011年版，第119页。

② ［德］洪堡特：《论汉语的语法结构》，《洪堡特语言哲学文集》，姚小平编译，商务印书馆2011年版，第119页。

③ 参见金克木：《梵语语法〈波你尼经〉概述》，《梵佛探》，江西教育出版社1999年版，第1～86页；段晴：《波你尼语法入门》，北京大学出版社2001年版。

④ ［德］洪堡特：《论汉语的语法结构》，《洪堡特语言哲学文集》，姚小平编译，商务印书馆2011年版，第119页。

形屈折变化异常丰富，名词有性、数、格的变格，[①] 动词则有人称（第一、二、三人称）、数（单数、复数、双数等）、时、态、式的变位。[②]

从洪堡特的论述来看，他所讲的语法分类有不同的层次。首先，他认为语词必定具有语法分类，这是语言的本质要求，因为，“假如不存在这样的语法分类，人就不能说出让别人听得懂的话，也不可能借助语言进行思维。”[③] 但是，词的语法分类要在语言中得到显性的表达，必须“通过一个标志或以其他方式被归入一个确定的类别”，只有这样才能成为真正的词类。但另一方面，正因为“语法分类”是语言的内在要求，一个并无定类的词在具体的句子中必有它的类。我们可以把一个词在实际应用中所归属的词类称为这个词的“语法价值”（grammatische Geltung）。汉语中，词的语法价值往往取决于词在句子中的位置或语境意义。[④] 洪堡特区分了明示的语法和隐含的语法，前者由语法标记或语法规则予以表达，后者要靠领悟而不是靠标记或规则。[⑤] 从这一区分来看，语法价值可以说是对隐性语法的明示

① 比如，古典梵文中，一个名词有三性（包括阳性、阴性和中性），三数（包括单数、双数和复数），且每一数中有八格（包括体格、业格、具格、为格、从格、属格、依格和呼格）。参见［德］施坦茨勒：《梵文基础读本》，季羡林译，北京大学出版社 2009 年版。

② 比如，就古希腊语而言，动词的人称有第一、二、三人称，数有单数、复数、双数，时包括现在、过去、未来，式包括现在式、将来式、完成式、完成将来式、未完成式、不定过去式、过去完成式，态包括主动态、被动态与中动态。参见 Eduard Bornemann. *Griechische Grammatik*. Verlag Moritz Diesterweg，1978.

③ ［德］洪堡特：《论汉语的语法结构》，《洪堡特语言哲学文集》，姚小平编译，商务印书馆 2011 年版，第 120 页。

④ ［德］洪堡特：《论汉语的语法结构》，《洪堡特语言哲学文集》，姚小平编译，商务印书馆 2011 年版，第 121 页。

⑤ 参见［德］洪堡特：《致阿贝尔·雷慕萨先生的信：论语法形式的通性以及汉语精神的特性》，《洪堡特语言哲学文集》，姚小平编译，商务印书馆 2011 年版，第 169 页。

评价。

汉语没有明确的类别标志。就此而言，在汉语中，词无定类。洪堡特曾举过一个例子，“文武之政，布在方策”（《中庸》）。这句话译成德语的话，可以是“Die Verfassung des Won und Wou steht geordnet in Buechern”（文武的政令井然有序地记在书中），也可以是“Die Verfassung des Won und Wou ist geordnet und steht in Buechern”（文武的政令井然有序，记在书中）。[①] 虽然洪堡特对《中庸》这句话的理解并不十分准确，但他的要点在于：“在”可以理解为介词，“在方策”补充说明谓语屈折动词“布”；“在”也可以理解为与“布”并列的谓语屈折动词。这至少说明，没有明确的形式标志，或者说，没有明确的“指示语法形式的区分标记（marques distinctives）”[②] 可以告诉我们“在”的语法词性。换言之，如果用印欧语言的语法范畴来判断，“在”的语法特性是模糊不清的。由此可见，汉语不注重语法表达。“一个民族的语言如果缺乏某种语法关系的表达，就说明这种语法关系没有引起过它的注意。要知道，一切说话行为的实质都在于一点，即通过精确的分节音使飘忽不定的观念固定下来，所以，凡是心灵中需要在语言上达到清晰明确的内容，都必须以某种方式找到一个能够代表它的语言符号。”[③] 由于词在句中的语法属性有其模糊性，词与词之间的语法关系同样有模糊性。这就有可能导致以下情形：用印欧语言翻译古汉语，就可能会用不同的方式把词与词之间的关系清楚地表达出来，而这些不同的方式看起来都有道理。洪堡特举例说，汉语中的“大哭道”

---

① 参见［德］洪堡特：《论汉语的语法结构》，《洪堡特语言哲学文集》，姚小平编译，商务印书馆 2011 年版，第 125 页。

② ［德］洪堡特：《致阿贝尔·雷慕萨先生的信》，《洪堡特语言哲学文集》，姚小平编译，商务印书馆 2011 年版，第 148～149 页。

③ ［德］洪堡特：《论汉语的语法结构》，《洪堡特语言哲学文集》，姚小平编译，商务印书馆 2011 年版，第 112～113 页。

译成拉丁语的话有几种可能：①

Valde ploravit, dixit. （大哭且道。）
Valde plorans dixit. （大哭着道。）
Valde plorando dixit. （由大哭而道。）
Cum mango ploratu dixit. （大哭之后道。）

汉语中的词无定品，一方面表现为，一个词在句中的语法属性是模糊不清的；另一方面，则是一个词的语法属性——语法价值意义上的语法属性——在不同的句子中是可以变化的，而这种变化并不表现为外在的显性表达。用洪堡特的话来说，一个词"能以完全不变的形式归属于不同的词类"②。

汉语中的词没有确定的语法属性，还表现在动词上。"从语法上说，汉语没有屈折动词，甚至没有作为语法形式的动词，而是只有动词性概念（der verbale Begriff）的表达。这类动词性概念始终具有不定式那样的非确定形式，即处于一种介乎动词和名词之间的状态。"③ 汉语中的动词没有明确的时、态、式等方面的形式变化。"在汉语中，使用动词时可以不指明时间，或时间始终不过是一种多余的附带成分；另外，动词也无所谓主动和被动，对同一个词可以兼作两种理解。"④

① ［德］洪堡特：《论汉语的语法结构》，《洪堡特语言哲学文集》，姚小平编译，商务印书馆 2011 年版，第 127 页。

② ［德］洪堡特：《论汉语的语法结构》，《洪堡特语言哲学文集》，姚小平编译，商务印书馆 2011 年版，第 121 页。不过，洪堡特也提醒我们注意汉语中的音变现象："名词在当作动词用时，经常取另一个不同的重音"（第 126 页）。洪堡特所讲的"重音"实际上指声调。或许我们可以说，洪堡特在这里注意到了汉语声调的屈折变化现象。比如，"中"读平声，是名词或形容词，读去声，则是动词。"饮"读平声，为及物动词，读去声，则转变为使役动词。

③ ［德］洪堡特：《论汉语的语法结构》，《洪堡特语言哲学文集》，姚小平编译，商务印书馆 2011 年版，第 124 页。

④ ［德］洪堡特：《致阿贝尔·雷慕萨先生的信》，《洪堡特语言哲学文集》，姚小平编译，商务印书馆 2011 年版，第 148 页。

法国当代汉学家谢和耐也强调了汉语词无定品的特点。他说："我们无法想像出一种比中国模式与希腊文、拉丁文或梵文更不同的语言模式了。汉语在世界语言中是一种拥有不具备任何语法范畴的这种特点的语言，它以其词法而系统地有别于它者，汉语中的动词与形容词、副词与补语、主语与表语表面上没有任何区别。实在说，这些范畴在汉语中仅仅在含蓄地和武断地参照拥有它们的语言中才存在。"①

谢和耐在评述利玛窦的时候还特别注意到，汉语中没有名词与形容词之间的区分，这一点限制了中国人理解"自立者"与"依赖者"。利玛窦《天主实义》以"白马"为例说明"自立者"与"依赖者"的关系。他说，"夫物之宗品有二：有自立者，有依赖者。……且以白马观之：曰白，曰马，马乃自立者，白乃依赖者。虽无其白，犹有其马，如无其马，必无其白，故以为依赖也。比斯两品，凡自立者，先也、贵也；依赖者，后也、贱也。"② 对"白马"的这一理解，基于名词与形容词的词类区分："马"是名词，"白"是形容词，"白"可以形容"马"，故，"白"可以附属于"马"。实际上，谢和耐已经指出，利玛窦所讲的"自立者"和"依赖者"分别是"实体（substance）"和"次要的事实"的委婉迂回的说法。自立者的观念在西方思想中居于根本重要的地位，同时对于诠释基督教精神来说必不可少，而它却是基于印欧语言中名词与形容词的词类划分："在西方的思想史上，自立物与依赖之物的关系是一种如此基本的关系，以至于必须作出巨大努力以摆脱之。这种对立中包含着由印欧语言同时提供的名词与形容词之间的对立。语言无疑于此也有助于构成永久的和理想的现实之存在，它们摆脱了感性的不稳定性变

① ［法］谢和耐：《中国和基督教》，耿昇译，上海古籍出版社 1991 年版，第 347 页。

② ［意］利玛窦：《天主实义》，《利玛窦中文著译集》，朱维铮主编，复旦大学出版社 2001 年版，第 18 页。

化。但对于中国人来说，其语言中没有任何词形变化。体的抽象概念仅仅对于17和18世纪的欧洲传教士们来说才具有同样的逻辑上的必然性之特征，而且使用这种语言的人一般都能区别形容词与名词，他们都是具有悠久历史的经院哲学传统的继承者。"[①]从中国人的观点来看，自立者和依赖者之间的区别"完全是无根据和人为制造的，因为语言丝毫不会使人联想到这一切。"[②]"白马"是"牛马"、"坚白"之外的一类复名？受西方语法的影响，"白马"为形容词加上名词，而"牛马"是两个名词的复合，"坚白"是两个形容词的复合。但是，公孙龙认为，白者命色，马者命形，依此理解，"白马"似应与"坚白"同类。利玛窦为了论证"人之魂为神"，曾提出以下思想实验："我欲明物，如以己心受其物焉，其物有形，吾必脱形而神之，然后能纳之于心。如有黄牛于此，吾欲明其性体，则视其黄，曰非牛也，乃牛色耳；听其声，曰非牛也，乃牛声耳；啖其肉味，曰非牛也，乃牛肉味耳。则知夫牛自有可以脱其声、色、味等形者之情而神焉者。"[③]这实际上涉及人的抽象能力："白"与"马"的剥离，"马"的独立性。换个角度看，实体的发现有赖于抽象能力。

汉语词无定品，从而与提供了词类划分之典范的古希腊语形成了巨大的差异。洪堡特一方面洞察到语言之别，另一方面又相信存在着"一种"全人类共享的语言。他认为，语言实际上只有一种，也只有这种语言才是人类语言，它在世界上无数具体语言中得到了不同的显示。[④]洪堡特所设想的普遍语法的基础是逻

① ［法］谢和耐：《中国和基督教》，耿昇译，上海古籍出版社1991年版，第351页。

② ［法］谢和耐：《中国和基督教》，耿昇译，上海古籍出版社1991年版，第352页。

③ ［意］利玛窦：《天主实义》，《利玛窦中文著译集》，朱维铮主编，复旦大学出版社2001年版，第28页。

④ 这一点在乔姆斯基看来是一个缺憾，它明显偏离了探索语言普遍性的笛卡尔思路。参见N. Chomsky. *Cartesian Linguistics*. Haper and Row, 1966: 21。

辑，特别是语词的逻辑分类。[1] 词类的划分决定着语言的内在规律。一方面，这一规律潜藏在每一个人的心灵之中；另一方面，它在语言获得表达的程度则取决于不同语言的语法特性。[2] 在此我们不难注意到洪堡特思想的复杂性。

就词态与句法的关系而言，也许我们可以注意到其中的一种反变关系。一种语言的词态越发达，词与词之间的关系就越是能够通过词态变化得到表达，所需要的句法手段也就越少，反之则越多。马建忠曾经从名词变格与介词的关系论及此点："泰西文字，若希腊、辣丁，于主宾两次之外，更立四次，以尽实字相关之情变，故名代诸字各变六次。中国文字无变也，乃以介字济其穷。"[3] 这是说，汉语没有像希腊语、拉丁语那样通过复杂的变格（马氏称之为"次"）来表达名词与名词之间的关系（所谓"实字相关之情变"）；在此情形之下，介词便作为相应的补偿手段发展出来了，所谓"以介字济其穷"也。古典梵文的词形变化堪称完备。德国学者 A. F. 施坦茨勒所著《梵文基础读本》为梵文语法的经典之作，其中便没有句法部分。洪堡特则注意到与之相反的另一种极端情形：汉语没有词法，所以它的语法只有句法部分。"其他语言的语法有词源和句法两个部分，而汉语只有句法部分。"[4] 从句法上看，汉语"惟一的句法手段是语助词，

① 参见姚小平：《洪堡特——人文研究和语言研究》，外语教学与研究出版社 1995 年版，第 96 页。

② 参见［德］洪堡特：《论汉语的语法结构》，《洪堡特语言哲学文集》，姚小平编译，商务印书馆 2011 年版，第 120 页。

③ 马建忠：《马氏文通》，商务印书馆 1983 年版，第 246 页。

④ ［德］洪堡特：《致阿贝尔·雷慕萨先生的信》，《洪堡特语言哲学文集》，姚小平编译，商务印书馆 2011 年版，第 139 页。亦参见［德］洪堡特：《论汉语的语法结构》，《洪堡特语言哲学文集》，姚小平编译，商务印书馆 2011 年版，第 119 页。可以一提的是，汉学家罗思文却主张，古汉语是一种人工语言，古汉语毫无句法可言。参见 Jr. Henry Rosemont. On Representing Abstractions in Archaic Chinese. *Philosophy East and West*, 1974, 24 (1): 71-88.

即语法词，以及词序”[1]。这实际上是说，汉语的句法手段主要有词序和语助词两类。

张东荪对汉语中语助或虚字的特性则持另一种观点。在张东荪看来，“语助乃是为了调节音调之用，而于文法无大关系”[2]。比如在“……者……也”句式中，“者”、“也”都是语助或虚字，其中“者”是短音，表停顿，“也”是长音，表终了，如此而已。宽泛地说：“中国的虚字（者，也，乎，哉，耶，矣等）都是原来没有那个字，而由音相近遂借过来的。所以名之为‘借字’。这样借字只表示音而已，并不含有义在内。……所以如此借来以表示声音，不外乎用这些音声以表示语气的轻重。”[3] 张东荪的观点初看起来有一定的道理，甚至可以在刘勰那里找到支持。《文心雕龙·章句篇》云：《楚辞》中常用的“兮”字乃“语助余声”、“无益文义”。这大概可以理解为像“兮”这样的语助词只表示音节，并无意义。《文心雕龙·章句篇》复云：“至于夫惟盖故者，发端之首唱；之而于以者，乃劄句之旧体；乎哉矣也，亦送末之常科。”潘文国先生解释，这是说“句首、句中、句末都有相对固定的虚词，表达不同的声气作用”[4]。不过，像“兮”这样的语气词固然无义，但“夫、之、而”等虚词在表达声气脉络作用的同时未必无义。实际上，不同的虚字在文句中起到不同的“弥缝”作用，这正是其意义的体现。从字源上说，虚字固然本无其字而借实字来表示，但是，这并不意味着虚字无义。虚字本有音有义而无形，它在借用实字之形来表示自身的时候，同时也就将自己的音与义赋予借用过来的字形。这

① ［德］洪堡特：《论汉语的语法结构》，《洪堡特语言哲学文集》，姚小平编译，商务印书馆2011年版，第113页。

② 张东荪：《从中国言语构造上看中国哲学》，《知识与文化》，上海书店1990年版，第168页。

③ 张东荪：《思想语言与文化》，《知识与文化》，上海书店1990年版，第183页。

④ 潘文国：《字本位与汉语研究》，华东师范大学出版社2002年版，第199页。

固然使得假借过来的字形失去了它作为实字之时所具有的形义之间的直接关联，但与此同时也获得了作为虚字以语音为中介的形义关联。[①] 虚字自有其义，只是虚字的“义”主要表现为与之搭配使用的实词之间的意义关联。就此而言，洪堡特的观察似乎更加准确。

洪堡特对“之”这一语助词进行了较细致的分析，认为“之”兼有分与合的力量。[②] “‘之’把听者的注意力引向前面的词，同时又暗示这些词与跟在它后面的词应具有某种联系。‘之’一方面起着联系作用，另一方面我觉得它也起着分隔的作用。”[③] 按照洪堡特的观察，“汉语语法观念的着眼点是概念限定而不是形式表达”[④]。与此相关，汉语中的语法词（有时洪堡特称为“虚词”[⑤]）有其独特的一面。其他语言使用虚词是为了代替屈折形式，而在汉语中，虚词的目的绝不在于标示语法范畴，而是要指出从一部分思想到另一部分思想的过渡，或者说从一个思想片断向另一思想片段的过渡。[⑥] 同进，洪堡特还敏锐地观察到，汉

---

① 索绪尔指出：“表意文字很容易变成混合的：某些表意字失去了它们原有的价值，终于变成了表示孤立的声音的符号。”参见［瑞士］索绪尔：《普通语言学教程》，高名凯译，商务印书馆，1980 年版，第 51 页。

② 参见［德］洪堡特：《论汉语的语法结构》，《洪堡特语言哲学文集》，姚小平编译，商务印书馆 2011 年版，第 128 ~ 130 页。

③ ［德］洪堡特：《致阿贝尔·雷慕萨先生的信》，《洪堡特语言哲学文集》，姚小平编译，商务印书馆 2011 年版，第 161 页。

④ ［德］洪堡特：《论汉语的语法结构》，《洪堡特语言哲学文集》，姚小平编译，商务印书馆 2011 年版，第 115 页。

⑤ 洪堡特写道：“汉语实际上也有语法词，即所谓‘虚词’。”（［德］洪堡特：《致阿贝尔·雷慕萨先生的信》，《洪堡特语言哲学文集》，姚小平编译，商务印书馆 2011 年版，第 191 页。）

⑥ 参见［德］洪堡特：《致阿贝尔·雷慕萨先生的信》，《洪堡特语言哲学文集》，姚小平编译，商务印书馆 2011 年版，第 166 ~ 167 页。亦参见［德］洪堡特：《论汉语的语法结构》，《洪堡特语言哲学文集》，姚小平编译，商务印书馆 2011 年版，第 131 页。

语中的虚词还往往保留着原有的实词义。①

洪堡特给我们一个重要启发：汉语没有印欧语言那样丰富的词形屈折变化，因此之故，虚词特别发达，以表达词与词之间的关系以及思想之间的关联。语助词、虚词（比如，“之”，“而”，“即”，“姑”，“且”，等）的分析将是汉语哲学语法研究的重要内容之一。这一点将大大拓展哲学研究的范围。哲学注重概念考察，但所谓“概念”往往由实词、尤其是名词来承担，因此，从语言的角度看，概念考察乃是实词（特别是名词）考察，而虚词所表征的思想间的分环勾连则在其视野之外。

就汉语语序而言，洪堡特认为有两条基本的结构规律，即限定与指向：“起限定作用的词出现在受限定的词之前，被指向词跟在指向词的后面”②。或者说，“起修饰作用的词处于被修饰词之前，宾语处在支配它的词之后”③。同样，“汉语的语序并不能明确地指出，句子里的每个词都具有什么样的语法形式，而只是表达了一个思想的组成部分”④。

汉语语法之所以具有上述词形与句法方面的特点，洪堡特认为，其形式原因在于，汉语有很多短句。“汉语之所以满足于这样一种语法，是因为其句子的特殊形式。汉语的句子绝大多数很短，即使看起来较长的句子也可以进一步分为短句。这似乎最适合于汉语精神的方法。”⑤ 因为汉语仅限于构造尽可能简单的句

① 参见［德］洪堡特：《致阿贝尔·雷慕萨先生的信》，《洪堡特语言哲学文集》，姚小平编译，商务印书馆 2011 年版，第 167 页。

② ［德］洪堡特：《论汉语的语法结构》，《洪堡特语言哲学文集》，姚小平编译，商务印书馆 2011 年版，第 131 页。

③ ［德］洪堡特：《致阿贝尔·雷慕萨先生的信》，《洪堡特语言哲学文集》，姚小平编译，商务印书馆 2011 年版，第 151 页。

④ ［德］洪堡特：《论汉语的语法结构》，《洪堡特语言哲学文集》，姚小平编译，商务印书馆 2011 年版，第 131 页。

⑤ ［德］洪堡特：《论汉语的语法结构》，《洪堡特语言哲学文集》，姚小平编译，商务印书馆 2011 年版，第 132 页。

子，那就只需要一些最表面、最一般的范畴。相形之下，印欧语言之所以有发达的语法分类和词形变化，那是因为它有很长的句子。“如果有这样一种语言，它的句子很长很复杂，那么它的词就需要有一种广泛的分类，涉及许多语法形式，甚至包括所有语法形式的变体。”① 洪堡特从句子之长短来说明语法形式丰富与否，似乎并不充分，因为我们同样可以从语法形式之丰富或贫乏来说明句子之长短。实际上，另一方面，汉语“句子构造如此简单，当然是因为语法结构不容有其他类型的句子构造”②。因此，语法形式丰富与否、句子长短如何，二者是并存关系或互为因果的关系，很难说其中一者是另一者的原因。实际上，洪堡特自己也说道：“汉语的语法之所以能采用这样一种形式，是因为汉语句子的切分不需要一种更严格和更多样化的形式，而句子的切分之所以始终如此，是因为一种那么简单的语法难以容忍另一种切分方式。这两个因素在各种语言中始终相互牵制。”③

张东荪在《从中国言语构造上看中国哲学》一文中对现代中国的语法研究提出批评：“中国人研究中国文法自《马氏文通》以来不可算不多。然而他们总是以外国文法来比拟附会。他们唯恐外国文法上的格式为中国所无。总想用外国文法的结构来解释中国文法。使中国文法亦穿了一套西服。”这种工作“必致埋没中国言语文字的特性”④。此说可谓一语中的，同时从一个特定方面涉及中国现代学术尤其是人文学科的根本问题。中国现代学术之建立，往往仿傍西方，以西方学术的概念框架标准重整

① ［德］洪堡特：《论汉语的语法结构》，《洪堡特语言哲学文集》，姚小平编译，商务印书馆 2011 年版，第 120 页。

② ［德］洪堡特：《论汉语的语法结构》，《洪堡特语言哲学文集》，姚小平编译，商务印书馆 2011 年版，第 132 页。

③ ［德］洪堡特：《致阿贝尔·雷慕萨先生的信》，《洪堡特语言哲学文集》，姚小平编译，商务印书馆 2011 年版，第 170 页。

④ 张东荪：《从中国言语构造上看中国哲学》，《知识与文化》，上海书店 1990 年版，第 158 ~ 159 页。

国故，以此证明中国亦有学术。语法研究是如此，文学批评是如此,[①] 逻辑学是如此,[②] 哲学亦是如此。一些学者已经进行重新

① 2013年，谭帆教授等人出版专著《中国古代小说文体文法术语考释》（上海古籍出版社）。从问题意识来说，此著首辨中国传统“小说”与西方“fiction”之异，指出20世纪“小说史”之梳理大都以西方小说观念为参照，其负面影响之一，在于以西方的“fiction”“遮蔽”了中国传统“小说”，从而未能把握中国传统小说的精华之所在。就研究而言，中国现有的小说史实际上已成为西方小说视野下之“小说史”；就创作而言，如郁达夫所说，中国现代的小说实际上属于欧洲的文学系统。参见Tan Fan. Study on the History of Chinese *Xiaoshuo* in Terms of Terminological Interpretations: A Brief Introduction to *Annotations on Terminologies of Genres and Writing Techniques in Ancient Chinese Xiaoshuo*. *ECNU Review*，2013（2），East China Normal University Press: 158-168.

② 逻辑，与文化相关，抑或具有超文化的普遍性？德国学者Gregor Paul主张逻辑的普遍性与超文化性（Gregor Paul. Argumente fuer die Universalitaet der Logik. *Hôrin: Vergleichende Studien zur japanischen Kultur*. Iudicium Verlag，1994（1）:57-86.）。成中英在上世纪曾著《中国古代汉语逻辑探究》（Inquires into Classical Chinese Logic）一文，反思“中国逻辑”的合法性：“中国思想中是否有亚里士多德意义上的逻辑；如果没有，中国是否有自己独特的逻辑——这个问题对于中国当代哲学来说一直悬而未决。”这里的“中国思想”主要指“中国古代思想”。成中英指出，上述问题的回答首先依赖对逻辑本身的理解。即使对于何为“亚里士多德意义上的逻辑”，人们的理解也并非完全一致。西方的现代逻辑文本中的“亚里士多德三段论”与《分析前篇》（*Prior Analytics*）中的“三段论”形式也不尽相同。由此，我们不难接着成中英的意思说：因此，人们甚至可以质疑西方现代逻辑是否为亚里士多德意义上的逻辑，因为两者毕竟有相当大的不同。事实上人们的确普遍承认两种逻辑的差异性。但另一方面，人们并没有因此否认两种逻辑的同质性，也没有否认现代逻辑还是逻辑。现代逻辑似乎并没有遭遇“合法性危机”。但值得注意的是，当人们将“现代逻辑”纳入“逻辑”之中的时候，已经在不知不觉中丰富了“逻辑”的内涵。“逻辑”也因此表现为一个开放的概念。当然，从传统的“亚里士多德逻辑”到“现代逻辑”，“逻辑”概念的开放性还仅仅是它在西方文化系统内部的历史开放性。而古代汉语有没有“逻辑”的问题，则是在追问“逻辑”概念能否向别的文化系统开放。古代汉语中本无“逻辑”一词。17世纪20年代，李之藻与传教士傅汎际（Father F. Futardo）合译《名理探》。这是亚里士多德意义上的“logic”初次输入中国。近代以降，严复译《穆勒名学》、《名学浅说》，田吴炤译《论理学纲要》，王国维译《辩学》，西方的“logic”日渐为汉语界所熟悉。但是，如何将“logic”这样一个基本语词译成中文一直是一个麻烦的问题。李之藻译为“名理”，严复有“名学”、“论理学”和“逻辑”三种不同的译法，王国维则译成“辩学”。值得一提的是，李约瑟在《中国科学技术史》中指出，中国古代逻辑学的特色不在亚里士多德式的形式逻辑，而在于

描述汉语语法的尝试。比如，赵元任在《汉语词的概念及其结构和节奏》一文中认为，在中国人的观念中，“字”是中心主题，而英语世界则以“word”为中心主题，“字”与“word”有很大的差别。徐通锵、潘文国等学者继而倡导“字本位”，提供了一条颇具建设性的思路。

二、语法与思想

“语法比语言的任何其他部分都更隐蔽地存在于说话者的思维方式之中。”[①]就语法与思想的关系而言，洪堡特认为，一方面，

（接上页脚注）辩证逻辑：当希腊人和印度人很早就仔细考虑形式逻辑的时候，中国人则一直倾向于发展辩证逻辑。冯契接受了这个观点，他的哲学史专著《中国古代哲学的逻辑发展》详细梳理了中国古代的辩证逻辑传统。从开放性的“逻辑”概念出发，我们不难赞同成中英的下述看法：尽管中国古代思想没有给出明晰的逻辑推理法则，也没有服务于抽象运思的三段论系统，但我们不能由此推论出中国古代思想缺乏逻辑深度，也不能由此误以为中国古代没有逻辑思想；中国古代哲学文献中的确有逻辑，但这需要我们进行重建工作——对古代汉语逻辑的性质的理解与解释，不能靠任何先在的特定逻辑观，而是需要我们从实实在在的文献出发，真正把握汉语逻辑的整体结构。总的看来，成中英对古代汉语逻辑“合法性”问题的看法强调了“逻辑”概念跨文化的开放性。语词属于语言系统，一些基本的语词尤为如此。因此，它们往往只能在相互关联中界定自身的意义。进而言之，基本语词沉淀着特定文化理解世界的基本视界。当我们试图将“logic”从西方的语言系统中抽取出来，移植到汉语这种异质的语言系统中去的时候，它与原有汉语语词的龃龉、相斥之处在所难免。将“logic”规抚为“逻辑”并同化入汉语系统，在此过程中“逻辑”与汉语原有的基本语词建立联系，重建理解世界的基本视界。理想的结果应当是“逻辑”与汉语系统以及根基其上的视界的互动：汉语系统有了理解世界的新视角，“逻辑”则超越其所从出的西方文化语境而容纳更宽泛的意义，从而表现出跨文化的开放性。当我们把印度的因明学称为 Indian logics，而把中国先秦名学理解为 classical Chinese logics 之一部分的时候，“logic”实际上已经从“logic in Aristotle sense”拓展到更一般意义上的“logic”：人类进行有效的理性思维应当遵循的形式与准则。在此基础之上，亚里士多德逻辑学、印度因明学与中国古代逻辑学是三个“家族相似”的概念。参见 Cheng Chung-Ying. Inquires into Classical Chinese Logic. *Philosophy East & West*. July-October, 1965 (15): 95-216。

① ［德］洪堡特：《论汉语的语法结构》，《洪堡特语言哲学文集》，姚小平编译，商务印书馆 2011 年版，第 120 页。

“人在思维中生动、清晰地领会到的一切，都将由他用语言表达出来”；另一方面，“倘若某种语法关系在一种语言里没有得到表达，那么这种语法关系对讲该语言的民族就不会产生生动的影响，也不会被这个民族清晰而精确地感觉到。”①

洪堡特认为，人的语言就是他的世界。这个论断关涉语言的特殊性与文化的差异性。“语言的差异不是声音和符号的差异，而是世界观本身的差异。”②“每一种语言都为其操持者的精神设下某些界限，在指定某一方向的同时，排斥另一方向。”③

洪堡特从语法与思想的关系评述汉语的优点与缺点。首先，汉语不应“被混同于野蛮部落的欠发达的语言”，汉语是世界上最完善的语言之一。④汉语突出了思想，这是它的一大优点。汉语句子中的概念、命题往往是独立的，彼此间的意义联系需要读者在理解的过程中补充进去。这样一来，“汉语的词语分量更重，迫使人们到词语本身之中寻索它们的关系。换言之，汉语让听者自己去添补一系列中介概念，而这等于要求精神付出更多的劳动：精神必须弥补语法所缺的部分。”⑤因此，汉语更突出了思想。“汉语展示了一种奇特的现象：正因为它舍弃了所有语言共享的优点，才获得了另一不见于任何其他语言的优点。汉语放弃了许多附加于表达的东西，而正是通过这样做，它更突出了思

① ［德］洪堡特：《致阿贝尔·雷慕萨先生的信》，《洪堡特语言哲学文集》，姚小平编译，商务印书馆 2011 年版，第 157 页。

② ［德］洪堡特：《论与语言发展的不同时期有关的比较语言研究》，《洪堡特语言哲学文集》，姚小平编译，商务印书馆 2011 年版，第 32 页。

③ ［德］洪堡特：《普通语言学论纲》，《洪堡特语言哲学文集》，姚小平编译，商务印书馆 2011 年版，第 5 页。

④ 参见［德］洪堡特：《论汉语的语法结构》，《洪堡特语言哲学文集》，姚小平编译，商务印书馆 2011 年版，第 134 页。

⑤ ［德］洪堡特：《论汉语的语法结构》，《洪堡特语言哲学文集》，姚小平编译，商务印书馆 2011 年版，第 133 页。亦参见［德］洪堡特：《致阿贝尔·雷慕萨先生的信》，《洪堡特语言哲学文集》，姚小平编译，商务印书馆 2011 年版，第 170 页。

想；它拥有并高超地运用着一种独特的艺术，能够把概念直接相互接续起来，使得概念之间的一致和对立不像在其他语言里被知觉到，而是以某种新的力量触动和逼迫精神，让精神去把握概念之间的纯粹关系，由此便形成了一种甚于任何其他语言的纯智能的满足感，它本身并不依赖于言语的内容，而是完全取决于概念的形式和排列；促成这样一种满足感的原因主要是，汉语对表达有意义的独立概念的词作了大胆的处理，让它们一个个孤立地存在，然后把它们串起来，同时排斥一切本身不具意义、只起粘附和联系作用的成分。”① “汉语在［人类］语言本质所允许的范围内排斥语言表达添加给思想的各种微妙的色调和细腻的形式，从而清晰明确地突出了概念本身。”② “汉语激发起并维持着针对纯思维的精神活动，避开一切仅仅属于表达和语言的东西。这是汉语的一个优点。”③

同时，汉语也有它的缺点。汉语没有使词获得一种足以对思想内容产生反作用的特有性质。相形之下，“那些拥有完备的形式标记的语言，得益于想象力的强有力的活动，反过来又更强烈地作用于想象力。”④ 西方古典语言具有很强的在主句中涵摄不同类型及不同层次的从句的能力。“一种拥有丰富的语法形式的语言结构也就得以使其有益的影响施及整个思维系统。这些语法

① ［德］洪堡特：《论汉语的语法结构》，《洪堡特语言哲学文集》，姚小平编译，商务印书馆 2011 年版，第 134 页。

② ［德］洪堡特：《论语法形式的通性以及汉语的特性》，《洪堡特语言哲学文集》，姚小平编译，商务印书馆 2011 年版，第 179 页。汉语突出思想，与此相似，鲍吾刚（Wolfgang Bauer）则认为汉字突出了思想。在他看来，汉字从根本上将思想直接带入表达，而不是像拼音文字那样经由语言迂回地表达思想（参见 Wolfgang Bauer. *Geschichte der chinesischen Philosophie*. Beck，2001: 33）。

③ ［德］洪堡特：《论汉语的语法结构》，《洪堡特语言哲学文集》，姚小平编译，商务印书馆 2011 年版，第 136 页。

④ ［德］洪堡特：《论汉语的语法结构》，《洪堡特语言哲学文集》，姚小平编译，商务印书馆 2011 年版，第 135 页。

形式看起来似乎无关紧要，然而正是它们提供了扩展句子和构造复杂句子的手段，从而使精神能够更自由地发展起来。思想在头脑中构成一个连续不断的统一体，而在一种把所有的词有机地联系起来的语言里，思想的统一体可以保持其恒定的特征。这两个方面相结合，便使得一种形式完备的语法结构具有双重的优点：一方面，它赋予了思想更大的活动空间和更丰富、更细腻的色彩；另一方面，它更准确、更忠实地表达了思想。”① “词的语法分类越细，语法表达的准确程度就越高。至于词的分类，则是由于对转化为语言的思想做了精确的分析之后才产生的。”② 也就是说，词的语法分类越细，思想越准确。

洪堡特的思想有其历史溯源。自 18 世纪始，西方发生了一种语言的转变：拉丁语的衰落与地方语言的兴起。人们开始注意到语言形式的多样性。比如，维科（G. Vico）（1668—1744）就认为，土俗语言之间的差异，可以追溯到民族本性之间的差异，后者又可以归结为气候条件及习俗之间的差异。维科主张历史主义的个体性原则：每个文化和时代都有其独特性，彼此之间没有价值上的高低。与之相应，维科强调“时代理解”(epochal understanding)。不同时代以不同的概念框架组织经验、理解实在，并借此指导人类的行动与实践。赫尔德把民族、文化的差异性和语言的特殊性联系起来，认为民族语言决定了特定文化的思维样式，因为民族语言是该民族的观念在其中得以成形、保持并交流的容器（Gefäβ）。③ 赫尔德坚持一种单子式的文化观(einer modadischen Kulturbegriff)。人类因时间、地点及民族性格

---

① ［德］洪堡特：《论汉语的语法结构》，《洪堡特语言哲学文集》，姚小平编译，商务印书馆 2011 年版，第 136 页。

② ［德］洪堡特：《论汉语的语法结构》，《洪堡特语言哲学文集》，姚小平编译，商务印书馆 2011 年版，第 122 页。

③ 参见 J. G. Herder. *Ideen zur Philosophie der Geschichte der Menschheit*, *Herders Saemtliche Werke*. B. Suphan Hg., Bd. 14. Weidmannsche Buchhandlung, 1909: 13。

（Nationalcharakter）而异，因此，不同的民族有其个体性，特定文化有其独特性与封闭性。① 赫尔德强调语言的多样性及其同“人类精神”之间的相关性，这一论题在洪堡特那里进一步得到了系统发展。

但是，我们可以看到洪堡特思想的另一个向度，那就是从语言、文化多样性的类型描述走向价值高低的判断。这一向度已明显见于赫尔德。赫尔德认为，汉语及汉字导致了中国文化的“奴性”以及缺乏“思维精神”（denkender Geist）。② 赫尔德从文化差异性的事实描述走向文化高低的价值判断，将西方式的理性（logos）提升为人类的一般标准，并以此作为衡量标准。实际上，赫尔德讲得很明确：人类是具有理性能力的有机体。这样一来，他就从文化多元主义走向了文化一元主义。与赫尔德相似，洪堡特认为，语言与民族的精神能力之间有着不可分割的联系。因为构造句子的语法手段不同，不同的语言有敏锐程度不等的表达能力（Articulationsvermögen）。并非每一种语言都热心于思想。屈折变化程度高的语言（比如印欧语中的梵语）较之词类不发达、语法贫乏③的语言（比如汉语）优越，更适合于表达精微的思想，特别是哲学。“具有较高天分和处在更有利的环境条件之中的民族，它们的语言比其他民族更为优越，这是不言而喻的。”④ 因此，印欧语言所代表的形式化是“人类语言注定要努

---

① 参见［德］赫尔德：《论语言的起源》，姚小平译，商务印书馆 1998 年版。

② 参见 J. G. Herder. *Ideen zur Philosophie der Geschichte der Menschheit*, *Herders Saemtliche Werke*. B. Suphan Hg., Bd. 14. Weidmannsche Buchhandlung，1909: 10。

③ 如果区分明示的语法与隐含的语法（前者由标志或语法规则予以表达，后者则要靠领悟），那么，古代汉语中明示的语法要比隐含的语法所占的比重小得多（参见［德］洪堡特：《论语法形式的通性以及汉语的特性》，《洪堡特语言哲学文集》，姚小平编译，商务印书馆 2011 年版，第 169 页）。

④ ［德］洪堡特：《论人类语言结构的差异及其对人类精神发展的影响》，姚小平译，商务印书馆 1999 年版，第 25 页。

力接近的目标”[①]。当然，不能简单地认为洪堡特主张语言的线性发展的目的论，因为他还说，“人类精神力量得到多种多样的显示，这样的显示与时间的推进以及现成物质的积累并没有什么联系。……最杰出的成就不一定就是最晚发生的现象。”[②] 洪堡特的语言“发展”观在某种意义上是退步主义而非进步主义，因为作为理想典范的梵语和古希腊语都在过去而非将来。现代西方语言都可以视为语言典范的蜕变形态。

汉语语法与中国思想的关联，这一论题将我们引向汉语言哲学：从语言入手思考中国思想之特质，从语言入手思考哲学问题。

第二节 从语言哲学到汉语言哲学

何为汉语言哲学？简单地说，汉语言哲学是基于汉语经验的语言哲学，或者说“新名学”。它由名言探入思想，一方面承续中国哲学传统中关注名实之辩、言意之辩、言行（知行）之辩、道言之辩等问题的名学思路；另一方面接受后期维特根斯坦、海德格尔等当代西方思想家的影响，在西方“语言转向”的大背景下展开批判性运思。

20 世纪以来，西方哲学经历了语言转向（linguistic turn），与此相应，“语言哲学”似乎成为意义自明的熟语。但这个词的内涵颇为复杂，并非一目了然，且不同的哲学家、不同的哲学传统有不同的看法。语言哲学首先意味着语言和哲学的密切关系受到了前所未有的关注。哲学为什么需要特别关注语言？基于分析哲学的立场，陈嘉映教授认为：“哲学旨在穷理，穷究根本的道

① ［德］洪堡特：《论汉语的语法结构》，《洪堡特语言哲学文集》，姚小平编译，商务印书馆 1999 年版，第 137 页。

② ［德］洪堡特：《论人类语言结构的差异及其对人类精神发展的影响》，姚小平译，商务印书馆 1999 年版，第 23 页。

理；根本道理与我们对道理的理解交织在一起；穷理必探入我们自己的理解方式，而我们的基本理解方式集中凝结在我们的语言之中。哲学的语言性质不在于哲学研究语言，而在于哲学在语言层面上考察世界。”[①] 哲学除了穷理（概念考察）之外，还要“尽性以至于命”。在后一层面上，哲学之所以需要特别关注语言，是因为语言对于成物（改变自然世界）、成人（理想人格的教化与理想人文世界的创建）、达道（体知真谛）的积极作用——以及它的限度。

就具体内涵来看，居于英美分析哲学传统之中的万德勒将“语言哲学”区分为三类：语言学哲学（philosophy of linguistics），研究意义、翻译等语言学基本概念以及语言学理论的地位等；语言概念哲学（philosophy of language），研究语言的本质、语言与实在的关系等问题；狭义的语言哲学（linguistic philosophy），指任何一种基于语言的结构和功能的概念考察。[②] 万德勒所讲的语言学哲学和语言概念哲学不妨归为一类，即以语言（学）为对象的哲学，或者说，对语言（学）基本问题的哲学研究，且称之为“语言哲学Ⅰ”。与此相对，狭义的语言哲学构成“语言哲学Ⅱ”，它是以语言为方法的哲学，或者说，通过语言研究的方式思考哲学问题。

万德勒的分梳无疑有助于我们看到语言哲学的丰富内涵。不过，万德勒显然忽略了某些重要的东西。语言是此在在世的基本方式之一，语言是存在之家，海德格尔关于语言本质的此类思考，似乎也超出了万德勒的视域，但就其以语言为对象而言，不妨归入“语言哲学Ⅰ”。然而，海德格尔的上述思考凸显了语言的形上之维、语言与人的关系，它们不再是语言或语言学内部的

① 陈嘉映：《说理》，华夏出版社 2011 年版，第 101 ~ 102 页。

② 参见［美］万德勒：《哲学中的语言学》，陈嘉映译，华夏出版社 2008 年版，第 9 页。

问题。这使我们注意到，一旦不限于语言（学）内部，对语言（学）基本问题的哲学研究仍然是通过语言研究的方式思考哲学问题。另一方面，狭义的语言哲学在万德勒那里主要限于概念考察。但是，如果引入跨语际的视角，语言的结构便会映入眼帘。从世界思想史上看，中西异质思想的相遇引发人们对他者及自身的思想反思。自赫尔德、洪堡特以降，汉语结构和汉语哲学思想的内在关联已经成为一个突出的主题。中国学者与西方学者各抒己见，相互评论，无形中形成了一场世界范围内的讨论。这些讨论提示了汉语言独特经验的重要性，同时使我们注意到语言哲学有必要在考察概念之外考察语言结构。

语言哲学通过语言研究的方式思考哲学问题，这一方面意味着语言哲学和以往哲学形态的区别主要在于它的工作方式，即对语言的特别关注；另一方面又意味着这里的语言研究区别于其他语言研究的地方在于，它是作为语言哲学工作方式的语言研究。这种语言研究我们或许不妨称之为“哲学语法考察”，即哲学性的语法考察，或者说，从哲学问题得到光照的语法考察。

和语言结构的考察相应，“哲学语法”意味着，从哲学的角度探讨语法，或者说，探讨语法的哲学、思想意蕴，探讨某种语言所特有的语法同运思于这种语言之中的哲学、思想——以及世界——特有倾向之间是否有着内在关联。如德国学者埃尔伯费尔德（Rolf Elberfeld）所言，“哲学语法”（Die philosophische Grammatik）追问，“某种特定语言的语言形式使人容易想到何种思想方式”[①]。如何描述古代或现代汉语语法结构的特点？它们是否开启或诱导了汉语思想走上某种特有的道路？沃尔夫对霍皮语（Hopi）语法结构的具体分析、卡恩（C. H. Kahn）对于古希腊动词“eimi”

---

① Rolf Elberfeld. *Phaenomenologie der Zeit im Buddhismus: Methoden interkulturellen Philosophierens*. Bad Cannstatt，2004: 87. 该书对古代汉语进行了若干“哲学语法”考察（pp. 85-120）。

用法的系统描述或许可以为我们提供方法论上的启示。[①]

就语词的用法而言，维特根斯坦在《哲学研究》中认为，哲学的工作方式是"语法性的考察"[②]，而语法就是"综观/通观（übersichten）语词用法的全貌"[③]，这种语言现象学的描述"从哲学问题得到光照，就是说，从哲学问题得到它们的目的"。[④]维特根斯坦进而提示了一些具有哲学意义、因而有必要对其进行语言现象学描述的语词："知"、"在"、"对象"、"我"、"句子"、"名称"。[⑤]当然还可以有"心灵"、"思想"、"规则"等。《哲学研究》的后半部分对此做了考察。就汉语言哲学而言，首先需要追问的是：对于"道"、"理"、"心"、"性"、"体"、"用"等古代思想基本词，我们如何对其进行语言现象学描述、如何综观它们的用法？

从哲学的角度通观语词的用法，维特根斯坦的这个思路对我们当下的研究有借鉴意义。当然，维特根斯坦的哲学语法考察主要限于德语这一种语言之中。但现代汉语就其生成而言，天然具有跨语言、跨文化的性质。于是我们的问题便是：如何对中国现代汉语思想词汇、尤其是思想关键词进行语言现象学描述？如何通观它们的用法？这些思想关键词，乃是中西语言接触过程中所形成的、积淀着中国现代思想核心观念、标识着中国现代世界观

---

① 参见 Benjamin Lee Whorf. *Language, Thought and Reality: Selected writings of Benjamin Lee Whorf*, ed. and with an introduction by John B. Carroll. M. I. T. Press, 1978; Charles H. Kahn. *The Verb "Be" in Ancient Greek*, Reidel, 1973。

② ［德］维特根斯坦：《哲学研究》，陈嘉映译，上海人民出版社 2001 年版，第 64 页。

③ ［德］维特根斯坦：《哲学研究》，陈嘉映译，上海人民出版社 2001 年版，第 75 页。

④ ［德］维特根斯坦：《哲学研究》，陈嘉映译，上海人民出版社 2001 年版，第 72 页。

⑤ ［德］维特根斯坦：《哲学研究》，陈嘉映译，上海人民出版社 2001 年版，第 73 页。

的基本特征的语汇。近两百年来，中国古代传统思想在本土遭遇了相对异质的西方现代思想，这一遭遇引发了一场规模宏大的“思想实验”运动，在跨语言的情境之下，中国古代传统与西方现代相结合，创生了一大批“混血”观念，它们所可能包含的新的世界观的意义还有待于阐发。

汉语言哲学始于对汉语的反思，但是，在反思者本身就栖居其间的情形之下，这种反思又如何可能？反思者如何获得审视批判对象所必不可少的间距？也许陌生化是必要的策略。赫拉克利特（Heraklitus）《残篇》四十七：mae eikk peri tōn megīstōn symballōmetha。海德格尔将其译为：Wir koennen nicht unbedacht ueber die hoechsten Dinge unsere Worte zusammenbringen[①]。我们可以从中获得一点启发：不能想当然地将过去的思想归约为、解释成今人的思想，或者说，用今天的语言不假思索地规抚过去的思想。用著名的古希腊哲学研究专家安东尼·朗（Anthony A. Long）的话来说，我们需要避免“当下的暴政”（tyranny of the present）。[②] 不可过于匆忙地将古代世界理解为与当下世界同质的世界。过去与今天的差异，意味着真理的多样性与历史具体性。同时，也不可过于匆忙地认为我们理解当下正在使用的语言。

汉语言哲学或新名学发端于反思人们成长于斯、栖居其间的习见常识，与之相应的哲学语法考察则首先意味着返观哲学元语言的语言自觉：一方面，哲学工作或思想工作话语本身开始成为返观的对象，原本藉以理解世界、言说世界的元语言成为被反思、被考察的对象语言。另一方面，由于对象语言和元语言的同质性，关于对象语言的反思成果极容易重新进入元语言，从而改

① Martin Heidegger, Eugen Fink. *Heraklit: Seminar Wintersemester 1966/1967*. Vittorio Klostermann, 1970, S. 27.

② 参见刘玮：《古典哲学的百科全书：安东尼·朗专访》，《哲学分析》2012 年第 5 期，第 165 ~187 页。

变人们言说世界、理解世界的方式。在此意义上，汉语言哲学或新名学在以哲学语法考察的方式做哲学（philosophizing）。[①]

汉语言哲学何为？它经由汉语言考察展开“穷理尽性以至命”的哲学思考。析而言之，基于汉语的独特经验，其一，考察中国思想关于语言的本质、语言的作用与限度、语言和思想、世界、人的存在之间的基本关系等方面的洞见；其二，通过跨语际的比较研究，考察汉语语法结构和中国思想的基本特质之间的相关影响；其三，通过对中国古代及现代思想关键词的现象学描述，反思中国思想的语言环境，探索元哲学（meta-philosophy）、知识论、政治哲学等层面的基本问题。

第三节　由字词以通其道：哲学语法考察的多重进路

从汉语言哲学的角度返观中国思想史，清代学者戴震的“由字词以通其道”之说已经开启了经由语言探究哲学的思路。本节从语言哲学乃是一种对哲学元语言进行哲学语法考察的哲学形态这一理解出发，紧扣理之实体化等哲学问题分析戴震语法考察的多重进路。同时，通过对戴震语言哲学的考察反过来推进我们对何为汉语言哲学与汉语言哲学何为的理解。

一、道与言，道的关切和语言之维的突显

戴震（1724—1777），字东原，清代乾嘉朴学重镇之一，博通经史、文字音韵、天文历算等。戴震治学严谨，孜孜于探求“十分之见”：“所谓十分之见，必征之古而靡不条贯，合诸道而

---

① 雅斯贝尔斯认为，作为客体、作为宾语的哲学（Philosophie）只是古代形而上学家的幻想，人们所能真正从事的只能是作为活动、作为谓语的哲学（philosophieren）。参见倪梁康：《现象学及其效应：胡塞尔与当代德国哲学》，三联书店 1994 年版，第 165 页。

不留余议，巨细毕究，本末兼察。”[①] 这是说，可靠的结论（十分之见）必须得到充分的印证，并且和已经获得证明的其他结论相洽。

当然，戴震之学远非考据所能范围。与朴学主流不同，对道的关切乃是戴震一生学问的底色。去世前数月，戴震曾写给段玉裁一封信，其中总结了自己毕生的治学旨趣：“仆自十七岁时，有志闻道，谓非求之《六经》、孔孟不得；非从事于字义、制度、名物，无由以通其语言。”[②] 可见戴震自少年时代起便有自觉的道学关怀与思想诉求；为了“闻道”，又不能不从事文字训诂考据层面的研究。粗略地说，东原学术包括文字训诂考据和明道之学两端。戴震本人以明道之学为第一要务，而时人往往只看重他的文字训诂考据。戴震对此颇不以为然，设轿夫与轿中人之喻云：“以六书九数等事尽我，是犹误认轿夫为轿中人也。”[③] 弟子洪榜为师作《行状》，收入戴震殁前一月的论道信函《答彭进士允初书》，当时力倡朴学之风的学界达人朱筠主张删去，以为“可不必载，戴氏可传者不在此”（《清史稿·列传二百六十八》）。稍晚于戴震的章学诚，因文史以通大道，其才华志趣同样溢出文字训诂考据而精于义理之学。章学诚揭櫫“六经皆史”，对“道”的理解不同于戴震，此外还专门著《朱陆篇》批评戴震。尽管如此，章学诚仍是少数能够“知戴学”者。他说：“凡戴君所学，深通训诂，究于名物制度，而得其所以然，将以明道也。时人方贵博雅考订，见其训诂名物有合时好，以谓戴之绝诣在此。及戴著《论性》、《原善》诸篇，于天人理气，实有发前人所未发

① ［清］戴震：《与姚孝廉姬传书》，《戴震集》，上海古籍出版社 1980 年版，第 185 页。

② ［清］段玉裁：《戴东原先生年谱》，《戴震集》附录，上海古籍出版社 1980 年版，第 480 页。

③ 参见［清］段玉裁：《戴东原集序》，《戴震集》附录，上海古籍出版社 1980 年版，第 452 页。

者，时人则谓空说义理，可以无作，是固不知戴学者矣。”①

文字训诂考据和明道，此两端在戴震那里首先展开为从文字训诂考据到明道的结构。“从……到”结构首先意味着文字训诂考据在研究程序上的优先性。或者说，就工作程序而言，文字训诂考据居于第一序，明道居于第二序。② 戴震青年时代自定为学次第云：“经之至者，道也，由字以通其词，由词以通其道，必有渐。”③ 经之要义，在于载道。在直接的层面上，“道”是孔孟等古代圣贤的心志，它表述于《六经》等先秦儒家典籍之中。④ 由文字以通语言（词，辞），进而由通语言深入到语言表述所传达的古代圣贤的心志，最终把握道，这一为学次第必须遵循，不容跳跃躐等。戴震说：

> 经之至者，道也；所以明道者，其词也；所以成词者，未有能外小学文字者也。由文字以通乎语言，由语言以通乎

---

① ［清］章学诚：《书朱陆篇后》，《文史通义校注》，叶瑛校注，中华书局1985年版，第274～275页。

② 黄俊杰先生曾用“第一序”（the first order）和“第二序”（the second order）区分经典解释活动中的义理内容层面与诠释方法层面。相关评论可参见 Liu Liangjian. Review of Huang Junjie's *The Confucian Classics and Their Ideas in the Cultural Interaction in East Asia: Interaction, Transformation and Syntheses. Dao: A Journal of Comparative Philosophy*, 2012（11）3: 389-392。又，Benjamin A. Elman 有部专著的书名也用了“从……到”的表达：*From Philosophy to Philology: Intellectual and Social Aspects of Change in Late Imperial China*。不过，“from A to B”在 Elman 那里意味着从 A 到 B 的转变、以 B 替代 A，而在戴震这里则首先意味着经由 A 通达 B。

③ ［清］戴震：《与是仲明论学书》，《戴震集》，上海古籍出版社1980年版，第183页。关于戴震此书的写作时间，《戴震集》（上海古籍出版社1980年版）、《东原文集》（黄山书社2008年版）等现代版本均循段玉裁所定《东原文集》之说，题注此书作于癸酉（1753年）。钱穆据是仲明年谱及戴震《与是仲明论学书》措辞，认为此书“疑是己巳、庚午两年是、戴相晤于徽州时事也”，“《与是书》虽不能确定其年月，谓在癸酉东原未入都前，谅无大误”。（钱穆：《中国近三百年学术史》，九州出版社2011年版，第338页。）己巳（1748年），戴震时年二十五岁。

④ 李开先生指出：“这个‘道’，首先是指十三经的经义。”（李开：《戴震评传》，南京大学出版社1992年版，第339页。）戴震那里似乎不大有“十三经”的提法。

古圣贤之心志，譬之适堂坛之必循其阶而不可以躐等。[①]

文字为了明字义，训诂为了求古训之原，考据为了明名物典章制度，所有这些首先都是为了能够读懂经典，理解经典的语言。因此，宽泛地说，文字训诂考据居于第一序实际上也就是语言研究居于第一序。戴震批评时弊："夫今人读书，尚未识字，辄目故训之学不足为。其究也，文字之鲜能通，妄谓通其语言；语言之鲜能通，妄谓通其心志；而曰傅合不谬，吾不敢知也。"[②] 又批评宋儒因不够重视第一序的语言研究之故未能通经明道："宋儒讥训诂之学，轻语言文字，是欲渡江河而弃舟楫，欲登高而无阶梯也。"[③]"舟楫"、"阶梯"之喻将"所以明道者，其词也"中的"所以"表达的道言关系明白说出：语言是通达道的工具，同时又是必要的工具；语言研究工作服务于明道，对道的追寻构成终极目标。这里有语言之维的突显，而这种突显又是在道的关切之下的突显。在此意义上，我们或许可以说，道言关系呈现为"从明道到语言研究"的二重结构：明道居于第一序而语言考察居于第二序。这里的"从……到"结构意味着明道在工作旨趣意义上的根本地位。就此而言，第二序的语言研究必须从第一序的明道那里得到光照。

从明道到语言研究，明清之际的顾炎武曾提出类似看法。顾炎武辞世前一年《与人书》自述，之所以"自五十以后，笃志经史"，正是因为有见于"君子之为学，以明道也，以救世也"。[④]

---

① ［清］戴震：《古经解钩沉序》，《戴震集》，上海古籍出版社1980年版，第192页。

② ［清］戴震：《尔雅注疏笺补序》，《戴震集》，上海古籍出版社1980年版，第52～53页。

③ ［清］戴震：《与段茂堂等十一札》，第九札，《东原文集（增编）》，杨应芹编，黄山书社2008年版，第411页。

④ ［清］顾炎武：《与人书二十五》，《亭林文集》卷之四，《顾亭林诗文集》，中华书局1983年第2版，第98页。

那么，如何治经史？“读九经自考文始，考文自知音始。”① 顾炎武治音学，深自有得，其《音学五书》可为清代考据开山之作。钱穆曾由《音学五书》与明道救世之关系论述乾嘉考据学之精神及基本方法：

> 故治音韵为通经之钥，而通经为明道之资。明道所以救世。亭林之意如是。乾嘉考证学，即本此推衍，以考文、知音之工夫治经，即以治经工夫为明道，诚可谓得亭林宗传。②

然而，从当世学者对戴震的评价来看，乾嘉考证学主流未免萦绕盘旋于考文知音之间，遗忘考证学风发轫之初所曾有的明道救世之关切；得亭林宗传者，盖戴震等一二人耳。如果说，宋儒之弊在于不够重视语言研究在工作程序上的优先性，那么，乾嘉考据主流之弊则在于遗忘明道在工作旨趣上的根本地位，或者说，第二序的语言研究没有从第一序的明道那里得到光照。

二、“由字以通其词，由词以通其道”：语言哲学命题？

如上所述，道言关系呈现为两种既差别又统一的二重结构：工作程序上的从语言研究到明道，以及工作旨趣上的从明道到语言研究。“由字以通其词，由词以通其道”——这一表述凝结了戴震对道言关系的基本理解。近年来，知名学者吴根友教授提出“戴震语言哲学”一说，认为“由字以通其词，由词以通其道”这一“语言哲学命题”是乾嘉时代中国语言哲学“纲领性的表述”。进一步，从中国哲学发展的脉络来看，“以戴震为代表的乾嘉学者从语言学角度来思考哲学问题，开创了中国哲学的新转向，形成了不同于宋明理学，甚至不同于清初哲学形态的人文实

① ［清］顾炎武：《答李子德书》，《亭林文集》卷之四，《顾亭林诗文集》，中华书局1983年第2版，第73页。

② 钱穆：《中国近三百年学术史》，九州出版社2011年版，第146～147页。

证主义哲学思考方式”。① 诚然，“能够从语言哲学的角度研究戴震哲学的论者还属于少数”，但是，这一新的研究进路有一些基本问题尚待澄清：何为戴震语言哲学？“由字以通其词，由词以通其道”在何种意义上是戴震语言哲学的命题？清代哲学为什么会在戴震那里发生语言转向？

“语言哲学”对于戴震思想来说是一个外在的范畴，追问“何为戴震语言哲学”不是追问戴震如何理解“语言哲学”，而是追问研究者以何种“语言哲学”观理解戴震。上一节区分了“语言哲学Ⅰ”和“语言哲学Ⅱ”。相对说来，语言哲学Ⅱ跟“由字以通其词，由词以通其道”之说比较合拍。论说道言关系的“由字以通其词，由词以通其道”是不是一个语言哲学命题？既然语言哲学意味着以哲学语法考察的方式做哲学，那么，上述问题便似乎可以转化为：戴震的明道是不是做哲学，戴震的语言研究是不是哲学语法考察？

前面提到，戴震所明之道是存于《六经》、孔孟之道。乙亥（1755 年）《与方希原书》：“圣人之道在《六经》。汉儒得其制数，失其义理；宋儒得其义理，失其制数。”② 这是将道分为制数、义理两大部类，二者并行而不悖。戴震后来则说：“贤人圣人之理义非他，存乎典章制度者是也。”③ 这里对义理（理义）与制数（典章制度）关系的理解有所改变，但仍然将道分为制数、义理两类。如果这一点成立，那么我们可以说，戴震的明道不完全是做哲学，只有其中的义理之学接近于哲学研究。但是，戴震有时似乎又将制数归于道之外，如说：“仆自十七岁时，有

① 参见吴根友：《言、心、道——戴震语言哲学的形上学追求及其理论的开放性》，《哲学研究》2004 年第 11 期，第 25 ~ 32 页；《试论戴震的语言哲学思想》，《中国哲学史》2009 年第 1 期，第 71 ~ 79 页。

② ［清］戴震：《与方希原书》，《戴震集》，上海古籍出版社 1980 年版，第 189 页。

③ ［清］戴震：《题惠定宇先生授经图》，《戴震集》，上海古籍出版社 1980 年版，第 214 页。

志闻道，谓非求之《六经》、孔孟不得；非从事于字义、制度、名物，无由以通其语言。"[①] 这里的"制度、名物"并不直接就是道。倘若如此，戴震之明道即是接近于哲学研究的义理之学。

戴震言义理，主要有《原善》（从三篇扩充为三卷）、《绪言》、《孟子私淑录》和《孟子字义疏证》四书。钱穆先生考证，《原善》初为三篇，成于丁丑（1757 年，戴震时年 34 岁）至癸未（1763）年间，至丙戌（1766 年）扩充为《原善》三卷[②]；《绪言》[③] 三卷轫始于己丑（1769）而完成于壬辰（1772）菊月[④]；《孟子私淑录》大抵作于丙申（1776 年）一年间，为《绪言》之改定本[⑤]；《孟子字义疏证》三卷则成书于丁酉（1777 年）正月至四月间[⑥]。四书义理不断推进，至《孟子字义疏证》而造其极。丁酉（1777 年）四月，戴震致书段玉裁："仆生平著述最大者为《孟子字义疏证》一书，此正人心之要。今人无论正邪，尽以意见名之曰理，而祸斯民，故《疏证》不得不作。"[⑦] 可见《孟子字义疏证》的主旨在于理之批判，实际上也就是对宋明理学的批判。不过，对理学的批判并非彻底摒弃理学，而是

---

① ［清］段玉裁：《戴东原先生年谱》，《戴震集》附录，上海古籍出版社 1980 年版，第 480 页。

② ［清］段玉裁：《戴东原先生年谱》，《戴震集》附录，上海古籍出版社 1980 年版，第 354 页。

③ "绪言"之"绪"，即"振兹坠绪"之"绪"。

④ 钱穆：《中国近三百年学术史》，九州出版社 2011 年版，第 355 页。

⑤ 参见钱穆：《记钞本戴东原〈孟子私淑录〉》，《中国学术思想史论丛》（八），安徽教育出版社 2004 年版，第 206 ~ 212 页。

⑥ 钱氏据《安徽丛书》所收《东原遗墨》做此推断。参见钱穆：《记钞本戴东原〈孟子私淑录〉》，《中国学术思想史论丛》（八），安徽教育出版社 2004 年版，第 211 页。此前钱穆曾认为，"《疏证》之作，定在丙申易田抄《绪言》之后，而即成于是年（即丙申［1776 年］——引者）。至翌年丁酉正月与段懋堂书，正为'理'字义解，乃《疏证》最后新得，故属草既竟，即以函告。"（《中国近三百年学术史》，九州出版社 2011 年版，第 356 页。）

⑦ ［清］段玉裁：《戴东原先生年谱》，《戴震集》附录，上海古籍出版社 1980 年版，第 481 页。

在批判的基础上建立新理学[1]，我们不妨称之为批判理学。戴震第一部哲学著作《原善》，其重要工作便是梳理“善”、“命”、“道”、“理”、“性”、“材”、“仁”、“义”、“礼”、“智”等核心概念，重建新的“理”学话语体系。从十七岁有志于闻道，到三十四岁《原善》之作，戴震在此期间展开的语言研究工作（比如，著述《六书论》、《尔雅文字考》等）乃是在建构批判理学之先为批判理学所做的准备性工作，显然还不属于哲学语法考察；即便戴震真正开始哲学思考之后，那些跟他的批判理学没有直接相关的语言研究也不属于哲学语法考察。剩下来，只有那些与批判理学紧密相关的语言研究才是哲学语法考察。因此，在戴震那里，只有当明道落实为批判理学，与此相关的语言研究才取得哲学语法考察的性质，也只有在这时，“由字以通其词，由词以通其道”才成为一个语言哲学命题。

三、语言哲学的发端：陌生化，间距及返观哲学元语言

批判理学始于对理学的批判。理学自宋代兴起之后，经数百年的发展，渐渐成为人们的常识，支配着人们对世界的一般性理解。戴震观察到，“理欲之分，人人能言之”[2]，一些基本的理学话语无所不在。对于理学的核心词“理”，人们也有着习焉不察

---

① 据段玉裁记载，丙戌（1766 年）戴震对他说，“近日做得讲理学一书”。（［清］段玉裁：《戴东原先生年谱》，《戴震集》附录，上海古籍出版社 1980 年版，第 467 页。）段玉裁以为此书即《孟子字义疏证》，而钱穆则考证为《原善》三卷本（《中国近三百年学术史》，九州出版社 2011 年版，第 354 页。）。不管怎样，戴震把自己批判理学的书视为“讲理学”之书，此点可以无疑。胡适已指出，戴震哲学“可说是宋明理学的根本革命，也可以说是新理学的建设——哲学的中兴。”（胡适：《戴东原的哲学》，《胡适文集》第七册，欧阳哲生编，北京大学出版社 1998 年版，第 282 页。）又说，“戴氏在哲学史上的最大贡献”在于他的“理”论。（胡适：《戴东原的哲学》，《胡适文集》第七册，欧阳哲主编，北京大学出版社 1998 年版，第 265 页。）

② ［清］戴震：《孟子字义疏证》卷上，“理”，《戴震集》，上海古籍出版社 1980 年版，第 275 页。

的自然理解："今人无论正邪，尽以意见名之曰理"[①]；"自宋以来，始相习成俗，则以理为'如有物焉，得于天而具于心'，因以心之意见当之也"[②]。因此在戴震那里，批判理学开始于反思人们成长于斯、栖居其间的习见常识，与之相应的哲学语法考察则首先意味着返观哲学元语言的语言自觉：理学话语开始成为返观的对象，原本藉以理解世界、言说世界的元语言成为被反思被考察的对象语言。[③] 另一方面，由于对象语言和元语言的同质性，批判理学关于对象语言的反思成果极容易重新进入元语言，从而改变人们言说世界、理解世界的方式。在此意义上，戴震批判理学在以哲学语法考察的方式做哲学。

不唯如此。居戴震之世，"理"还是一个极有力的日常话语："今虽至愚之人，悖戾恣睢，其处断一事，责诘一人，莫不辄曰理者"[④]；"尊者以理责卑，长者以理责幼，贵者以理责贱，虽失，谓之顺"[⑤]。"理"字不仅仅是话语而已，它以话语的形式进入现实生活，直接参与着政治、伦理等生活秩序的建构。在此，言行相即，话语和现实交织互动，语言直接成为一种改变世界的活动。当然，不是语言的任何部分都能如此。能够直接成为一种改变世界的活动，这一点反过来见证了"理"的高度活跃。

① ［清］段玉裁：《戴东原先生年谱》，《戴震集》附录，上海古籍出版社 1980 年版，第 481 页。

② ［清］戴震：《孟子字义疏证》卷上，"理"，《戴震集》，上海古籍出版社 1980 年版，第 268 页。

③ 元语言和对象语言的区分借自塔斯基：对象语言是"被谈论"的语言，元语言则是讨论对象语言的语言。（参见塔尔斯基：《语义性真理概念和语义学的基础》，载［美］马蒂尼奇编：《语言哲学》，牟博等译，商务印书馆 1998 年版，第 93～94 页。）陈嘉映在《语言哲学》第四章第六节"塔斯基与真理的语义论"（北京大学出版社 2003 年版，第 65～70 页）中对此区分有专门介绍。

④ ［清］戴震：《孟子字义疏证》卷上，"理"，《戴震集》，上海古籍出版社 1980 年版，第 268 页。

⑤ ［清］戴震：《孟子字义疏证》卷上，"理"，《戴震集》，上海古籍出版社 1980 年版，第 275 页。

批判以“理”为核心的理学话语，批判理学不仅改变着人们言说世界、理解世界的方式，而且改变着现实世界的政治、伦理秩序。

批判理学始于对理学的批判，但是，在批判者本身就栖居其间的情形之下，这种批判又如何可能？批判者如何获得审视批判对象所必不可少的间距？戴震的策略是：回到《六经》、孔孟，质疑、悬置、摆脱理学话语对《六经》、孔孟的诠释，体察《六经》、孔孟与理学的差异。戴震指出，今人习于宋儒之言，而宋儒则习于老释之言，故宋儒之言实非《六经》、孔孟之言：

> 宋以来儒者皆为破老、释，不自知杂袭其言而一一傅合于《经》，遂曰《六经》孔孟之言。其惑人之易而破之也难，数百年于兹矣！人心所知，皆彼之言，不复知其异于《六经》、孔孟之言矣。①

换个角度看，“知其异于《六经》、孔孟之言”乃是对《六经》、孔孟之言的陌生化处理：不能将《六经》、孔孟之言当成熟知的理学话语。② 如此，致思才可能开始，《六经》、孔孟之言的真义才可能敞开：“非《六经》、孔、孟之言难知也，传注相承，童而习之，不复致思也”③。对《六经》、孔孟的语言考古所赢获的东西则反过来提供了观照反思理学话语（同时也就是戴震时代的哲学元语言）的崭新视角。戴震既以道在《六经》、孔孟，则宋儒之言异于《六经》、孔孟之言即意味着理学相对于道的偏离与蜕

① ［清］戴震：《孟子字义疏证》卷下，“权”，《戴震集》，上海古籍出版社1980年版，第329页。

② 过去与今天的差异，意味着真理的多样性与历史具体性。当然，如果暂时搁置源自中国传统的“道”与源自西方传统的“真理”之间存在的差异的话，那么对于戴震来说，并没有真理的多样性或历史具体性，回归《六经》、孔孟即是回归道，即是回归绝对的真理。

③ ［清］戴震：《孟子字义疏证》卷上，“理”，《戴震集》，上海古籍出版社1980年版，第278～279页。

变。由于这种偏离与蜕变，理学话语具有某种无根性；因“童而习之”之故对理学话语信焉不疑，则无异于“弱丧而不知归”。

在戴震那里，《六经》、孔孟之道乃是永恒之道。在直接的层面上，它是孔孟等古代圣贤的心志。戴震认为，“人之有道义之心也，亦彰亦微。其彰也，是为心之精爽；其微也，则以未能至于神明。《六经》者，道义之宗而神明之府也。古圣哲往矣，其心志与天地之心协，而为斯民道义之心，是之谓道。”① 人皆有道义之心，但是，唯有圣人才能将人皆有之的道义之心发挥到极致。“人也者，天地至盛之征也，惟圣人然后尽其盛。”②《孟子字义疏证》引孟子之说：“规矩，方圆之至也；圣人，人伦之至也。”③ 圣人心志与天地之心相应，因此也就是道。阅读《六经》，就是一个以己之道义之心印证圣人心志，复以圣人心志培育己之道义之心由微至著的学习过程。道的本体论依据在于天地之心，明道的认识论依据则在于人皆有道义之心。明道的过程，正是一个“征之古训”而明心的过程：“心，全天德，制百行。不见天地之心者，不得己之心；不见圣人之心者，不得见天地之心；不求诸前古圣贤之言与事，则无从探其心于千载下。是故由六书九数、制度名物，能通乎其词，然后以心相遇。”④

四、语言哲学之展开：哲学语法考察的多重进路

戴震语言哲学始于对理学的批判。在他看来，理学之弊，集中在一“理”字：

---

① ［清］戴震：《古经解钩沉序》，《戴震集》，上海古籍出版社 1980 年版，第 191 页。

② ［清］戴震：《原善中》，《戴震集》，上海古籍出版社 1980 年版，第 159 页。

③ ［清］戴震：《孟子字义疏证》卷上，“理”，《戴震集》，上海古籍出版社 1980 年版，第 278 页。

④ ［清］戴震：《郑学斋记》，《戴震集》，上海古籍出版社 1980 年版，第 235 页。

> 程朱以理为“如有物焉，得于天而具于心”，启天下后世人人凭在己之意见而执之曰理，以祸斯民。更淆以无欲之说，于得理益远，于执其意见益坚，而祸斯民益烈。①

宋明理学尤其是程朱理学以“理”为思想核心词。因此，对“理”的概念反思无疑是入其垒而袭其辎。这里的批评有几个要点：其一，理的“如物”化；其二，把意见当成了理；其三，理对于欲的根本性否定与绝对排斥。围绕这些哲学问题，戴震多方面地展开语言考察。如前所述，哲学问题光照下的语言考察才是哲学语法考察，而语言哲学乃是一种对哲学元语言进行哲学语法考察的哲学形态。戴震语言哲学展示了哲学语法考察的多重进路，包括字源学考察、字性虚实分疏、句式分析、虚词体察，等等。

（一）字源学考察：理之为条理

所谓理的“如物”化，首先是理的物化或实体化。戴震借助字源学的方法探寻“理”的本义：“许叔重《说文解字》序曰：‘知分理之可相别异也。’古人所谓理，未有如后儒之所谓理者矣。”② 理的本义是“分理”。在戴震之前，颜元曾经简单地提及类似的说法：“理者，木中纹理也。其中原有条理，故谚云‘顺条顺理’。”③ 相形之下，戴震的考察更加深入。他说，“理者，察之而几微必区以别之名也，是故谓之分理；在物之质，曰肌理，曰腠理，曰文理。得其分则有条而不紊，谓之条理。”④ 这里指出了“理”的几层主要涵义：理意味着区分，在此意义上，称之为“分理”；理是在事物之中呈现出来的连贯性脉络或

① ［清］戴震：《答彭进士允初书》，《戴震集》，上海古籍出版社1980年版，第175页。

② ［清］戴震：《孟子字义疏证》卷上，“理”，《戴震集》，上海古籍出版社1980年版，第265页。

③ ［清］颜元：《四书正误》，《颜元集》，中华书局1987年版，第246页。

④ ［清］戴震：《孟子字义疏证》卷上，“理”，《戴震集》，上海古籍出版社1980年版，第265页。

轨迹，在此意义，称之为“文理”等；掌握了理，就能够做到有条不紊、井然有序，在此意义上，称之为“条理”。在更抽象的意义上，能够区分事物、使事物有序的内在连贯性脉络也就是事物的规律或法则：“举凡天地、人物、事为，虚以明夫不易之则，曰理。所谓则者，匪自我为之，求诸其物而已矣。”[①] 理就是事物中的不易之则。作为事物之则的“理”，它内在于事物，从属于事物，是事物的属性或事物间的联系。因此，理不是实体。在理学家那里，理仿佛是气或物之外的“一物”，这就把本非实体的理外化为实体了。理的实体化同时伴随着理的外在化。戴震引张载为证：“张子见于必然之为理，故不徒曰神而曰‘神而有常’。诚如是言，不以理为别如一物。”[②]

字源学考察何以必要？戴震批评解经凿空的弊端，其一在于“缘词生训”：“缘词生训者，所释之义，非其本义。”[③] 即便《尔雅》，“其解释《诗》、《书》，缘词生训，非字义之本然者，不一而足。”[④]“缘词生训”往往是解经者用自己所处时代熟悉的意思解释字义，以今解古，犯了思想解释的“时代的错置”却浑然不自知。就思想关键词“理”字而言，戴震不断提醒，“古人所谓理，未有如后儒之所谓理者矣”[⑤]，“古人所谓天理，未有如后儒之所谓天理者矣”[⑥]。字源学考察有助于克服“时代的错置”

① ［清］戴震：《绪言上》，《戴震集》，上海古籍出版社1980年版，第357页。

② ［清］戴震：《孟子字义疏证》卷上，“理”，《戴震集》，上海古籍出版社1980年版，第284页。

③ ［清］戴震：《古经解钩沉序》，《戴震集》，上海古籍出版社1980年版，第192页。

④ ［清］戴震：《答江慎修先生论小学书》，《戴震集》，上海古籍出版社1980年版，第72页。

⑤ ［清］戴震：《孟子字义疏证》卷上，“理”，《戴震集》，上海古籍出版社1980年版，第265页。

⑥ ［清］戴震：《孟子字义疏证》卷上，“理”，《戴震集》，上海古籍出版社1980年版，第266页。

之弊，求得字义之本然，或者说字之本义。在戴震那里，只有本义才体现了永恒之道。与此相应，“时代的错置”同时也就是以俗妄解真。

（二）字性虚实分疏：作为称夫纯美精好之名的理不是实体

戴震还从字性虚实的角度证明理不是实体。他说，字有虚实[①]：

> 学者体会古贤圣之言，宜先辨其字之虚实。今人谓之“字”，古人谓之“名”。……以字定名，有指其实体实事之名，有称夫纯美精好之名。曰“人”，曰“言”，曰“行”，指其实体实事之名也。曰“圣”，曰“贤”，称夫纯美精好之名也。曰“道”，曰“性”，亦指其实体实事之名也。……曰“善”，曰“理”，亦称夫纯美精好之名也。曰“中”，曰“命”，在形象，在言语，指其实体实事之名也；在心思之审察，能见于不可易不可逾，亦称夫纯美精好之名也。[②]

> 天地、人物、事为，不闻无可言之理者也，《诗》曰“有物有则”是也。物者，指其实体实事之名；则者，称其纯粹中正之名。[③]

因此，“理”、“则”是虚字或虚名，不能像作为实字或实名的“物”那样指称实在的事物（指其实体实事），而只是描述事物

---

① 顾炎武曾经从虚词变化考证文献的时代先后。《日知录》卷六“檀弓”条：“《论语》之言‘斯’者七十，而不言‘此’。《檀弓》之言‘斯’者五十有三，而言‘此’者一而已。《大学》成于曾氏之门人，而一卷之中言‘此’者十有九。语音轻重之间，而世代之别，从可知已。”（原注：《尔雅》曰：“兹、斯，此也。”今考《尚书》多言“兹”，《论语》多言“斯”，《大学》以后之书多言“此”。）（［清］顾炎武著，黄汝霖集释：《日知录集释》，上海古籍出版社2006年版，第349页。）毛奇龄《四书改错》批评朱熹对“学而时习之”的解释误将实字之“学”解作虚字。（参见［清］程树德：《论语集释》，中华书局1990年版，第3页。）

② ［清］戴震：《绪言上》，《戴震集》，上海古籍出版社1980年版，第371页。

③ ［清］戴震：《孟子字义疏证》卷上，“理”，《戴震集》，上海古籍出版社1980年版，第278页。

性质，当然同时也隐含了肯定的价值判断（称其纯美精好）。从这个意义上讲，理是事物的性质而不是实体。戴震推溯“理”如何从必然之则上升为“如物”之理：“举凡天地、人物、事为，求其必然不可易，理至明显也。从而尊大之，不徒曰天地、人物、事为之理，而转其语曰‘理无不在’，视之‘如有物焉’，将使学者皓首茫然，求其物不得。”①

在理学家那里，理被实体化，但它又是一种特殊的实体。理是物，又不是物，它在物与非物之间，可称之为“如物”。理之非物，在于它超越于物，即一般的实体之上。简言之，理的“如物”化同时关联着理的形而上化：“宋儒合仁、义、礼而统谓之理，视之如有物焉，得于天而具于心，因以此为‘形而上’，为‘冲漠无朕’；以人伦日用为‘形而下’，为‘万象纷罗’。”② 这是说，理学家将仁义等伦理之域的当然之则提升为凌驾于“形而下”者之上的“形而上”者，从而表现出蔑视具体存在而崇尚形上本体的价值取向。

（三）句式分析：理不是超越于外的形而上者

作为形上本体的理蔑视具体存在，其表现之一便是对个人之感性欲求的彻底否定。这一点同时跟理的“如物化”与外在化密切相关。戴震尖锐地指出：“《六经》、孔孟之书，岂尝以理为如有物焉？外乎人之性之发为情欲者而强制也哉！”③ 他主张，理即在情、欲之中：“圣人之道，使天下无不达之情，求遂其欲而天下治。后儒不知情之至于纤微无憾是谓理。”④ 理强制欲，

① ［清］戴震：《孟子字义疏证》卷上，“理”，《戴震集》，上海古籍出版社1980年版，第278页。

② ［清］戴震：《孟子字义疏证》卷下，“道”，《戴震集》，上海古籍出版社1980年版，第314页。

③ ［清］戴震：《孟子字义疏证》卷上，“理”，《戴震集》，上海古籍出版社1980年版，第275页。

④ ［清］戴震：《与某书》，《戴震集》，上海古籍出版社1980年版，第188页。

其本体论层面的根据则是“形而上”欺凌“形而下”。针对这一点，戴震对二者的区分作了重新解释。按照程朱的看法，《易传》“形而上者谓之道，形而下者谓之器”这句话明确区分道、器；而理气关系与道器关系是同构的，道即理，器则是气的具体样态；就理气而言，可以用《易传》的另外一句话“一阴一阳之谓道”来解释：阴阳是气，是形而下者，“一阴一阳之谓道”意味着道（理）是“阴阳”的本体，是形而上者。这样一来，程朱就把“形而上者谓之道，形而下者谓之器”与“一阴一阳之谓道”结合起来，得出道（理）是形而上者，器（气）是形而下者，形而上者是形而下者之本体的结论。对此，戴震引入哲学语法考察的新策略，指出“之谓”与“谓之”在句法结构上有别：

> 古人言辞，“之谓”、“谓之”有异：凡曰“之谓”，以上所称解下。……凡曰“谓之”者，以下所称之名辨上之实。①

因此，“一阴一阳之谓道”是以“一阴一阳”解释“道”，意思说“道”即“一阴一阳”；至于“形而上者谓之道，形而下者谓之器”，乃是以“道器”区分“形而上”、“形而下”，而不是用“形而上”、“形而下”界说“道”、“器”。道（理）、器（气）之别即形而上与形而下之别。进一步看：

> 形，谓已成形质；形而上，犹曰形以前；形而下，犹曰形以后。阴阳之未成形质，是谓形而上者也，非形而下明矣。②

---

① ［清］戴震：《孟子字义疏证》卷中，“天道”，《戴震集》，上海古籍出版社1980年版，第288页。

② ［清］戴震：《孟子字义疏证》卷中，“天道”，《戴震集》，上海古籍出版社1980年版，第288页。

形而上与形而下，二者只是成形之前与之后的区别，形而上并不意味着超越的本体。由此，戴震将理从形上本体的高空拉回到粗糙的地面。

理成为超越的形上本体，这在理气关系上表现为理气二分。戴震认为，理气二分来源于佛老的二本思维："其所谓理，别为凑泊附著之一物，犹老、庄、释氏所谓'真宰'、'真空'之凑泊附著于形体也。理既完全自足，难于言学以明理，故不得不分理气为二本而咎形气。"[①] 戴震还对此作了更加详细具体的阐述：

> 在老、庄、释氏就一身分言之，有形体，有神识，而以神识为本。推而上之，以神为有天地之本，遂求诸无形无迹者为实有，而视有形有迹为幻。在宋儒以形气神识同为己之私，而理得于天。推而上之，于理气截之分明，以理当其无形无迹之实有，而视有形有迹为粗。益就彼之言而转之，因视气曰"空气"，视心曰"性之郛郭"，是彼别形神为二本，而宅于空气、宅于郛郭者为天地之神与人之神。此别理气为二本，而宅于空气、宅于郛郭者，为天地之理与人之理。……其以理为气之主宰，如彼以神为气之主宰也。以理能生气，如彼以神能生气也。以理坏于形气，无人欲之蔽则复其初，如彼以神受形而生，不能物欲累之则复其初也。皆改其所指神识者以指理，徒援彼例此，而实非得之于此。[②]

（四）虚词体察："就"事情求事情"之"理与意见的克服

理既然不是超越于外的形上本体，则理气、理欲、理事一本，或者说，理在气中、理在欲中、理在事中。戴震体察到，虚

---

① ［清］戴震：《孟子字义疏证》卷上，理，《戴震集》，上海古籍出版社 1980 年版，第 281 页。

② ［清］戴震：《孟子字义疏证》卷中，"天道"，《戴震集》，上海古籍出版社 1980 年版，第 290 ~ 291 页。

词"即"特别能表达这种内在关系。比如，就道德、理义和事情而言，真儒解以"即"字，而宋儒与释老则解以"别有"二字："圣贤之道德，即其行事。释、老乃别有其心所独得之道德。圣贤之理义，即事情之至是无憾。后儒乃别有一物焉，与生俱生而制夫事。"①

与"即"相近的还有虚词"就"，戴震用它来讨论如何克服把意见当成理的问题。在宋明理学那里，"以理为'如有物焉，得于天而具于心'，未有不以意见当之者也。"② 以为心具万理，这就将万理直接吸纳于心。理被心蛮横地同质化了，成为徒有虚名的理，其实质不过是一己之意见。戴震说，宋以来儒者，"其于天下之事也，以己所谓理，强断行之，而事情原委隐曲实未能得，是以大道失而行事乖。"③ 如何将理从意见的压制下拯救出来？在于克己，在于消除一己之私心对于际——包括人物之际、人人之际——的恶意破坏。

就人与物的关系而言，由于人在其中居于主动地位，只有防止人由主动走向对物的主宰，才能呵护人物之际。戴震主张，"事物之理，必就事物剖析至微，而后理得。"④ "就"事物，"即"事物也，人在物面前保持必要的谦卑与敬畏。所谓"事物之理"强调理在事物，强调理相对于人的独立性与自在面向。戴震比较了"事物之理"与"理散在事物"：宋儒"视理'如有物焉'，不徒曰'事物之理'，而曰'理散在事物'。事物之理，必就事物剖析至微而后理得；理散在事物，于是冥心求理，谓'一本万殊'，谓'放之则弥六合，卷之则退藏于密'，实从释氏所

① ［清］戴震：《与某书》，《戴震集》，上海古籍出版社 1980 年版，第 188 页。

② ［清］戴震：《孟子字义疏证》卷上，"理"，《戴震集》，上海古籍出版社 1980 年版，第 269 页。

③ ［清］戴震：《与某书》，《戴震集》，上海古籍出版社 1980 年版，第 187 页。

④ ［清］戴震：《孟子字义疏证》卷下，"权"，《戴震集》，上海古籍出版社 1980 年版，第 324 页。

云‘遍见俱该法界，收摄在一微尘’者比类得之。既冥心求理，以为得其体之一矣”①。

就人伦、人际之域而言，“苟舍情求理，其所谓理，无非意见也”②。因此，克服意见必须即情求理。即情求理，一方面，理不离情；另一方面，这里的情并非一己之私情，而是人心同然之情，故可以情絜情：“天理云者，言乎自然之分理也；自然之分理，以我之情絜人之情，而无不得其平也。”③ 以情絜情，即情得理，以心之同然克服意见之私：“惟以情絜情，故其于事也，非心出一意见以处之。”④“心之同然”之说源自孟子：

> 问：孟子曰：“心之所同然者，谓理也，义也，圣人先得我心之所同然耳。”是理义以心言，何也？
>
> 曰：心之所同然始谓之理，谓之义，则未至于同然，存乎其人之意见，非理也，非义也。凡一人以为然，天下万世皆曰“是不可易也”，此之谓同然。……人莫惑乎蔽而自智，任其意见，执之为理义。吾惧求理义者以意见当之，孰知民受其祸之所终极也哉！⑤

前面提到，明道的认识论依据在于人皆有道义之心。心之同然，所同在道义。

戴震语言哲学对于中国哲学的工作方式有何启发意义？戴震

---

① ［清］戴震：《孟子字义疏证》卷下，“权”，《戴震集》，上海古籍出版社1980年版，第324页。

② ［清］戴震：《孟子字义疏证》卷上，“理”，《戴震集》，上海古籍出版社1980年版，第269页。

③ ［清］戴震：《孟子字义疏证》卷上，“理”，《戴震集》，上海古籍出版社1980年版，第266页。

④ ［清］戴震：《孟子字义疏证》卷上，“理”，《戴震集》，上海古籍出版社1980年版，第269页。

⑤ ［清］戴震：《孟子字义疏证》卷上，“理”，《戴震集》，上海古籍出版社1980年版，第267页。

语言哲学发端于对理学话语的反思。理学话语具有某种无根性，因“童而习之”之故对理学话语信焉不疑，则无异于“弱丧而不知归”。现代汉语中的哲学话语同样面临着深刻的无根性的困境，造成困境的一个重要原因在于：现代汉语哲学话语基本上通过翻译的方式从西方近代哲学机械输入。走出困境的途径或许有二：某些传统哲学语汇是否可能重新成为用来思考的、活生生的哲学元语言；是否可能从日常语言中提炼基本说理词。时下，中国哲学研究的基本工作范式，是将中国（传统或现代）哲学话语作为对象语言加以梳理与考察，其面临的最大困难恐怕在于：对象语言考察在多大程度上可以反作用于哲学元语言，从而改变中国哲学理解世界的方式。从对中国（传统或现代）哲学的对象式考察转变为中国式的哲学研究，这将是“中国哲学”成其为“哲学”的关键。[①]

① 陈嘉映先生在“移植词与‘中国哲学’”名下展开的思考不无启发意义。参见陈嘉映：《说理》，华夏出版社2011年版，第120～122页。

第二章　对汉语语法结构的哲学语法考察

第一节　汉字形而上学

一、引言

汉字形而上学是汉语言哲学的一部分，旨在从汉字、汉语与世界的关系中探讨其中所蕴含的形而上学思想。讨论汉字形而上学，不能不用到“语言”、“文字”、“形而上学”以及与此相关的一系列语词，但由于人们往往在不同的意义上使用这些词，为了避免误解，有必要先说明它们在本节中的用法。

先说“语言”。在普通人的耳朵里，“语言”一词含义较广，既包括书写的语言，即文字，也包括口说的语言。在受过索绪尔影响的语言学家的耳朵里，“语言”则是将文字排除之后所剩下的纯粹物，即口说的语言。本节在索绪尔的意义上用“语言”一词，广义的“语言”或用“语言文字”并举以明之，或以中国传统哲学的术语“名言”表明之。索绪尔还区分了 langue 和 parole，前者相当于英语中的 language，后者相当于英语中的 speaking。高名凯用“语言”译 langue，用“言语”译 parole；屠友祥则用“整体语言”和“个体语言”来区分这一对范畴。本节采用高名凯的用字法。

在索绪尔看来，语言内在地包含两个不可分离的成分，一为 image auditive，一为 concept。Concept 自然是指概念，也就是 image auditive 所要表达的意义。至于 image auditive，Wade Baskin 英译为“sound image”，高名凯汉译为“音响形象”，屠友祥则译为“听觉印象”。从索绪尔的用词法及行文来看，以“听觉印象”为佳。因为索绪尔明确指出，image auditive 既不是在物理学意义说的，也不是在生理学意义上说的，它主要是一种精神性的东西：“正如我们已确认的那样，语言符号依据结合、联想而定，此联想由将两种截然不同的事物连接起来的心智所引致，但这两种事物都具有精神性，且都居于主体内：听觉印象与概念相联结。听觉印象（不是物质的声响），而是声响的精神印记。”①

因此，本节采用“听觉印象”和“概念”这组词对应于索绪尔的“image auditive”和“concept”。有时候也把“听觉印象”说成“语音”，把“概念”说成“意义”。

索绪尔进而创造了一对很重要的范畴来称呼“image auditive”和“concept”，那就是“signifiant/ signifié”。关于这对范畴，高名凯译为“能指/所指”，陈嘉映译为“施指/所指”。本节采用后一种译法。

既然语言可以分析为语音与意义的结合，与此相应，文字也可以理解为字形与意义的结合——当然，对于不同的文字，字形与意义相结合的具体方式可以有所不同。比如，就拼音文字而言，字形与意义的结合需要通过语音这一中间环节；但对于表形文字来说，字形与意义之间却有着直接的关联。

再来说“形而上学”。按照一般的用字法，“形而上学”也常说成“形上学”，典出《易传·系辞上》：“形而上者谓之道，形而下者谓之器。”“形而上”在中国传统思想中与“道”相提并论，自然有很高的地位。但是，自从近人用“形而上学”翻译西方的“metaphysics”之后，与现代西方哲学思潮对 metaphysics 的种种诘难相应，“形而上”似乎也变得声名狼藉了。不仅如此，“metaphysics”一词赋予“形而上”的新义实际上已经遮蔽了“形而上者谓之道”这一古义所蕴含的智慧。

---

① ［瑞士］索绪尔：《索绪尔第三次普通语言学教程》，屠友祥译，上海人民出版社 2002 年版，第 83 页。

Metaphysics 探究存在问题。西方几千年来的 metaphysics，往往流于抽象："从追求存在的始基，到以观念为存在的本原，从预设终极的大全，到建构语言层面的世界图景，形而上学呈现传统形态与现代形态、实质与形式等区分，但上述意义上的形而上学同时存在着某种共同的趋向，即对世界的抽象理解。"① 抽象的 metaphysics 撇开人的存在本身、脱离人的知行过程来谈论存在。这层意味本是中国传统的"形而上"所没有的。王船山在解释"形而上者谓之道"时，提醒我们注意"谓之"的深刻含义："谓之者，从其谓而立之名也。"② 因此，我们无法离开人的认识与体悟而谈论形而上者。进而言之，在先秦时期，"道"往往与人的行动联系在一起。（对于这一点，下文还要详细展开。）比如《庄子·齐物论》说："道行之而成。""形而上者谓之道"这一说法所指向的，乃是一种从人的知行过程出发的具体的存在之学。因此，我们不妨严格区分"形而上学"与"形上学"，用前者指具体存在论，而用后者指称像 metaphysics 那样的抽象存在论。③

---

① 杨国荣：《形而上学引论》，华东师范大学中国现代思想文化研究所编：《思想与文化》第二辑，华东师范大学出版社 2002 年版，第 287 页。

② ［清］王船山：《周易外传》卷五，《船山全书》第一册，岳麓书社 1996 年版，第 1027 页。

③ 这一区别的灵感直接来自潘德荣先生。潘先生在"本体与方法"一文的尾注中写道："我们所使用的'形而上学'一词含有两义，一是特指某种静止的、片面的、机械的思维方式，二是指亚里士多德所云的'metaphysics'，为表明两者的区别，本节在第一层含义上用'形而上学'，在第二层含义上用'形上学'。"（见成中英主编：《本体与诠释》第一辑，三联书店 2000 年版，第 145 页。）但是，杨国荣先生指出："关于世界的看法运用于考察世界，往往便转化为思维的方法；在作为存在理论的形而上学与作为思维方法的形而上学之间，同样存在着这种联系。当形而上学以某种或某类存在形态为本原，以终极的存在为统一的大全时，它也蕴含着对世界的静态、片面等看法：向某种质料或观念形态的还原，意味着对世界的片面规定；对终极存在的追寻，则导向静态的、封闭的观念，这种抽象的存在理论运用于研究世界或存在本身，便常常转换为对世界片面的、静态的、孤立的考察，后者也就是与辩证法相对的形而上学思维方式。"（华东师范大学中国现代思想文化研究所编：《思想与文化》第二辑，华东师范大学出版社 2002 年版，第 287 ~ 288 页。）因此，笔者没有特别彰显作为存在理论的"形而上学"和作为思维方法的"形而上学"之间的区别，而将它们一起纳入"形上学"的门下，与之对立的则是作为具体存在论的"形而上学"。

二、汉字与拼音文字

人类使用文字的历史要追溯到四五千年以前。古埃及的“圣字书”，美索不达米亚的苏美尔楔形文字以及中国的甲骨文，是世界上最古老的三种文字。通过对古文字的考察可以发现，文字的起源是双重的：一方面，作为视觉符号，它的前身是原始的记事图画；另一方面，只有当它与语言相结合，作为记录语言的书写符号的时候，才真正成其为文字。从前一方面来看，文字通过图画的描摹虽然并不与某个发音有着固定的联系，但是它能够直接表达意义，因而字形与意义之间有着直接的关联。在这个意义上，可以说所有的文字刚开始都是图画文字。从后一方面来看，文字却直接关联语音。因此，文字的字形从其源头上便与义、音两方面的因素同时结下了不解之缘。

但是，经过数千年的历史演进之后，形义之间、形音之间的关联度在不同的文字系统中呈现出极大的差异。现代的文字系统大致可以归纳为两种，一种是以汉字为代表的形声体系，另一种是以欧洲拼音文字为代表的表音体系。现代汉字体系以形声字为主体，一个形声字兼有形符和声符，形符保留了汉字在图画文字阶段所具有的形义关联，声符则代表某个特定的音节，体现了形音之间的关联。对于现代拼音文字来说，形义之间的联系已经完全被割断，因而形被简化为拼音字母的组合，将语音记录为音素的连缀。在这里，文字的字形已经变成语音的纯然记号。

拼音文字的这一特点深刻影响了西方哲学家和语言学家对语言与文字两者之间关系的看法。远在古希腊时期，柏拉图和亚里士多德就明确贬低文字的地位。在柏拉图看来，与僵死的书写文字不同，活生生的话语刻在说话者的灵魂深处，“它是更为本原的，文字只不过是它的影像（image）”。[①] 按照柏拉图对认识对

① ［古希腊］柏拉图：《斐德罗篇》，《柏拉图全集》第二卷，王晓朝译，人民出版社 2003 年版，第 199 页。

象的划分，本原——数学对象——自然物——影像，四者形成从高到低的等级序列，与“影像”相应的认识成果不过是幻象罢了。因此，柏拉图将文字比作“影像”，这是一个相当严厉的“批评”。亚里士多德也认为，文字是符号的符号：“口语是内心经验的符号，文字是口语的符号。”① 这一看法为现代语言学的创始之父索绪尔所继承。他说道：“语言和文字是两个符号系统，文字系统具有表现语言系统的（唯一的）使命。看起来它们各自和相互的价值不用冒被埋没的风险，此仅仅是彼的仆从或影像。”② 对文字与语言关系的这一主仆式理解，可以称之为“语音本原论”。

索绪尔的语音本原论与他试图寻找“语言学的又完整又具体的对象”③ 这一宗旨密切相关。就拼音文字的经验而言，文字的字形与意义之间确实没有自然联系，它的确已经蜕变为语音的记号与附庸。这一事实并不因为西方语言文字系统中同音异形字的存在而有所改变。德里达生造“différance”一词以区别于“différence”，充其量不过是证明了文字书写有区分意义的作用。德里达丝毫未曾认为：作为书写文字的“différance”是对概念的模写，他也丝毫未曾说明：“différance”或“différence”的书写本身与其所达之意之间存在任何自然的联系。索绪尔将普通语言学的对象——语言（langue）——厘定为听觉印象（image auditive）与概念（concept）的关联，有助于剔除外在偶然因素的干扰以便把握其内在关系。在这一点上，索绪尔的做法自有其合理之处。

---

① ［古希腊］亚里士多德：《解释篇》，《亚里士多德全集》第一卷，苗力田译，中国人民大学出版社1990年版，第49页。

② ［瑞士］索绪尔：《索绪尔第三次普通语言学教程》，屠友祥译，上海人民出版社2002年版，第48页。

③ ［瑞士］索绪尔：《普通语言学教程》，高名凯译，商务印书馆1980年版，第28页。

索绪尔从纷纭复杂的语言现象中清理出“听觉印象”与“概念”的结合，并进而规定为“施指（signifiant）/所指（signifié）”。他的所见在此，但他的所蔽恐怕也在此。由于索绪尔的研究“只限于表音体系”[①]，因此如果将“施指（signifiant）/所指（signifié）”运用于汉语言的独特经验之上，难免有诸多不合之处。

就施指而言，如果从汉语经验出发，它就有必要突破听觉印象（image auditive）的狭隘框框，将书写文字——或者说，字形——也囊括其中，因为汉字字形与字义之间有着直接的联系。汉字字形往往有双重所指：意义与语音。（见图 2－1）因此，由于汉字的特殊性，汉语言学有必要以广义的语言，即语言文字作为自己的研究对象。语音与意义的整体为语言，字形与意义的整体为文字。

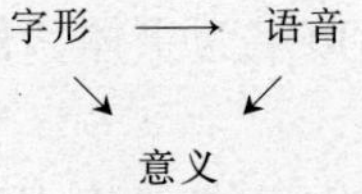

图 2－1

就所指而言，索绪尔以概念（concept）为所指有几点不足：其一，它不能包括虚词；其二，不能包括“感情”、“感想”等，有着过于浓重的理性主义色彩。更为重要的是，索绪尔的“所指”完全是精神性的东西，因此，当他把语言学的对象界定为施指与所指的整体之际，语言与世界的关系便落在了他的视野之外。

但是，由于索绪尔思想的深刻影响，现当代汉语界的主流语言学家对拼音文字与汉字一视同仁，很少注意到汉语言经验的独特性。一部影响很大的《语言学概论》就认为，“文字是记录语言的书写符号的系统”，“文字是在语言的基础上产生的。语言

① ［瑞士］索绪尔：《普通语言学教程》，高名凯译，商务印书馆 1980 年版，第 51 页。

是第一性，文字是第二性的”。[①] 到了20世纪八九十年代，在德里达、利科等人的影响下，有些学者，如申小龙，开始指出汉字系统相对于语言系统的独立性。[②] 20世纪九十年代，徐通锵首倡“字本位说”，潘文国先生进而从本体论的高度讨论“字本位”，重新探讨汉字与汉语之间的关系。[③] 为了把握汉字形音义三位一体的特征，从而使我们对汉语言学和汉语言哲学的讨论能够奠基在汉语言独特经验之上，回顾汉字发展史很有必要。

三、汉字与汉语

按照刘又辛先生的研究，从汉字构造方法来看，汉字的发展经历了三个阶段：商代以前的文字属于图画文字阶段；从甲骨文到秦代的文字属于表音文字阶段，这一阶段的文字是以表形文字为基础，以表音文字为主体的；秦汉之后的文字属于形声文字阶段，这一阶段的文字以形声字为主体，但还保留了一些表形字和表音字。[④]

关于汉字的造字法，古已有“六书”之说。“六书”之名始见于《周官·保氏》：“掌养国子，教之六书、九数。六书者，象形、象事、象意、象声、转注、假借也。”许慎则将“六书”厘定为指事、象形、形声、会意、转注和假借：“一曰指事，指事者，视而可识，察而见意，上下是也。二曰象形，象形者，画成其物，随体诘诎，日月是也。三曰形声，形声者，以事为名，取譬相成，江河是也。四曰会意，会意者，比类合谊，以见指撝，武信是也。五曰转注，转注者，建类一首，同意相受，考老是也。六曰假借，假借者，依声托事，令长是也。”[⑤] 许慎的

① 高名凯、石安石主编：《语言学概论》，中华书局1963年版，第185页。

② 参见申小龙：《汉字人文精神论》，江西教育出版社1995年版。

③ 参见潘文国：《字本位与汉语研究》，华东师范大学出版社2002年版。

④ 参见刘又辛、方有国：《汉字发展史纲要》，中国大百科全书出版社2000年版。

⑤ ［清］段玉裁：《说文解字注》，上海古籍出版社1988年版，第755～756页。

“六书”说毛病不少，如错将用字法的转注归为造字法。前人时贤如王筠、章太炎、唐兰等所论多矣。其中最大的问题恐怕是缺乏历史的眼光，将“六书”一股脑儿地搁在一起，未能分梳不同的造字法在汉字演进史上的不同地位。

在一定意义上，一部汉字发展史就是一部形义关联与音义关联的斗争史，一部形与音在义面前的“争宠史”。

商代的甲骨文已经是相当成熟的文字了。根据甲骨学以及比较文字学的研究成果，大致可以推知商代以前已经有图画文字，其造字法当以象形、指事和会意为主。象形以写实的手法直接描摹对象，指事则以象征的手法表现对象，两者所造皆为独体字。会意字则为象形、指事所造独体字的合体。这三类字的共同特点在于：意义在字形对世界的摹写中直接呈现。就此而言，我们也可以把它们合称为表形字。表形字的创制当是先人“仰则观象于天，俯则观法于地，视鸟兽之文，与地之宜，近取诸身，远取诸物”之后形诸笔划的成果。

在殷商时代，汉字发展进入了不同的时期。已经认识的一千个左右甲骨文字虽然兼有表形字、表音字和形声字三类，但其主体却是表音字，占到可认甲骨文总数的70%以上。表音字相当于“六书”中的假借字。表形字虽然可以描摹具象，也能用象征手法表达一些比较抽象的意思，但是总的说来，它们在表达抽象意义和语言中的虚词方面时常显得力不从心，形义关联的局限性因此就凸显出来了。在此情形下，假借法应运而生，人们开始利用已有汉字的语音来造字。如前所述，假借乃是“本无其字，依声托事”，就是借一个同音字之音来表示一个画不出来的词语。比如，借用“簸箕”的“箕”（古文字“箕”作“其”）之音表示虚词“其”，如甲骨卜辞中的“其风”、“其雨”。“其”字本象“簸箕”之形，为象形字，字形直接承载字义；但是，当“其”用作虚词的时候，它的字形便仅仅用作语音的载体，形义之间的关联被架空了。恰恰相反，为了理解一个表音字，人们现在必须“看穿”字形方能把握音义关联。因此，假借字是音义关联度远甚于形义关联度的表音文字。从殷商时期一直到秦代，汉字都处于表音文字为主体的阶段。除了虚词、抽象词之外，许多人名、地名等专有名词的用字常常是假借字。

假借有别于通假。与假借不同，通假是一种用字法，可以说是本有其字，临时借同音字而用之。比如，《列子·愚公移山》：“寒暑易节，始一反焉。”本有“返”字，此处借用“反”字，这是作为用字法的通假。

表音文字的出现，意味着华夏先人已经能够把连续的语言流分解为相对独立的语音单位。由于古汉语基本上是一种孤立语，我们的先人自然以音节为单位感知语音；与此相应，表音文字基本上是对音节的摹写。

表音文字既是利用音义关联来表达语言的产物，它的出现又反过来促进了语言中的音义关联：人们在创造新词、发展语言的时候，自觉或不自觉地用相通的音表示相通的义。细言之，“由于华夏先民造词时‘实、德、业’三者同源，故出现了实体、动作与性态三种词性的同音现象；由于华夏先民将抓住某一事物的特征确定的某物之名推衍到具有同类特征的各别事物上去，故形成了特征同名称同的现象；由于华夏先民根据两者之间的相联关系，把甲事物的名称转移到乙事物上去，故产生了事物相关名称近同的现象；因此无论是同源同音，推衍同音，或是相关同音，都可以据音溯源、因声相训”①。因此，在表音字占主导地位的先秦时期，音义之间的内在关联度甚至超过形义。正是这一点构成了声训的内在根据。再加上儒家经典“十三经”大抵成书于先秦，就不难理解后世以通经为鹄的训诂学家为什么强调“义存于音”、“于声得义”了。②

① 李葆嘉：《当代中国音韵学》，广东教育出版社 1998 年版，第 18 页。

② ［清］段玉裁：《说文解字注》，上海古籍出版社 1988 年版，第 21、459 页。

当然，正如形义关联存在局限性一样，音义关联也不是十全十美的。其中最大的问题是，由于表音字摹写音节，而汉语充其量仅有436种音节的发音，[①] 由此造成的结果必然是大量同音字的存在。如何辨别这些同音字？在此问题的推动之下，人们开始在表音字上加注形符以区分同音字，形声字于是应运而生。这一新的造字法在甲骨文中就已经出现。比如，卜辞人名“妇良”或作“妇娘”。“良”是假借字，“娘”是加形符的形声字。[②] 除了假借字加形符构成的形声字之外，甲骨文中尚有另一类由表形字加注声符所构成的形声字。这类形声字的出现是为了克服那些因为摹画相似物形而产生的形近易混字。从总体上看，甲骨文中的形声字数量较少，还没有成为主要的造字手段。但到了秦汉之后，形声字便跃升为占主导地位的造字法。许慎《说文解字》收字一万余，其中形声字高达八千以上。从此以后，汉字进入了以形声字为主的发展阶段。

作为新的造字法，形声字综合运用了形义关联和音义关联，得“形声相益”之妙：形近易混，形不足也，则加声符以别之；音同难分，声不足也，则加形符以别之。许慎曾经区分了“文”和“字”：“仓颉之初作书，盖依类象形，故谓之文；其后形声相益，即谓之字。文者，物象之本；字者，言孳乳而浸多也。”[③] “文”、“字”大致相当于文字发展的两大阶段。“文”与前面提及的表形字阶段相当，而“字”则包括了表音字为主的阶段与以形声字为主的阶段。从逻辑上看，“形声相益”可以是声与声相益而为假借字的孳生，也可以是形与形相益而为会意字的孳生，也可以是形与声相益而为形声字的孳生。但从汉字发展的实际情况来看，未曾出现以会意字为主的发展阶段。

---

① 参见潘德荣：《文字·诠释·传统》，上海译文出版社2003年版，第10页。

② 参见刘又辛、方有国：《汉字发展史纲要》，中国大百科全书出版社2000年版，第139页。

③ ［清］段玉裁：《说文解字注》，上海古籍出版社1988年版，第754页。

在形声字中，形义之间的关联自不待言。值得注意的是，相当多的形声字在造字之初还继承了表音字阶段音与义相关联的遗产，“音近义通”的现象在形声字中屡见不鲜。形声字的两个部分（声符与形符）分别有自己的意义网络。声旁常常不仅表声而且表义。形符由形文生义，声符由声得义。形义关联与音义关联各占据半壁江山。后来，随着形声字的进一步发展，形义关联的密切度胜过音义关联的密切度，声旁便蜕变为无意义的声符。而且，随着时间的推移，不少形声字的声符与该字的实际发音发生龃龉。究其原因，除了诸多偶然因素之外，可以理性求索者主要有二：其一，语音的历史嬗变与书写的相对稳定之间的矛盾。钱大昕在为段玉裁《六书音均表》所作的序中写道：“文字者终古不易，而音声有时而变。”① 其二，用雅言来音译方言，结果反过来导致雅言的音变。雅言的地位大致相当于今天的普通话，为政治文化中心的语音系统。方言则为除此之外各地的语音系统。先秦时期的人们已经自觉意识雅言与方言的区别。《论语·述而》：“子所雅言，《诗》、《书》、执礼，皆雅言也。”孔子平常用的大概是鲁国的方言，但是在诵读《诗》、《书》和行礼的时候却要用雅言。《荀子·正名》：“散名之加于万物者，则从诸夏之成俗曲期，远方异俗之乡则因之而为通。”普通名词（散名）以夏语中的雅言（诸夏之成俗曲期）为规范，远方的方言（远方异俗之乡）应该以雅言为准加以通译。由于雅言与方言之间在发音方法的出入，借某个雅言字之音表示某个方言音之后，方言字的音可能反过来影响雅言字的读音，从而使雅言字多了一种读音。由此造成一字多音的现象。如果再用这个雅言字作声符，就会出现声符本身有多种读音的情况。形声字的声符与该字的实际发音发生龃龉，反过来进一步削弱了音义之间的关联度，从而更加凸显了形义关联对于形声字的重要性。但另一方面，汉

① ［清］段玉裁：《说文解字注》，上海古籍出版社 1988 年版，第 804 页。

字字体屡经变化，从大篆、小篆、隶书一直到楷书。在此过程中，汉字字形日趋简化和符号化，形义之间的自然联系日渐淡化，与之相应的，自然是声义关联的加强。因此，综合起来看，在目前形声字为主体的汉字发展阶段，形义关联度与音义关联度不相上下，汉字呈现为形、音、义三位一体的态势。

综观汉字发展史，可以发现形义关联与音义关联对于汉字来说有着同等的重要性，这一点与拼音文字形成了鲜明的对比——对于拼音文字来说，音义关联占据绝对的主导地位，形义关联几乎荡然无存。因此就不难理解，拼音文字与其语言之间的主仆关系并不存在于汉字与汉语之间。语言与文字关系上的这种差异并非无关紧要，它进而导致中西方文化以两种不同的方式看待语言文字与世界的关系。

四、汉语、汉字与世界：名言敞开世界

实际上，对于汉字与汉语之间的独特关系，索绪尔已经有所察觉。他写道：“对汉人来说，表意字和口说的词都是观念的符号；在他们看来，文字就是第二语言。在谈话中，如果有两个口说的词发音相同，他们有时就求助于书写的词来说明他们的思想。”[①] 不过，在索绪尔看来，这是一个缺点，而不是一个优点，因为它更容易导致文字对于语言的暴政，更容易使文字凌驾于语言之上。与表意文字相比，表音文字旨在确切地再现声音，是一个“理性的系统”。[②] 这种理性精神的典范在古希腊。“我们可赞美原初的希腊字母：单一的、词形不变的书写符号与每个唯一的声音（同一个声音）相对应，这是它的准则。反过来，也没有

① ［瑞士］索绪尔：《普通语言学教程》，高名凯译，商务印书馆 1980 年版，第 51 页。

② ［瑞士］索绪尔：《索绪尔第三次普通语言学教程》，屠友祥译，上海人民出版社 2002 年版，第 49 页。

惟一的符号相当于两个连续的声音。”①

把拼音文字与理性精神联系起来，这一看法可以追溯到黑格尔。黑格尔认为，学会阅读和书写拼音文字，可以“远离感性具体事物的精神，就会把注意力转向更明确的因素，转向有声的语词及其抽象因素，并且在本质上有助于在主体中确立和净化内在性的根据。”②

拼音文字之所以优于汉字，其原因在于它的理性；而拼音文字之所以劣于语言，其原因也在于理性。亚里士多德之所以认为“文字是口语的符号”，那是因为口语与逻各斯之间的原始的本质的联系：口语与心灵有着本质的关系，而心灵又与逻各斯、理性有着直接贴近的关系。口语“表达了‘心境’，而心境本身则反映或映照出它与事物的自然相似性。在者与心灵之间，事物与情感之间，存在着表达或自然指称关系；心灵与逻各斯之间存在着约定的符号化关系”③。

这样，我们就发现，语言学上的语音本原论关联着深刻的形上学理想：语音之所以是文字的本原，归根到底在于语音与世界本原——逻各斯——之间的直接关联。因此，语音本原论归根到底意味着对逻各斯，对抽象的本质和对世界不变的本原的形上学。在此形上学之下，世界与语言文字的关系呈现为一方支配另一方的态势：世界先行语言并支配语言，语言先行文字并支配文字；文字仅为语言而存在，因而只能从语言中获得意义；同样，语言仅为世界而存在，因而只能从世界中获得意义。

然而，基于汉语言的独特经验，中国传统思想家对语言文字

---

① ［瑞士］索绪尔：《索绪尔第三次普通语言学教程》，屠友祥译，上海人民出版社 2002 年版，第 50 页。

② ［德］黑格尔：《哲学全书》，§459，转引自［法］德里达：《论文字学》，汪堂家译，上海译文出版社 1999 年版，第 33 页。

③ ［法］德里达：《论文字学》，汪堂家译，上海译文出版社 1999 年版，第 33 页。

与世界的关系提出了另一种看法。

许慎在《说文解字叙》中集中探讨了文字与世界的关系。“初作书，盖依类象形，故谓之文。”[①] 这是通过文字以“法天”。细而言之，则是“仰则观象于天，俯则观法于地，视鸟兽之文与地之宜，近取诸身，远取诸物”。[②]“法天”的关键乃是条理和差别。许慎以神话的方式表达了这一意思。“仓颉见鸟兽蹄迒之迹知分理之可相别异也”。[③]“理”作为名词，指的是“条理”等，但它又可作为动词来使用，所谓“治理”、“调理”是也。古人有“理水”、“理玉”之称。用语言把握天地可相别异之“分理”后，就可反过来用语言“理”天地。语言理天地，天地本有的“条理”使得语言对世界的“分理”成为可能；同时，只有经过语言的“分理”作用，天地才真正显得有“条理”。

语言文字敞开世界。在名言之光尚未投射之前，自在自如的世界渊面黑暗，一片混沌。人通过名言摹写世界，从而将世界加以“分理”、“别异”并规范之，世界在被分理被规范中成像。另一方面，世界成像的过程同时也是名言成形的过程。并没有先于世界而存在的名言，名言就在且只在摹写并规范世界的过程中成其为名言。因此，语言文字是人与世界交互作用的成果。

进而言之，语言文字一旦出现，便成为人与世界发生进一步交互作用的有效的中介（Mittel，media）。许慎已经看到文字在治理国家中的巨大作用：“初造书契，百工以乂，万品以察。”[④] 语言文字的这一作用，不妨称之为“赞天地之化育”。

当然，讲语言文字是人与世界交互作用的中介，这已经在一定意义将语言文字工具化了。这一点在德文中尤为明显：“Mittel”除表示“中介”之外，还兼有“工具”的意思。其实

---

① ［清］段玉裁：《说文解字注》，上海古籍出版社1988年版，第754页。
② ［清］段玉裁：《说文解字注》，上海古籍出版社1988年版，第753页。
③ ［清］段玉裁：《说文解字注》，上海古籍出版社1988年版，第753页。
④ ［清］段玉裁：《说文解字注》，上海古籍出版社1988年版，第753页。

语言文字之于人应当还有更深一层的意思，那就是语言文字内化为人的存在方式。语言文字使野蛮人变成了文明人，这一说法实际上已经指明了这一点。

在某种意义上，人是语言的动物。这不仅因为人总是通过语言接触世界——以“工具”作为理解语言的本喻。更重要的是，语言对于人的世界还是构成性的；语言已经是我们“身体”的一部分。工具在一定意义上可以取得身体的地位，可以说某某工具是我的身体的一部分。但身体似乎不可以化约为一般的工具。身体在生存论意义上“不可须臾离也”。我们平时栖居于语言之中：用语言言说，用语言书写，用语言思考。语言对于我们似乎是最切近的。然而，在言说着、书写着和思索着的时候，我们常常只是“通过”语言到达所言说、所书写和所思考的东西。处于意识之焦点的乃是所言说、所书写和所思考的东西，用以通达的语言本身反而是不显眼的。这时，语言对于我们似乎又是最遥远的。“得鱼忘筌”、“望月忽指”、“舍筏登岸”等用以说明言意关系的比喻都可以从这个角度加以理解：在我们“通过”语言达意之际，用以通达的语言本身却晦而不明。

然而，《老子》开篇第一章便说，“道可道，非常道”。它的意思是说，“道”不可道，“道”是不可言说的。当我们试图用语言达“道”之际，语言开始显得不顺手了：它蹩蹩脚脚地，扎人的眼。“道”让语言的界限切切实实地成了一个问题。

五、汉语、汉字与世界：名言遮蔽世界

现在，我们就到了这样一个问题面前：语言何以有它的界限？

语言文字在敞开世界的同时遮蔽世界。诚如杨国荣先生所言：“名言具有敞开存在的作用……但从另一角度看，名言往往又有遮蔽对象的一面。作为思维的形式，名言凝结了认识的成果，这种成果作为先见而影响着人们对对象的把握，它既构成了

达到对象的必要条件，又在一定意义具有某种排他性。同时，在经验知识的领域，名言所达的，常常是对象的某一方面或某一层面，及于此往往蔽于彼。”①

语言文字的遮蔽之维昭示了语言文字的某种限度。上文指出，语言文字将内化为人的存在方式。与此相应，语言文字的限度不仅是语言文字本身的限度，它同时也是使用语言文字的人的限度。

继索绪尔而起的一些英美语言学家揭示了语言的语音结构对人的感觉能力的制约。一个关键性的机制乃“麻醉力”：“语言的结构力量似乎在施加一种‘麻醉’力，使操此种语言者难以记录那些与音素的‘对比的’或对立的格局不相符合的语音。……这种麻醉力是默默地起着作用的，以至于如果每一种语言的结构最终没有影响到自身以外的人的感觉和反应的习惯，那就会使人大为诧异了。”② 混沌的本然界本身包含无数可能的差异。但是，一种语言对世界的“分理”、“别异”不可能同时穷尽所有的差异；对某种差异的敏感，必然同时意味着对其他差异的视而不见。这些差异除了语音方面之外，还表现在思维方式、世界观等方式。这样，语言的文化相对性自然也就是题中应有之义了。萨皮尔指出：“不同的社会所生活于其中的世界是不同的世界，不只是贴上不同的标签的同一个世界……我们确实可以看到、听到和体验到许许多多的东西，但这是因为我们这个社团的语言习惯预先给了我们解释世界的一些选择。”③

相形之下，中国古代的哲人更多地从形而上学的层面探讨了语言的界限。《老子》的命题“道不可言说”包含多方面的

---

① 杨国荣：《史与思》，浙江大学出版社 1999 年版，第 164 页。

② ［英］霍克斯：《结构主义和符号学》，瞿铁鹏译，上海译文出版社 1997 年版，第 22 页。

③ ［美］萨皮尔：《关于语言、文化和个性的论文选》，转引自［英］霍克斯：《结构主义和符号学》，瞿铁鹏译，上海译文出版社 1997 年版，第 23 页。

意蕴。

“道”首先作为一个存在论的范畴，意指无所不包的普遍者。道的普遍性、无所不包性与道的可言说性构成了悖论。《庄子·齐物论》对此问题有自觉的意识：“天地与我并生而万物与我为一。既为一矣，岂待有言乎？岂得无言乎？”一方面，如果道可以言说，那么对道的言说便落在道之外；这样一来，道便不再是无所不包的了。因此，道是不可言说的。另一方面，如果道是普遍而无所不包的，那么道何以连对它的言说都无法包括呢？我们不妨把道的普遍性、无所不包性与道的可言说性所构成的悖论叫做“老庄悖论”。

作为存在论范畴的“道”仍然保留着原初“道路”的隐喻。《说文》：“道，所行道也。一达之谓道。”道，行之而后成。与“道”相近的一个词是“路”。《说文》：“路，道也。”“路”又与“露”同音而通假。《说文》段注：“凡陈列表见于外曰‘露’。亦假‘路’为之。”因此，“路”又可有“显露”之意。因此，“道路”即在行走中开显。道路行之而成，在行走中开显出以通达某个目的地。

原本没有道路的时候，一片混沌，我与世界的关联尚处在黑暗之中。行走凿开混沌，道显露出来，将行者导向目的地。道是指引性的，它在将行者引向目的地的同时，将目的地引向行者。目的地构成了行者行路的意义，使得行者成其为行者。行者面向目的地而行。

一条现成摆在那里的道路还不成其为道路。它还只能说是潜在的道路。但是，说它只是潜在的道路等于取消了它作为道路的特权。将行者巡视四周，有无穷的潜在的道路。他可能不会取道于他人习以为常、约定俗成的所谓道路，他可能会抄捷径，也可能会从连捷径都算不上的、似乎不可能成为路的地方走过去。这就将行者逼到了这样的处境之下：从来没有现成摆在那里的道路；任何时候都是原本没有道路的时候，一片混沌。

因此，“道不可言说”还意味着行动对于语言在存在论上的优先性。(1) 语言是清晰而抽象的，而作为行动的道是混沌而丰厚的。语言对道的每一次言说，都只是从道中切割出某个方面加以逻辑化，但永远无法穷尽道。(2) 作为行动的道，是一种实践的智慧。语言的述说能够勾勒出一种理论的陈述。但实践的智慧无法化约为理论的陈述。用赖尔 (Gilbert Ryle) 的用语来说，那就是“能力之知”(knowing-how) 不能被化约为命题性知识 (knowing-that)。与《老子》同时的《中庸》强调“时中”。“时中”是把抽象的道德规范在具体的境域中加以恰当应用的智慧。在《庄子·天道》中，轮扁认为写下来的“圣人之言”不过是“古人之糟粕”而已。(3) 每一次言说都是一个“应用”事件，依赖于我们对语言的默会能力。这种能力本身无法被言说，因为对它的言说——如果可能的话——还是依赖于这种能力。(4) 我们不会莫明其妙地言说。每一次言说都是“以言行事”，总是牵连着行动的网络。这张网络使这一次言说成为可能，同时又没有被这次言说所言及。

进而言之，名言的限度根源于世界的自在自律。世界的自律因子并没有因为世界的为我化而消失。世界总是为我之物（意义世界）与本然之物（本然界）的统一。正是自在之域构成了超名言之域。

本然之物在成为为我之物之前，尚未对象化。但是，它已经以某种边缘的、境域的方式在场了。本然之物在为我之物中显现——不是显现它的“现在”，而是显现它的“曾在”。本然之物总是推迟出场的时机，它的“现在”总被延宕为“曾在”。由“现在”的为我之物推知本然之物的“曾在”，进而感知“曾在”之当有的“现在”。于是，为我之物似乎被一团雾状的东西包裹着，在它所从来的过去，在它立身在此的周围，在它即将前行的将来，都是如此。这团迷雾构成为我之物的境域，且称之为本然之物。本然之物亦可称之为“天之天”；与之相应，为我之物则为“人之天”。

世界在语言的层面显现。语言所直接显现的世界，为我之物也。这是一个相对清晰、合乎亚里士多德逻辑的世界。英美语言哲学所理解的，正是且只是这一世界；反而言之，英美语言哲学仅仅在与这一世界相应的层面上理解语言。清晰的世界该有清晰的语言来勾勒，因此，“清楚明晰”（clear and distinct）便理所当然地成为语言所当追求的理想状态。

然而，正是在此追求中，为我之物光芒四射，原本包裹在其周围的本然之物荡然无存。然而，这只不过是一种幻象罢了：不是光明驱散了黑暗，而是光明遮蔽了黑暗。为我之物的过分彰显导致本然之物的遗忘。

为我之物本与本然之物相伴，语言在直接显现为我之物的同时，总已经牵连出本然之物。只是由于我们将目光过分聚焦于语言所直接显现——更准确的说法是“指称”——的为我之物，对它所烘托出来的境域视而不见罢了。

相对而言，汉语思维所关注者，不是用清晰的语言指称为我之物，而是借语言对为我之物的指称牵连出烘托于为我之物周围、以边缘、境域方式存在的本然之物，由此，原本清晰而单义的语言本身似乎也随之变得浑沌而意蕴重重。汉语不是死盯着它所指称的为我之物，而是将目光穿透为我之物指向恍恍惚惚感悟到的本然之物。在此，有双重的“从……到”（from-to）结构摇曳生姿：未始有始之际，人与世界合而为一，无所谓世界亦无所谓人；既而从一片黑暗中投出语言之光，凿开浑沌，有为我之物在语言的层面直接呈现；正是藉了无可言说的本然之物我们说出为我之物，这是从本然之物到为我之物，本然之物为虚而为我之物为实，此为一重 from-to 结构；既而借了已说出的为我之物牵连出本然之物，原本处于焦点意识（focal awareness）之下的为我之物虚化为指向本然之物所营造之境域的指月之指，这是从为我之物到本然之物，为我之物为虚而本然之物为实，此为另一重

from-to 结构。此双重的 from-to 结构之间自可相互交揉着变，如同心理学上常见的鸭—兔图：可以拿眼睛死盯着为我之物而只看到为我之物，也可以心神一荡，目光随之瞟向为我之物身前身后的境域。在此，“惚兮恍兮，其中有象；恍兮惚兮，其中有物。窈兮冥兮，其中有精；其精甚真，其中有信。”（《老子》第二十一章）

第二节　“之谓”“谓之”之辨和语言的本质

第一章第二节提到，戴震哲学语法考察的一项内容，便是通过分析“之谓”与“谓之”在句法结构上的差别来批判理的超越化。有意思的是，在戴震之先，明末清初的大思想家王船山（1619—1692）将语言把捉为天人之“际”，而关于语言本质的这一独特理解恰恰也是围绕着“之谓”与“谓之”之辨展开的。在这里，我们不难看到“语言哲学Ⅰ”和“语言哲学Ⅱ”的交融：通过对语言（句式）的分析探讨语言的本质。

一、“之谓”与“谓之”

《中庸》首章说：“天命之谓性，率性之谓道，修道之谓教。”二十一章则说：“自诚明谓之性；自明诚谓之教。”王船山注意到了这两种表达中“之谓”与“谓之”的差异。他说：

> 曰“性”、曰“道”、曰“教”，有质而成章者也。曰“天命”、曰“率性”、曰“修道”，则事致于虚而未有其名实者也。溯其有质成章者于致虚之际，以知其所自来，故曰“之谓”。
>
> 曰“自诚明”，有其实理矣；曰“自明诚”，有其实事矣；“性”，为功于天者也；“教”，为功于人者也。因其实而知其所以为功，故曰“谓之”。
>
> 天命大而性小，性属一人而言。率性虚而道实，修道方

为而教已然。命外无性，性外无道，道外无教，故曰“之谓”，彼固然而我授之名也。

诚明皆性，亦皆教也。得之自然者性，复其自然者亦性，而教亦无非自然之理。明之所生者性，明之所丽者亦性，如仁义礼等。而教亦本乎天明之所生。特其相因之际，有继、有存，成性存存，道义之门。有通、有复，则且于彼固然无分之地而可为之分，故曰“谓之”，我为之名而辨以着也。①

先来看“谓之”。王船山以为，诚是得之自然者，明是复其自然者，教也是循自然之理，三者实际上都是性。换个角度看也是如此：明生性，明又生于性，而教也是生于明。因此，诚、明、性、教从根本上来说是同一的，“自诚明”和“自明诚”从根本上说也是同一的——在此意义上，“彼固然无分”。但另一方面，船山接着说，“我”毕竟可以强调天人相因过程的不同向度：“自诚明”强调存、复、有其实理；“自明诚”强调继、通、有其实事。这样，当我把“自诚明”“谓之”“性”的时候，我突显了天的向度——就此而论，谓之“性”则知其所为功于天；而当我把“自明诚”“谓之”“教”的时候，我又突显了人的向度——就此而论，谓之“教”则知其所以为功于人。通过“谓之”，即命名，“我”分辨了原本同一无别的天与人，从而使得它们变得昭著易知。“我”、“分辨”、“昭著”构成了王船山理解“谓之”的三个要点。

“谓之”还有一些类似的表达方式，如“摘出”、“举……言之”、“就……而言”：“伏羲氏于二仪交合以成能之中，摘出其阳之成象者，以为六画之《干》，而文王因系之辞，谓道之‘元亨利贞’者，皆此纯阳之撰也；摘出其阴之成形者，以为六画之

① ［明］王夫之：《读四书大全说》，《船山全书》第六册，岳麓书社 1996 年版，第 536 ~ 537 页。

《坤》，而文王因系之辞，谓道有‘元亨利牝马之贞’者，唯此纯阴之撰也；为各着其性情功效焉。”① “以纯阳为《干》者，盖就阴阳合运之中，举其阳之盛大流行者言之也。”② “以春为首者，就草木之始端见而言也。”③ 和“谓之”一样，“摘出”、“举……言之”、“就……而言”，都是从特定的角度命名某物的表达式。由此，它们就从特定的角度将某物带向语言、让某物从特定的角度呈现出来、从特定的角度让某物成其所是。

不难发现，很少有“谓之”单个使用的场合，更多的情形则是两个或多个“谓之”连用。比如，“自其为人物所必由者，则谓之道。自其妙万物而不主故常者，则谓之神”④。又如，“合之则为太极，分之则谓之阴阳。不可强同而不相悖害，谓之太和”⑤。这一语法现象尤其明显地突出了“谓之”的分辨功能：“谓之”分辨道与器，分辨太极、阴阳、太和，如此等等。王船山这样解释“形而上者谓之道，形而下者谓之器”：“‘谓之’者，从其谓而立之名也。‘上下’者，初无定界，从乎所拟议而施之谓也。然则上下无殊畛，而道器无异体，明矣。”⑥ 形而上与形而下、道与器虽然本无异体，但就是在我们“谓之”道、器的时候把它们分辨为道与器、形而上与形而下了。戴震也明确地认识到“谓之”以名辨实的区别作用。他说，“凡曰‘谓之’

① ［明］王夫之：《周易内传》，《船山全书》第一册，岳麓书社 1996 年版，第 74 页。

② ［明］王夫之：《周易内传》，《船山全书》第一册，岳麓书社 1996 年版，第 43 页。

③ ［明］王夫之：《周易内传》，《船山全书》第一册，岳麓书社 1996 年版，第 58 页。

④ ［明］王夫之：《周易内传》，《船山全书》第一册，岳麓书社 1996 年版，第 519 页。

⑤ ［明］王夫之：《周易内传》，《船山全书》第一册，岳麓书社 1996 年版，第 525 页。

⑥ ［明］王夫之：《周易外传》，《船山全书》第一册，岳麓书社 1996 年版，第 1027 页。

者，以下所称之名辨上之实。如《中庸》‘自诚明谓之性，自明诚谓之教’，此非为性、教言之，以性、教区别‘自诚明’、‘自明诚’二者耳。《易》‘形而上者谓之道，形而下者谓之器’，本非为道器言之，以道器区别其形而上、形而下耳。”①

把“谓之”与“我”关联起来，这一点同样有语法上的依据。“我”代表着人，而“谓之”在用法上的一个特点就是：它或隐或显地带出了“谓之”的主词——人。《系辞》曰，“仁者见之谓之仁，知者见之谓之知。”这里，明白地说出了“谓之”的主词：“仁者”、“知者”。而在“自诚明谓之性；自明诚谓之教”、“形而上者谓之道，形而下者谓之器”等“谓之”句中，“谓之”的主词不过是省略罢了。“自诚明谓之性”，完整的说法可以是：“自诚明，人谓之性。”谓，人使然也。

人谓之。这不是一个无足轻重的事实。人谓之，则人拥有语言。人有言。“言者，人之大用也，绍天有力而异乎物者也。”②因为人有言，所以人区别于物。换言之，语言赋予人不同于物的地位。人以言绍天，以言动天地。王船山甚至说，“动乎天地之间者，言而已矣。”③ 语言担保了人在宇宙中的殊出位置。

二、“谓之”

人拥有语言，所以人能谓之。谓之即命名，用王船山的话来说：“为之名”。“谓”，其功伟矣。王船山说：“天地之化、天地之德，本无垠鄂，唯人显之。人知寒，乃以谓天地有寒化；人知暑，乃以谓天地有暑化；人贵生，乃以谓‘天地之大德曰生’；

① ［清］戴震：《孟子字义疏证》卷中，《戴震集》，上海古籍出版社 1980 年版，第 288 页。

② ［明］王夫之：《思问录内篇》，《船山全书》第十二册，岳麓书社 1996 年版，第 424 页。

③ ［明］王夫之：《诗广传》，《船山全书》第三册，岳麓书社 1996 年版，第 511 页。

人性仁义，乃以曰‘立天之道，阴与阳；立地之道，柔与刚’。”① 天地本无垠鄂，唯人显之。何以显之？通过“谓”。“谓”将浑沌划分成不同的畿域。也就是说，命名开显天地。这从一个方面确证了“人者，天地之心”：在天人之际的整体建构中，人较之天具有存在论上的优先性。

命名召唤存在者，将存在者作为存在者带向语词而显现出来。海德格尔亦曾思及此。他说：“流行的观点把语言当作一种传达。语言用于会谈和约会，一般讲来就是用于互相理解。然而，语言不只是、而且并非首先是对要传达的东西的声音表达和文字表达。语言并非仅仅是把或明或暗如此这般的意思转运到词语和句子中去，而不如说，惟语言才使存在者作为存在者进入敞开领域之中。在没有语言的地方，比如，在石头、植物和动物的存在中，便没有存在者的任何敞开，因而也没有不存在者和虚空的任何敞开。语言第一次命名存在者，于是名称把存在者首次带入词语，带入现象。名称根据其存在并指向其存在为存在者命名。这一道说是澄明的筹划，它宣告出存在者作为什么东西进入敞开领域。筹划触发一种投射，使无蔽把自身发送到如此这般的存在者之中。筹划着的宣告因此取缔了存在者掩藏退逃其间的一切浑沌迷乱。”②

命名开显天地。语言敞开存在的力量源自命名。命名之神秘首先在于：在命名之前，存在者沉没于浑沌迷乱之中。世界渊面黑暗，一片混沌。而命名则是凿开浑沌的一束光，光拒绝了阴沉的黑暗，把存在者带向无蔽与澄明。拥有一个名称，这意味着置

① ［明］王夫之：《读四书大全说》，《船山全书》第六册，岳麓书社 1996 年版，第 704 页。

② ［德］海德格尔：《林中路》（修订译本），孙周兴译，上海译文出版社 2004 年版，第 61 页。根据德文本及陈嘉映先生的引文略作修改。参见陈嘉映：《在语言的本质深处交谈——海德格尔和维特根斯坦对语言的思考》，《思远道》，福建教育出版社 2000 年版，第 315 页。

身于光亮之中。①

然而，另一方面的实情则是："谓"在开显的同时有所遮蔽。"谓"有所谓必有所不谓，"谓"总是"自……谓之"，即，总是且只是某一特定向度的开显。与此同时，则是其他向度的退入后场、隐而不彰。这里有显隐幽明的运作，如同《易》象"乾坤并建"、六阳六阴盈虚往来于向背十二位之中。开显的同时有遮蔽，但遮蔽并非纯然消极的现象。海德格尔说，logos，即言说、谓，和 aleteia，即解蔽，是同一的。但是，"解蔽需要遮蔽状态。A-leteia 基于 Lete［遮蔽］……Logos 于自身中同时既是解蔽又是遮蔽。"② 在类似的意义上，杨国荣先生说："名言具有敞开存在的作用……但从另一角度看，名言往往又有遮蔽对象的一面。作为思维的形式，名言凝结了认识的成果，这种成果作为先见而影响着人们对对象的把握，它既构成了达到对象的必要条件，又在一定意义具有某种排他性。同时，在经验知识的领域，名言所达的，常常是对象的某一方面或某一层面，及于此往往蔽于彼。"③"谓"是开显与遮蔽的统一。

名关联着实。在谈到"白"这个概念词的时候，王船山说，"夫白者名也，以名名实，而为后起之文，或谓之外可耳"④。人们以名指实，名是施指，实是所指，而名实之间似乎并没有内在

---

① 参见 Heidegger. *Heraklit*. Vittorio Klostermann，1979，S. 248。杨国荣先生曾经引用约翰·麦奎利的考察说明"说"与"显示"的联系："从词源上看，西语中涉及言说的词往往与照亮、显示等相联系。约翰·麦奎利曾对此作了追溯：'希腊语的说（phemi）与显示、照亮（phaino）有联系，所以与光（phos）也有联系。拉丁语的说（dicere）与希腊语的 deknumi 和德语的 zeigen 同源，都有显示的意思，而这三个词都可以追溯到古印欧语系的词根 di，它表示光亮或照耀。'"（杨国荣：《存在之维》，人民出版社 2005 年版，第 160 页。）

② ［德］海德格尔：《演讲与论文集》，孙周兴译，三联书店 2005 年版，第 236 页。

③ 杨国荣：《史与思》，浙江大学出版社 1999 年版，第 164 页。

④ ［明］王夫之：《四书训义》，《船山全书》第八册，岳麓书社 1996 年版，第 687 页。

的自然联系，“外”正是强调了这一点。换言之，名实之间的关联带有约定的性质。荀子有见于此，认为“名无固宜，约之以命，约定俗成谓之宜”。(《荀子·正名》) 较之“白”这样的概念词，专名似乎更容易体现名实关联的约定性。柏拉图的《克拉底鲁篇》讨论名称究竟出于自然还是出于约定，持约定论的赫摩根尼（Hermogenes）给出的一个证据便是：奴隶的名字可以不断更换，而新名字和旧名字一样好使。[①]

名实关联的约定性，即施指与所指关联的约定性，这是索绪尔所说的符号任意性原则的一个方面。当然，按照索绪尔的本义，“语言符号连结的不是事物和名称，而是概念和音响形象。”[②] 索绪尔从拼音文字的经验出发，把语言符号厘定为音响形象或声音与概念的关联，并进而规定为施指与所指。就此而论，施指与所指的关系断不可混同于名称与现实世界的关系，后者几乎在索绪尔的论域之外。索绪尔这样做是出于语言学家的旨趣：为普通语言学确定恰当的研究对象。他最后的结论说，“语言学的唯一的、真正的对象是就语言和为语言而研究的语言”[③]。但是，如果我们从语言哲学的角度出发，就不能不越出语言内部，去关注语言与现实的关系这一不可回避的基本问题。实际上，在日常用法中，我们更倾向于用“施指”表示语词（名），而以“所指”表示现实（实）。比如说，“马”的所指是现实中的马。这时，我们得到了一种新型的施指—所指关系：以语词（索绪尔意义上的施指与所指的统一体）为施指、以现实为所指。可以发现，索绪尔关于符号任意性的思考同样适用于名实

① Plato. *Cratylus*, 384d。参见 *The Collected Dialogues of Plato*. Edith Hamilton and Huntington Cairns ed., Princeton University Press, 1961, p. 422。

② [瑞士] 索绪尔：《普通语言学教程》，高名凯译，商务印书馆 1980 年版，第 101 页。

③ [瑞士] 索绪尔：《普通语言学教程》，高名凯译，商务印书馆 1980 年版，第 323 页。

关系。

符号任意性原则还有更深的含义。命名离不开区分和分际，“分辨”是“谓之”的一个要素。王船山说，“桐非梓，梓非桐；狐非狸，狸非狐。天地以为数，圣人以为名”[①]。由桐、梓之名，桐区别于梓；由狐、狸之名，狐区别于狸。与此相应，名实关联的约定性便意味着区分的任意性。这里的区分既是现实的区分，也是名称的区分。这一层面的任意性在不同语言、不同文化相遇之际显得异常醒目。比如，英语把河流按宽窄长短分为 river 和 stream，法语则把河流按照是否流入大海分为 fleuve 和 rivière。[②]在一定的意义上，我们可以说，每种语言都以特有的、任意的方式把世界分成不同的概念和范畴。语言离不开区分。

然而，就某一种语言来说，相互区分的不同概念和范畴却构成一个自洽的系统。区分意味着差异，系统性则意味着与差异共存的同一和相际。甚至可以说，同一才使差异成为可能。由此，我们便不难理解，为什么当福柯面对“中国某部百科全书”对动物的分类——属皇帝所有的动物、有芳香的动物、乳猪、传说中的动物、刚刚打破水罐的动物，等——的时候，他会遭遇类似于失语症患者的苦恼和不安。他找不到北了，因为在上面的分类中，名称所“共有”的东西丧失了，语言据以分类的“图表”(tableau) 和“句法”被摧毁了。[③]

一方面是差异，一方面是同一；或者说，一方面是分际，一方面是相际。差异与同一、分际与相际的辩证形成了“文章”。王船山说：“异色成采之谓文，一色昭著之谓章。文以异色，显条理之别；章以一色，见远而不杂。乃合文以成章，而所合之文各成

① ［明］王夫之：《周易外传》，《船山全书》第一册，岳麓书社 1996 年版，第 861 页。

② 陈嘉映在《语言哲学》中用过这两个例子。参见陈嘉映：《语言哲学》，北京大学出版社 2003 年版。

③ 参见［法］福柯：《词与物》，莫伟民译，上海三联书店 2001 年版，第 1 ~ 8 页。

其章，则曰文章。文合异而统同，章统同而合异。以文全、章偏言之，则文该章；以章括始终、文为条理言之，则章该文。……文以分，分于合显。章以合，合令分成。而分不妨合，合不昧分，异以通于同，同以昭所异，相得而成，相涵而不乱，斯文章之谓也。”①

差异离不开同一，分际不离相际，区分依赖于系统。与之相应，区分的任意性受到了来自系统的同一性的制约。语言固然可以“任意”地划分世界，但划分一旦确立，相区分的各部分相互约束，从而促成了划分的相对稳定性。划分的相对稳定性要求命名的相对稳定性。因此，语言符号的任意性并非随心所欲。在此意义上，荀子说，“约定俗成谓之宜，异于约则谓之不宜。”索绪尔也说，一个符号在语言集体中确立后，个人是不能对它有任何改变的。“任意性这个词还要加上一个注解。它不应该使人想起施指完全取决于说话者的自由选择。”②

然而，任意性的制约不仅仅来自系统的同一性。“谓之”意味着“以名名实”，固然是人之使然，亦诚然有“外”即任意性的面相，但与此同时却又是“因其实”：“因其实而知其所以为功，故曰‘谓之’。”名“因其实”，名称的任意性从一开始就受到了来自实在的约束。庄子有言：“道行之而成，物谓之而然。”“谓之”也是一种行，它的源始作用，就是在谓的层面将物固定下来。庄子紧接着说，“恶乎然？然乎然。恶乎不然？不然乎不然。”然与不然即“谓”对世界秩序的整理。然与不然同时给出了差异与同一，在同一与差异、相际与分际的辨证中呈现世界的条理。由此而来的世界条理是最根本的，人们无法进而追究何以是这样的条理。世界只在语言的层面成像，无谓之物无法真正进

① ［明］王夫之：《读四书大全说》，《船山全书》第六册，岳麓书社1996年版，第726页。

② ［瑞士］索绪尔：《普通语言学教程》，高名凯译，商务印书馆1980年版，第104页。

入人的视野。然而，这并不等于说“谓之”是主观任意的行为，因为“物固有所然，物固有所可。”这是说，“谓之”根基于物之固然，在“谓之”中已有来自物之本然的指引。本然之维，即天之维。王船山曾思索命名之根据，于是他看到了天命于命名中的神秘运作。何以定功罪之名？王船山认为，有以天为重，有以民为重，有以君为重。“古帝王之亟赏以为功，亟诛以为罪者，惟天为重。”① 命名不是随便怎么都可以。有的命名正当，有的命名不正当。不正当的命名只会添乱子，搅乱世界。正名，就是要剔除不正当的命名，寻找正当的命名。天一命，天之所命。正当之名来自天命之遣送。

“谓之”在使然之中内含着本然。王船山曾这样解释“《易》一物而三才”：“才以成乎用者也。一物者，太和絪缊合同之体，含德而化光，其在气则为阴阳，在质则为刚柔，在生人之心，载其神理以善用，则为仁义，皆太极所有之才也。……‘谓之’云者，天、地、人亦皆人为之名，而无实不能有名，无理不能有实，则皆因乎其才也。”② 王船山在谈论历法时也说，“天无度，人以太阳一日所行之舍为之度。天无次，人以月建之域为之次。非天所有，名因人立。名非人造，③ 必从其实。十有二次因乎十有二建而得名，日运刻移，东西循环，固无一定之方也。”④ “谓之”首先是“人为之名”。在此意义上，可以说“名因人立”。但另一方面又是“名非人造”，因为“人为之名”必须有所据：名依乎实，实依乎理，理依乎才，故名必“因乎其才”而方可。

---

① ［明］王夫之：《尚书引义》，《船山全书》第二册，岳麓书社 1996 年版，第 281 页。

② ［明］王夫之：《张子正蒙注》，《船山全书》第十二册，岳麓书社 1996 年版，第 274 页。

③ 《船山全书》作“名非天造”。依上下文义，“天”字似为“人”字之误。

④ ［明］王夫之：《思问录外篇》，《船山全书》第十二册，岳麓书社 1996 年版，第 448 页。

因此，“谓之”实际上并未脱离本然之维，“谓之”之“谓”乃是天之本然与人之使然相与酬酢应答的成果。

然而，从语法上看，“谓之”毕竟更容易凸显人的使然之维。比较而言，更容易凸显天的本然之维的，是“之谓”。

三、“之谓”

且回到王船山辨析“之谓”与“谓之”时对前者的解说：

> 曰“性”、曰“道”、曰“教”，有质而成章者也。曰“天命”、曰“率性”、曰“修道”，则事致于虚而未有其名实者也。溯其有质成章者于致虚之际，以知其所自来，故曰“之谓”。
>
> 天命大而性小，性属一人而言。率性虚而道实，修道方为而教已然。命外无性，性外无道，道外无教，故曰“之谓”，彼固然而我授之名也。

关于“谓之”，王船山首先注意到了它的分辨功能。相形之下，“之谓”更侧重于同一性的揭示。天命之谓性，因为“命外无性”；率性之谓道，因为“性外无道”；修道之谓教，因为“道外无教”。“性”从实处说、从结果上说，“天命”从虚处说、从源头上说，“之谓”把两者联结起来，正是揭示它们之间的同一性。“之谓”在“率性之谓道”、“修道之谓教”作用也是如此。抽象地说，即是“A之谓B”的句式强调了A与B的同一性。在一定的意义上，我们甚至可以说，“A之谓B”的句式相当于表达词义解释。比如，“伏而不见之谓‘潜’。”① 这里，“伏而不见”是对“潜”的解释。戴震已经有见于此。他说，“凡曰‘之谓’，以上所称解下。”②“以上所称”就是“A之谓B”中的

---

① ［明］王夫之：《周易内传》，《船山全书》第一册，岳麓书社1996年版，第45页。

② ［清］戴震：《孟子字义疏证》卷中，《戴震集》，上海古籍出版社1980年版，第288页。

“A”，“下”则是其中的“B”，“以上所称解下”正是以A解释B。戴震进而举例说，“《中庸》‘天命之谓性，率性之谓道，修道之谓教’，此为性、道、教言之，若曰：性也者，天命之谓也；道也者，率性之谓也；教也者，修道之谓也。《易》‘一阴一阳之谓道’，则为天道言之，若曰：道也者，一阴一阳之谓也。”① 这就把“天命之谓性，率性之谓道，修道之谓教”也看成词义解释了。与此同时，戴震在这里还指出了一个重要的语法现象：“A之谓B”往往可以改写成“B者，A之谓也”。因此，“伏而不见之谓‘潜’”也可说成：“‘潜’者，伏而不见之谓也。”实际上，船山也用过“B者，A之谓也”的句式：“‘一一’云者，相合以成，主持而分剂之谓也。”②

“之谓”揭示同一性，与“谓之”相比，“彼固然”即物之本然的向度显得尤为突出。这一点，还有来自另一语法现象的支持。前面曾说，“谓之”句多多少少带出了“谓之”的主词——人。相形之下，在“之谓”句中，人消隐了。“形而上者谓之道”，这里包含三个关系项：形而上者，道，以及省略的“人”。试着换个说法，“形而上者，道之谓也。”那么现在只有两个关系项：形而上者，道——“谓”的发出者“人”虚化了，消隐了。“谓之”是“人谓之”，而“之谓”也是“我授之名”，“谓之”与“之谓”都是人之谓或人谓之，这一点并无实质性的区别。但比较而言，“谓之”把人的因素摆在明处，而“之谓”则把物之本然摆到明处。如果说，“谓之”突显了人以语言开显世界，那么，“之谓”则是突出了与之相伴的另一方面的事实：人以语言所开显的是事物的本然。因此，“之谓”与“谓之”分别强调了在语言开显天地的过程中的天（本然）之维与人（使然）

① ［清］戴震：《孟子字义疏证》卷中，《戴震集》，上海古籍出版社1980年版，第288页。

② ［明］王夫之：《周易内传》，《船山全书》第一册，岳麓书社1996年版，第525页。

之维。在语言的开显中，天地呈现出条理。人以语言理天地，天地本有的“条理”使得语言对天地的“分理”成为可能；同时，只有经过语言的“分理”作用，天地才真正显得有“条理”。天地的条理，本然之维；语言的分理，使然之维。语言究其本质是本然与使然的统一，是“之谓”与“谓之”的统一。[①] 换言之，语言在本质上是天人之际。

四、语言之为天人之际

语言之为天人之际，因此，语言是本然之维与使然之维相互作用的结果。这让人想到了索绪尔从声音与概念的关系出发对语言的理解。

从声音与概念的关系理解语言，索绪尔得出了一个重要的结论：语言是声音与概念之际。在语言产生之前，思想观念和声音都是浑然之物，我们无法清楚、坚实地区分两个观念；而另一方面，声音并不比观念更为固定、更为坚实。“语言对思想所起的独特作用不是为表达观念而创造一种物质的声音手段。相反，语言的作用是充当思想和声音的中介，促使两者在结合的同时产生

① 关于王船山“之谓”与“谓之”之辨的另一种解读，可参见陈赟：《回归真实的存在》，复旦大学出版社2006年版，第67～73页。读者可以从中获得不少历史信息。不过，笔者以为，陈著将王船山的“之谓”与“谓之”之辨视为理论理性与实践理性的差异，似乎有些勉强；陈著对戴震“之谓”“谓之”之别、王弼“名”“称”之别的解读也未必恰当。比如，“名”与“称”（谓）在王弼那里是说明器、道的不同表述方式。它们可以说都是主观的，又可以说都是客观的。在天人之际的视域之下，名与称的区分不应再用主客观的范畴来说。至于以王船山“虽曰自命，有命之者也”来论证“名”包含着出于天而不系于人的因素，更是不妥。实际上王船山说，“名，本训云：‘自命也。’从夕者，夕不相见，必自言其名……名必有所自受。子生三月，而父名之。父名子，人名万物。虽曰自命，有命之者矣。”（《说文广义》，《船山全书》第九册，岳麓书社，1996年，第352页。）一个人虽然可以用“名”来称自己，但“名”本身毕竟还是老爸起的。是所谓父名子，是所谓子之名出于父，是所谓“虽曰自命，有命之者矣。”这里，丝毫没有“名”出于天而不系于人的意思。

必要的各单位间彼此分明的界划。思想原本浑沌，它在分解时不得不明确起来。因此，这里既没有思想的物质化，也没有声音的精神化。颇为神秘的事实倒在于：‘思想—声音’就隐含着区分，语言是在两个无定形的浑然物中间形成之际制定它的单位的。”① 我们不能假定“有现成的、先于词而存在的概念”。② 因为，“在施指之前和之外，并没有边界明确的所指”③。另一方面的事实则在于，在所指之前和之外，并没有边界明确的施指。合起来看，施指与所指、声音与概念在细缊相荡的交际过程中相互成形。在类似的意义上，当我们把语言把握为天人之际的时候，同样可以看到语言如何在本然之维与使然之维的交际互动中生成。

语言之为天人之际，我们不妨由此出发考察海德格尔的语言观。海德格尔的语言观，一言以蔽之，曰：语言是存在的家（Die Sprache ist das Haus des Seins）。在《诗人何为》一文中，海德格尔说，“存在亲自遍测自己的畿域。这畿域得以划分成畿域，在于它现身在言词中。语言是存在的畿域，即存在的家。……因为语言是存在的家，所以我们能随时随刻从这家宅穿来穿去而达乎存在者。我们走向阳台，我们穿过树林，我们总是已经穿过‘井’这词，‘树林’这词，哪怕我们没有说出这些词，哪怕我们想也没有去想语言这样的东西。”④ 语言是存在的家，因为存在固然自己划分畿域，但存在的畿域毕竟只有在语言中才成其为畿域。因此，在穿越存在之畿域的时候，我们总已经在穿越语

---

① ［瑞士］索绪尔：《普通语言学教程》，高名凯译，商务印书馆 1980 年版，第157～158 页。据法文本略作修改。

② 参见［瑞士］索绪尔：《普通语言学教程》，高名凯译，商务印书馆 1980 年版，第 100 页。

③ 陈嘉映：《语言哲学》，北京大学出版社 2003 年版，第 75 页。

④ Heidegger. *Holzwege*. Vittorio Klostermann，1977，S. 310. 此处译文基本上从陈嘉映。参见陈嘉映：“让语言自己说话——海德格尔论语言”，《泠风集》，东方出版社 2001 年版，第 228～229 页。孙周兴先生的译文可参见《林中路》（修订译本），孙周兴译，上海译文出版社 2004 年版，第 325 页。

言——这一实情并不因为它是否被明确意识到而有所改变。

另一方面，在《关于人道主义的书信》一文中，海德格尔则说，“语言是存在的家。人栖居在语言所筑之家中。思者与诗人是这一家宅的看家人。他们通过自己的言说使存在的开敞形乎语言并保持在语言中；就此而论，他们的看护完成了存在的开敞。”[①] “语言还对我们拒不给出它的本质，即它是存在之真理的家。语言倒是委身于我们单纯意愿的推动，沦为统治存在者的工具。”[②] 海德格尔在这里同样说“语言是存在的家”。然而，如果细加体察，不难发现这里的语义重心是：语言的本质基于存在，或者说，存在的敞开。海德格尔由此强调了语言的天之维，或者说本然之维。相形之下，《诗人何为》一文中，“语言是存在的家”要说的则是：存在达乎语言才成为存在。这里得到强调的，是语言对于存在的开显作用。

从海德格尔后期的总体思路来看，语言的本然之维占据了主导地位。海德格尔曾在一个边注中写道：“语言与肉身（语音与文字）”[③]，人们通常只是思考已经肉身化了的语言——Sprache，而海德格尔要思肉身化之前的语言——寂静之音（das Gelaeut der Stille）[④]。后来，海德格尔又称之为 Sage。[⑤] Sage 才使得 Sprache

---

① Heidegger. *Wegmarken*. Vittorio Klostermann，1976，S. 313. 此处译文主要参考陈嘉映：“让语言自己说话——海德格尔论语言”，《泠风集》，东方出版社 2001 年版，第 229 页。孙周兴先生的译文可参见《路标》，孙周兴译，商务印书馆 2009 年版，第 366 页。

② ［德］海德格尔：《路标》，孙周兴译，商务印书馆 2009 年版，第 373 页。据德文本略作修改。

③ ［德］海德格尔：《林中路》（修订译本），孙周兴译，上海译文出版社 2004 年版，第 62 页。

④ 海德格尔说，“语言作为寂静之音说话。”参见［德］海德格尔：《语言》，《在通向语言的途中》（修订译本），孙周兴译，商务印书馆 2004 年版，第 23 页。

⑤ 海德格尔说，“语言之本质现身乃是作为道示的道说（Sage）。”（［德］海德格尔：《走向语言之途》，见海德格尔：《在通向语言的途中》（修订译本），孙周兴译，商务印书馆 2004 年版，第 253 页。

成为可能。“要表达的东西”在付诸声音或文字，即肉身化之前已经是 Sage 运作的结晶了。表达——Sprache——是 Sage 的肉身化。将语言思为表达，这已经是在派生的意义思索语言。现在要更为源始地思语言，即思 Sage。进一步说，Sage 的本质在于 logos，而 logos 作为“采集着的置放”，就是存在者的存在。[①] Logos 的本质源于动词 legein，后者是道说（sagen）与置放（legen）——把事物呈现于眼前——的统一。海德格尔说，这一点道出了语言的本质：语言就是让事物一起呈放于眼前而进入无蔽状态。这一神秘事件蕴含着存在向人的一种本质性的遣送（Schickung）。[②] 因此，Sage、logos 究其实就是海德格尔所毕生探讨的“存在”。海德格尔从存在的向度把语言思为 Sage、logos，这实际上强调了语言的本然之维，天之维，或者说，“之谓”的维度。但与此同时，海德格尔却未免有点矫枉过正，当他过分 Sage、logos 作为存在之道说较之肉身化了的语言、即作为有声表达的语言的源始性，未免错失了语言之为天人之际所本有的人之向度：或者说，“谓之”总是“人谓之”，语言开显存在总是人用语言开显存在。

陈嘉映认为，海德格尔后期将语言思为存在之言，这一思路包含两个难点，其中之一便是：如此一来，人无法找到其在语言中的位置。陈嘉映说，“这里的困难与海德格尔中晚期的总体困难是一致的：他中晚期强调存在的优先性和自足性，因此很难说明为什么‘存在需要人’。”[③] 从际的视域来看，我们不妨说，海德格尔的语言观的根本缺陷在于错失了语言之为天人之际的整体

---

① 参见［德］海德格尔：《演讲与论文集》，孙周兴译，三联书店 2005 年版，第245～246 页。

② 参见［德］海德格尔：《演讲与论文集》，孙周兴译，三联书店 2005 年版，第225～226 页。

③ 陈嘉映：“让语言自己说话——海德格尔论语言”，《泠风集》，东方出版社 2001 年版，第 256 页。

视域，因而以语言的天之维（本然之维、“之谓”的维度）压制了语言的人之维（使然之维、“谓之”的维度）。

语言既为天人之际，则人、语言、实在相互交揉而成一整体。因此，就名实关系来说，语言与实在相互编织、相互渗透。一方面，语言并非处于实在之外与实在对应；另一方面，也没有一个脱离于语言的实在。然而，人们的自然倾向却是把语言与世界的对立作为自明的出发点，从而以指称论的模式理解名实关系：语言指称实在，仿佛实在的秩序早已先于语言而存在。[①] 在指称论中，天人之际的源始视域陨落了。

由此，我们可以更好地理解维特根斯坦关于语言的重要见解：本质在语法中道出自身（Das Wesen ist in der Grammatik ausgesprochen）[②]。在这里，本质是存在的秩序，语法是语言秩序的集中体现，而存在的秩序即表现在语言秩序之中。这是说，存在的秩序通过语言的秩序来表现。然而，除此之外它还意味着一个更强的主张：离开语言秩序别无存在秩序。在此意义上，维特根斯坦强调，“某种东西是哪一类对象，这由语法来说”[③]。语法的界限也就是存在秩序的界限。

---

① 指称论的另外一个困难则在于，仅仅靠指无法建立语词与对象的联系，因为语词只有在语言系统中才有意义。维特根斯坦打了一个形象的比方：“‘我把绳套系在杠杆上，就制成了制动闸。’——是的，如果已经有了机械装置的所有其他部分。”（［德］维特根斯坦：《哲学研究》，陈嘉映译，上海人民出版社 2001 年版，第 7 页）人们对语言本质的初级反思之所以容易导向指称论，直接原因在于初级反思所依据的语词样板过于狭窄：“首先想到的是‘桌子’、‘椅子’、‘面包’以及人名之类的名词，其次才会想到某些活动和属性的名称以及其他词类，仿佛其他词类自会各就各位。”（［德］维特根斯坦：《哲学研究》，陈嘉映译，上海人民出版社 2001 年版，第一部分，第 2 页）

② ［德］维特根斯坦：《哲学研究》，陈嘉映译，上海人民出版社 2001 年版，第一部分，第 371 节。

③ ［德］维特根斯坦：《哲学研究》，陈嘉映译，上海人民出版社 2001 年版，第一部分，第 373 节。

第三节　命题、名词串与中西真理观的差异

洪堡特、张东荪、陈汉生等思想家从主谓结构入手考察中西语法和思想之关联。洪堡特认为主谓的区分隐含了一种拟人化：主语被想象为主体，谓语则作为其属性从外部附加于主语。语法上的“主语”和思想上的“实体”密切相关。张东荪认为，中西语言主谓分明与否的差异，在哲学上表现为纵贯思维的实体论或本质论与横通思维的现象论之间的对立。“直穿入”的纵贯思维方式，使得西方不仅不满足于现象，而且不满足于特定现象背后的特定“本体”，甚至要继续往下追问直至“根本的本体”，即追问终极根据或第一原因。在海德格尔看来，这里蕴藏着“形而上学的上帝概念”。主谓结构形成命题。人们自古以来就把命题当作真理的首要的、本真的“处所”。陈汉生、安乐哲等将汉语语法与真理观问题联系起来。由于缺乏语法上的形态学，汉语中的句子像是一组“名词串”。这意味着中国哲学对语词而非句子感兴趣，而真理观以句子为基础，这说明，中国哲学中没有西方意义上的真理概念。诸如“阴阳”、“乾坤”等表达相辅相成思想的名词串之所以在汉语思想中扮演重要角色，按照赵元任的观察，从音节和语音节奏的角度看，还要归因于汉字的单音节性。

一、主谓结构

就句法而言，印欧曲折语中的句子，其主要名词与动词分别构成主语和谓语，而二者之间的语法配合即主谓一致是建构句子的基本要求。洪堡特以下论述实际上表达了这一思想：“作为两个概念之间一致或不一致关系的断言，每个逻辑判断都可以看作是一个数学等式。……两个概念以综合方式联系起来，借助屈折

动词使其中的一个概念真正成为另一个概念的属性。"① 一个句子中的两个概念，一个居于主导地位，一个居于附属地位；前者用名词表示，构成句子的主语，后者用动词表示，构成句子的谓语。

对于洪堡特的说法，我们还可以补充一点。主语的主导地位进一步说则是名词主格的主导地位。印欧语言中，名词的变格有繁有简，最繁者莫如梵文，一个名词有八种变格，即主格（nominative）、宾格（akkusative）、具格（instrumental）、为格（dative）、从格（ablative）、属格（genitive）、依格（lokative）、呼格（vokative）。② 与主格相比，其他的格可以统称为"附格"，都是在主格的基础上附以语尾变化而成。语法形式上的主附关系折射思想上的主次关系：主格作主语，构成思想的重心。在一个句子中，主格充当洪堡特所讲的句子的主要名词，要求动词与其在人称、数上保持一致，从而进一步从语法上担保了它作为思想焦点与重心的位置。

主谓间的主从关系，张东荪亦有所觉察。他认为，中国言语构造上的最特别处在于主谓的分别不分明。③ 主谓不分明，则主语和谓语之间处于同等的地位。"主语与谓语既是同等，则在思想上便不产生主从的分别，而一律是平等的。"④ 相比之下，西方语言中的主谓是不对等的关系。张东荪述亚里士多德之说："亚里士多德以为主体是云谓所加于其上的，而其自身却不能变为云谓加于他物之上。……云谓之依靠主体正好像衣裳之被穿于

---

① ［德］洪堡特：《论汉语的语法结构》，《洪堡特语言哲学文集》，姚小平编译，北京：商务印书馆2011年版，第122页。

② 参见 A. F. Stenzler. *Elementarbuch der Sanskrit-Sprache*. 19. Auflage, Walter de Gruyter, 2003, S. 15。

③ 张东荪：《从中国言语构造上看中国哲学》，《知识与文化》，上海书店1990年版，第158页。

④ 张东荪：《从中国言语构造上看中国哲学》，《知识与文化》，上海书店1990年版，第161页。

人的身体上。"[①] 这里所讲的"主体"即是"主语"，而"云谓"即是"谓语"。

按照洪堡特的观察，主谓的区分隐含了一种拟人化："一个观念的存在——即一个词——被想象为主体，或描述为主动行为者，或描述为被动接受者；同时，一个发生在心灵内部的行为，一个关于某事物的断言陈述，则作为其属性从外部附加于该事物。"主谓结构发达与否同时也就是拟人化程度高低与否："古典语言在拟人化方面达到了无与伦比的高度，而中国人语言里的拟人化只限于满足说话和理解的最低需要。"[②]

洪堡特所讲的主谓结构的拟人化实际上也清楚地积淀在"主语"这一术语之中。"主语"对应于"subject（英），Subject（德），subiectum（拉丁），hupokeimenon（古希腊）"，而"subject"、"Subject"等正兼有"主体"之意。在古希腊语中，"hupokeimenon"包含前缀"hupo-"（在……下面）与动词词根"keimai"（放置），转出"主词"、"主体"、"实体"（substance）等义。

张东荪已经观察到语法上的"主词"（张东荪有时又称为"主体"或"名学上的主体"、"文句上的主体"、"名理上的主体"）和思想上的"本体"（substance，ousia）的密切联系（值得注意的是，张东荪所讲的"本体"，就其实质内涵而言，则相当于的现在通常所讲的"实体"）："中国言语的构造有些特别的地点。确是对于'主体'不重视。因为在言语构造上显不出对于'主体'的重视来，所以同时在思想上亦不把'主体'发展为'本体'。欲明其故，非借用亚里士多德来作陪衬不能说得明白。亚里士多德在他的《形而上学》上讲得很透彻。就是说哲学上的本体是由名学上的主体而来。名学上不能无主体，则哲学

① 张东荪：《从中国言语构造上看中国哲学》，《知识与文化》，上海书店1990年版，第162页。

② ［德］洪堡特：《论汉语的语法结构》，《洪堡特语言哲学文集》，姚小平编译，商务印书馆2011年版，第122页。

上便自然会有本体的概念。"[①]

尼采曾经猜测，主词不发达的语言将有另一种思想的可能性。他写道："所有印度、希腊和德意志的哲学运思之间令人惊异的家族相似（Familien-Aenlichkeit）很容易得到充分的解释。如果具有语言的亲缘关系，那就不免要出现以下情形：由于和语法相应的共同的哲学——我指的是由同样的语法功能所产生的无意识的引导和主宰作用——已经为哲学体系的相似的演化和秩序事先准备好一切，而解释世界的其他可能途径似乎已经被锁闭。乌拉尔—阿尔泰语地区（这些语言的主语观念极不发达）的哲学很有可能将以一种不同于印度—日耳曼和伊斯兰的目光'打量世界'并走上一条不同的道路。"[②] 不难看到，张东荪的以上观点，竟在一定意义上应和了尼采的想法，这未免让人惊异不已。相对于尼采的猜测，张东荪明确指出，汉语这种不同于主词发达的语言以一种非"本体"论的眼光观察世界。

那么，非本体论的眼光有何独特之处？关于"本体"，张氏有一系列类似的表述。[③] 比如，"伏在背后的实体"（underlying substance）、"变化背后的本体"、作为"托底"（substratum）的本体。[④] 有时也把"substratum"和"本质"联系起来："西方人的思想始终注重于'本质'。所以亚里士多德总要提出 substratum 来讨论。"[⑤] "substance"一字"译为本体亦可，而译为本质亦无不

① 张东荪：《从中国言语构造上看中国哲学》，《知识与文化》，上海书店 1990 年版，第 162 页。

② Friedrich Nietzsche. *Jenseits von Gut und Boese*, *Saemtliche Werke* (Kritische Studienausgabe in 15 Baenden). Herausgegeben von Giorgio Colli und Mazzino Montinari, Band 5, Deutscher Taschenbuch Verlag, 1980, pp. 34-35.

③ 俞宣孟先生已经指出张东荪在用词上的混乱。参见俞宣孟：《本体论研究》，上海人民出版社 2012 年版，第 34～35 页。

④ 参见张东荪：《从中国言语构造上看中国哲学》，《知识与文化》，上海书店 1990 年版，第 163 页。

⑤ 张东荪：《思想语言与文化》，《知识与文化》，上海书店 1990 年版，第 184 页。

可，但最好兼二者之意”[1]。主谓相待而生，既然中国语言主谓不分明，那么主语或主体固然不分明，同时谓语自然也是不分明。张东荪认为，谓语的存在亦不十分分明，与此相应则是思想上的现象论（phoneomenalism）或泛象论（pan-phenomenalism）。[2] 所谓现象论，就是不追问伏在现象背后的本体、实体或本质。所以，中西语言主谓分明与否的差异，在哲学上便表现为纵贯思维的“本体论”（不是“ontology”意义上的“本体论”，而是指“本质论”［theory of essence］或“实体论”［theory of substance］）与横通思维的“现象论”之间的对立：“西方人的哲学总是直问一物的背后；而中国人则只讲一上象与其他象之间的互相关系。例如一阴一阳与一阖一辟。总之，西方人是直穿入的，而中国人是横牵连的。因为这个缘故，我发见中国思想上自始即没有‘本体’（substance）这个观念。”[3]

“直穿入”的纵贯思维方式，使得西方不仅不满足于现象，而且不满足于特定现象背后的特定“本体”，而是要继续往下追问直至“根本的本体”：“既是主体不可缺少，则便有了所谓‘各自的本体’（particular substance）。须知‘各自的本体’既不可缺少，则势必推至有个‘根本的本体’（primary substance）亦是不可缺少。”[4] 这里所讲的“根本的本体”比较接近于通常所说的“本体”。在此意义上，张东荪又把“本体”——确切地说，应当理解为“根本的本体”，张东荪的用词有欠准确精当——和“Being”放在一起使用：西方人讲“Being”，而“《周

① 张东荪：《思想语言与文化》，《知识与文化》，上海书店 1990 年版，第 50 页。

② 张东荪：《从中国言语构造上看中国哲学》，《知识与文化》，上海书店 1990 年版，第 163 页。

③ 张东荪：《思想语言与文化》，《知识与文化》，上海书店 1990 年版，第 184 页。

④ 张东荪：《从中国言语构造上看中国哲学》，《知识与文化》，上海书店 1990 年版，第 162 页。

易》也罢，《老子》也罢，都是注重于讲 Becoming 而不注重于 Being"[1]。

追问"根本的本体"，即追问终极根据或第一原因。在海德格尔看来，这里蕴藏着"形而上学的上帝概念"：

> 思想的事情乃是存在者之为存在者，即存在。存在在根据上之本质方式中显示自身。因此，只有当根据被表象为第一根据之际，思想的事情，即作为根据的存在，才彻底地被思考。原始的思想之事情呈现为原因（Ur-Sache），呈现为第一原因，后者符合于那种对终极理性的论证性追溯。在根据的意义上，存在者之存在完全仅仅被表象为自因。借此道出了形而上学的上帝概念。形而上学必须从上帝出发来思考，因为思想的事情乃是存在，而存在以多重方式现身为根据：作为逻各斯，作为基础，作为实体，作为主体。[2]

有意思的是，谢和耐有一种和张东荪类似的看法：中国思想重视自然自发而非造物者，这与汉语语法特征之间有种惊人的相似性。他说：

> 世界的存在应有一种起因，而这种起因就是造物主上帝。但相反，事实上是那种认为世界可以由一名上帝创造的思想在中国人看来则是滑稽可笑的。中国人对自然现象的自发特点很敏感。他们不能在他们觉得普通的自然机制在起作用的地方想像会有外来因素的作用。他们拒绝把赋予宇宙生命的宇宙的气与宇宙分隔开来。他们认为天理是自然所必有的。我们于此还可以思忖一下语言特征的启发作用。由语言在其词法、主语和动词补语中以及在主动态和被动态中所表

① 张东荪：《从中国言语构造上看中国哲学》，《知识与文化》，上海书店 1990 年版，第 163 页。

② ［德］海德格尔：《形而上学的存在—神—逻辑学机制》，《海德格尔选集》，孙周兴选编，上海三联书店 1996 年版，第 832 ~ 833 页。

> 现出来的文明可能更为适宜于发展行为的施动者和对象的对立，形成一种更为明确的人格和文明力量的思想，区别活跃的思想与顽物。我们此于至少还可以指出中国一方的一种在语言和思想之间的奇怪相似性。在汉语中，主语仅仅是有关发表一种论点的主动者。通过词法可以清楚地看到，没有任何必然的关系把主语、谓语和补语联系起来。在任何一篇汉文文法中，都有一种无人称的基本语气。正如中国人所想像的那样，自然的行为是非人格的和公正的。天是“无心”地发生作用的。①

“无人称的基本语气”在埃尔伯费尔德所讲的汉语中的绝对无主句（wesentlich subjektlose Saetze）中表现得特别明显。绝对无主句可以只由一个词构成，如：“雨。”“雪。”这些无主句并不需要像德语那样添加“形式主语”。比如，“雨。”在德语中须说：“Es regnet.”这里的“es”即为形式主语。绝对无主句表达自然发生的过程，其中并无明显的主动或被动的中心。②

“无人称的基本语气”和洪堡特所讲的不发达的“拟人化”有相通之处。和“无人称的基本语气”相应，汉语思想倾向于发展自发观念而非造物主观念。③相形之下，在西方思想中，造物主的观念在柏拉图的自然哲学著作《蒂迈欧》中就已经有了明确的论述。这篇对话的主角蒂迈欧认为，在宇宙起源问题上，首先要区分变者与不变者：“什么东西是永远存在而不变化的？什么东西是永远变化而绝不实在的？前一种东西可以借理性推理之助而在思想上加以认识，因为它始终如一地永远存在；后一种

---

① ［法］谢和耐：《中国和基督教》，耿昇译，上海古籍出版社 1991 年版，第 355 页。

② 参见 Rolf Elberfeld. *Phaenomenologie der Zeit im Buddhismus: Methoden interkulturellen Philosophierens*. Bad Cannstatt, 2004, p. 92。

③ 先秦哲学关于宇宙起源曾有“莫为”说与“或使”说之争。从拟人化的角度讲，“莫为”说和庄子、郭象等人的自然论更少拟人化色彩。

东西则是意见借非理性的感觉之助而加以识知的对象，因为它变化、消灭、实际上永不存在。”① 其次，“凡是变化的东西，必然由于某种原因方才发生变化；因为如果没有原因的话，任何东西都是不可能发生变化的。”② 进一步的推导结果只能是，世界由造物主所造，由造物主按照理性和思想所能认识的、始终同一永不变化的范本所造。③

西方近代以来，经过从上帝到人的翻转，造物者的理性能力转移到了人身上。与此相应，则是理性主体的发达。在尼采看来，这一点仍是由于印欧语法结构中主词之发达这一语言现象。笛卡尔所讲的“我思故我在”无疑是表达了近代以来理性主体精神的经典命题。在尼采看来，就“我思”（Ich denke）而言，人们很容易把作为主词的“我”——从义理上讲则是作为主体的“我”——理解为谓词“思”的条件。或者更确切地说，我们必须把作为主体的“我”理解为思考活动的起因（Ursache）。即便将“我”换成形式主语“es”，在“es denkt”这样的表达中，“es”也已经假设了一个在“denken”即思考活动之外、从而能够对思考活动做出解释（Auslegung）的东西，而它正是“ich”之变种。④ 尼采主张，现在我们需要倒过来想问题：“denken”是条件，而“Ich”才是被设定的，它通过思考活动本身被建构出来的。在此意义上，主体是虚假的存在（Shein-existenz）。⑤

---

① ［古希腊］柏拉图：《蒂迈欧》，《柏拉图〈对话〉七篇》，戴子钦译，辽宁教育出版社 1998 年版，第 165 页。

② ［古希腊］柏拉图：《蒂迈欧》，《柏拉图〈对话〉七篇》，戴子钦译，辽宁教育出版社 1998 年版，第 165 页。

③ ［古希腊］柏拉图：《蒂迈欧》，《柏拉图〈对话〉七篇》，戴子钦译，辽宁教育出版社 1998 年版，第 165～166 页。

④ 参见 Friedrich Nietzsche. *Jenseits von Gut und Boese*, *Saemtliche Werke* (*Kritische Studienausgabe in 15 Baenden*). *Herausgegeben von Giorgio Colli und Mazzino Montinari*, *Band 5*, Deutscher Taschenbuch Verlag, 1980, SS. 30-31。

⑤ 参见 Friedrich Nietzsche. *Jenseits von Gut und Boese*, *Saemtliche Werke* (*Kritische Studienausgabe in 15 Baenden*). *Herausgegeben von Giorgio Colli und Mazzino Montinari*, *Band 5*, Deutscher Taschenbuch Verlag, 1980, S. 73。

二、范畴

与主谓结构密切相关的是范畴问题。如所周知，亚里士多德提出十大范畴之说。按照张东荪的用词，它们分别是：体、量、性、关系、处、时、位所、态、施、受。① 此十范畴按照通行的说法，则是：实体（ousia）、数量（poson；how large，quantity）、性质（poion；what sort of thing，quality）、关系（pros ti；related to what，relation）、地点（pou；where，place）、时间（pote；when，time）、姿态（keisthai；in what attitude，position）、状况（echein；how circumstanced state，condition）、活动（poiein；how active）与遭受（paschein；how passive，affection）。② 其中“实体”充当主词，而其他九大范畴都属于谓词之列。张东荪认为，substance 一范畴“是由言语上的‘主语’（subject）而成。因为每一句话必有‘主语’，于是把其他九个范畴都归并在‘谓语’（predicate）一项中了。”③ 他进而认为，范畴的观念起于古希腊语有语尾变化：

> “体”是言语上的主辞，如“这是红的”之“这”。“量”如“我们”之“们”，在西方言语得以语尾表示之（如英文之语尾加 s）。“性”如“这是红的”之“红的”，在西方言语是形容词，形容词有一定的语尾（如英文之-tive）。“关系”亦然。至于“处”即是空间，在西方言

① 张东荪：《从中国言语构造上看中国哲学》，《知识与文化》，上海书店 1990 年版，第 165 页。原文中“位所”与“处”位置互换。从张东荪下文的举例论述来看，似误。

② ［古希腊］亚里士多德：《范畴篇》，1b25。参见亚里士多德：《范畴篇　解释篇》，方书春译，商务印书馆 2005 年版，第 11 页。

③ 张东荪：《思想语言与文化》，《知识与文化》，上海书店 1990 年版，第 50 页。

语上有所谓 dative case。“时”是“时间”，即是文法上所谓 tense 是也。此外“施”与“受”在希腊文更为明显，即有所谓 voice（即格）。凡有三格，曰能动格，曰中性格，曰被动格。都是以语尾变化表现之。至于所谓“态”与“位所”，尤其是希腊文所特有的。总之，亚里士多德的十个范畴完全由古希腊语在文法上言语的格式而成。①

张东荪对古希腊语文法的论述有一些不到位或不明确之处。比如，“量”可以表现为复数语尾，也可能用数词与形容词的组合来表示，后者正是亚氏《范畴篇》所举的例：“二丘比特长”或“三丘比特长”②。“关系”往往用名词所有格来表示。“处”的表达，除了名词的与格（dative case）之外，往往还需要在前面加上相应的介词。文法上的时态（tense）固然与时间有关，但时间副词（如亚氏举的“昨天”、“去年”）更是直接表示时间。希腊语法中的“voice”现通译为“语态”，张东荪所讲的“三格”即三种语态：主动语态、被动语态、中动态。他点出“施”、“受”与 voice 有关，却似乎没有看出“态”也相应于 voice 之一种，即中动态。“位所”的译法容易和前面的“处”相混，不如现在通行译法“状况”清楚达意，它相应于“希腊文所独有的”完成时态（perfect）。亚氏用动词不定式“echein”的名词化表述“状况”，其字面义为“具有”。

既然范畴的观念起源于古希腊语有语尾变化，那么，缺乏语尾变化的汉语自然不会有范畴观念。用张东荪的话说，因为中国言语上没有语尾变化，导致在思想上范畴（category）的观念不

① 张东荪：《从中国言语构造上看中国哲学》，《知识与文化》，上海书店 1990 年版，第 165～166 页。

② ［古希腊］亚里士多德：《范畴篇》，1a25。参见亚里士多德：《范畴篇　解释篇》，方书春译，商务印书馆 2005 年版，第 11 页。

会发达。张东荪区分了“范畴”与“概念”，认为中国哲学的一个特征是：只有概念（concept）而无范畴。概念与范畴之不同在于：“范畴的特性是：必须附于物而后见。而概念本身是一个‘东西’（entity），范畴则不是东西，仅是一个空的‘方式’（form）。中国人所以只有概念是因为中国人只有‘实物’的观念，而很少有方式的观念。”①

魏斯格贝尔学派的德国学者吉佩尔（Helmut Gipper）结合汉语提出相近的观点：希腊语使得亚里士多德有可能“发现”亚氏逻辑，像汉语这样一种没有明显语法标志的语言不可能引导中国思想家提出类似的问题。② 著名法国汉学家谢和耐（J. Gernet）正是以亚氏范畴表为例，宣称希腊语的特殊性及其隐含的形上学乃是西方传教士未能让中国人皈依西方经院哲学的罪魁祸首。③ 英国学者葛瑞汉（A. C. Graham）的立场则相对温和，他认为，法国学者本维尼斯特（E. Benveniste）已经成功证明，亚氏的范畴基本上与古希腊语法形式相应。④ 每种语言有自己的归并与区分方式，因此有不同的范畴体系。但是，范畴体系之间的差异并不必然妨碍不同语言的思想家相互理解，相互批评。⑤

三、命题、名词串与不同的真理观

古希腊将人的本质规定为“zoon logon echon”，即具有logos

---

① 张东荪：《从中国言语构造上看中国哲学》，《知识与文化》，上海书店1990年版，第166页。

② Helmut Gipper. *Gibt es ein sprachliches Relativitaetsprinzip? Untersuchungen zur Sapir-Whorf-Hypothese*. S. Fischer，1972，S. 121.

③ 参见［法］谢和耐：《中国和基督教》，耿昇译，上海古籍出版社1991年版，2003年。

④ E. Benveniste. Catégories de pensée et categories de langue，in Benveniste，E. *Problèmes de linguistique générale*，vol. 1. Editions Gallimard，1966，pp. 63-74.

⑤ 参见 A. C. Graham. The Relation of Chinese Thought to the Chinese Language，in Graham，A. C. *Disputers of the Tao*. Open Court，1989，pp. 414-416。

的动物。海德格尔写道，“因为哲学思考首先把 logos 作为命题收入眼帘，所以，它就依循这种逻各斯为主导线索来清理话语形式与话语成分的基本结构了。语法在这种逻各斯的‘逻辑’中寻找它的基础。但这种‘逻辑’却奠基于现成事物的存在论。这些‘含义范畴’的基本成分过渡到后世的语言科学中，并且至今还从原则上提供尺度；而这种基本成分是以命题这种话语来制订方向的。……把语法从逻辑中解放出来这一任务先就要求我们积极领会一般话语这种生存论环节的先天基本结构。”① 海德格尔在这里指出了范畴及命题蕴涵着一种特定的形上学立场，一种特定的真理观。命题结构与古希腊以降西方的真理观存在密切相关。实际上，“人们自古以来就把命题当作真理的首要的、本真的‘处所’”②。根据卡恩（C. H. Kahn）等语言学家的考察，古希腊系词 eimi 的表真（veridical）用法显示，符合论的真理观乃古希腊人的自然理解。③ 中国传统哲学谈论“真”而非“真理”。明儒湛甘泉说过这样一句话：“天理二字，圣贤大头脑处，若能随处体认，真见得，则日用间参前倚衡，无非此体，在人涵养以有于己耳。”④ “真见”，不是说此见是对象式的客观真理，而是主体对此见有真切的体知。

陈汉生将汉语语法与真理观问题联系起来。因为缺乏语法上的形态学，汉语中的句子像是一组“名词串”（string of names）。⑤这意味着中国哲学对语词而非句子感兴趣，而真理观以句子为基

---

① ［德］海德格尔：《存在与时间》（修订译本），陈嘉映、王庆节译，三联书店 1999 年版，第 193 页。

② ［德］海德格尔：《存在与时间》（修订译本），陈嘉映、王庆节译，三联书店 1999 年版，第 180 页。

③ 参见 Kahn，Charles H. *The Verb "Be" in Ancient Greek*. Reidel，1973。

④ ［明］黄宗羲：《明儒学案》卷三十七，《黄宗羲全集》第七册，浙江古籍出版社 1985 年版，第 151 页。

⑤ 赵元任主张以主题/评论模式代替主/谓模式来分析汉语中的句子。

础，这说明，中国哲学中没有西方意义上的真理概念。①

郝大维、安乐哲接受了陈汉生的这一观点并加以发挥："古汉语不像大多数西方语言那样以命题表述（propositional utterance）为基础。名词功能的主导地位排除了以下做法：只有那些具有主谓句式的陈述才是有意义的陈述。名词功能的主导地位使得中国古代哲学家倾向于关注正名。古汉语表达语义内容不靠句子和命题，这一惊人主张包含以下结果：所有汉语词都是名，而复合词、短语、句子就把名串起来。这一结果进而要求人们注意到，早期汉语对"真"（truth）、"假"（falsity）问题缺乏兴趣。语词作为名，可以用当否（appropriate or inappropriate）加以判断；严格说来只有句子才有真假。"②

郝大维、安乐哲进而引陈汉生之说，论证上述"事实"证明古汉语是一种"讲究语用的"（pragmatic）语言："西方心灵哲学涉及内容（资料，信息）的输入、处理和储存，而按照中国哲学家的描述，心灵由各种由别异而指导行动的意向态度（dispositional attitudes to make distinctions in guiding action）构成。"③

---

① 参见 C. Hansen. Chinese Language, Chinese Philosophy, and "Truth," in *The Journal of Asian Studies*, Vol. 44, no. 3, 1985, pp. 491-519。陈汉生后来在 *A Daoist Theory of Chinese Thought* 一书中提出了另一个观点，古代汉语的知识论不关注命题知识（命题知识以主谓结构为表达方式；古代汉语中主谓结构不发达，故命题知识不发达），而是关注能力之知（knowing how）："Chinese thought does deal with *zhi* (knowledge) but not with propositional knowledge. Classical Chinese has no grammatically parallel verb for propositional belief. The grammatical object of *zhi* (know) is always a noun or a verb phrase, no a subject-predicate sentence. The kind of knowledge that makes sense of Chinese views is knowing-how to do something, know-to-do something, or knowing-of (about) something."（Chad Hansen, *A Daoist Theory of Chinese Thought*. Oxford University Press, 1992, p. 44, note.）

② David L. Hall, and Roger T. Ames. *Thinking Through Confucius*. State University of New York Press, 1987, pp. 298-299.

③ Chad Hansen. Chinese language, Chinese philosophy and "Truth." *Journal of Asian Studies* 44, no. 3, 1985, p. 501.

葛瑞汉对此提出批评说，上述主张并无语法证据。从语法上看，名词在古汉语中的地位似乎不如在印欧语中显著。在一个印欧语句子中，谓语动词必须和作为主语的名词保持人称与数的一致。就此而言，印欧语句子以名词为中心。相形之下，在古汉语的动词句子中，主语是任意成分，动词本身变化最少。此外，既然郝大维、安乐哲认为中国思维是“过程”（process）本体论而非“实体”（substance）本体论，他们似乎应该得出相反的结论：古汉语中动词居于主导地位。实际上，郝大维、安乐哲从陈汉生那里引用了名词主导说，而陈汉生就认为，名词的主导地位紧密关联着实体本体论。①

葛瑞汉进而以“已灭矣”（《庄子·应帝王》）为例说明，并非只有主谓形式的句子或命题陈述才表达真理。“已灭矣”这个句子只有主动词“灭”，但它依然有真假：如果那个人确实已经消逝，句子为真；如果那个人依然在场，句子为假。② 但需要指出的是，葛瑞汉在批评郝大维和安乐哲讲中国人不讲“真”、“假”时，一方面指出不能否认中国人在事实层面当然要讲真实，但另一方面他也承认，中国的哲学运思“道”而非“真”。③ 葛瑞汉的批评提醒我们，一般事实层面的“求是”，不能等同于追问外在超越于具体事物（存在者）之上的最高实在（存在，实体）。

古代汉语没有命题（proposition），与之相对的则是名词串，或者简单地说，辞。名词串不同于命题，语言层面的差异是否关联着不同的思想方向？名词串开启了与追求“真”的不

① 参见［英］葛瑞汉：《中国思想与汉语的关系》，《论道者》，张海晏译，中国社会科学出版社 2003 年版，第 449 ~ 450 页。

② 参见［英］葛瑞汉：《中国思想与汉语的关系》，《论道者》，张海晏译，中国社会科学出版社 2003 年版，第 450 ~ 451 页。

③ 参见［英］葛瑞汉：《中国思想与汉语的关系》，《论道者》，张海晏译，中国社会科学出版社 2003 年版，第 451 ~ 453 页。

同致思方向？

胡适曾在《先秦名学史》论及“辞”。胡适认为，我们研究辞，首先需要考究的两个问题。“第一，一个中文的命题或者辞和西方的与之相当的东西的不同在于系词。系词在西方的逻辑中具有十分重要的地位，而在中文的命题里却被省略，它的位置仅用短暂的停顿来表示。于是，‘苏格拉底是一个人’成了‘苏格拉底，人也’。在结构上，用荀子的话来说，一个命题或辞是，‘兼异实之名以论一意也’（《荀子·正名》）。……在西方逻辑中围绕系词发生出来的一切神秘的晕就这样被清除了。”[①] 胡适在这里指出了命题与名词串的形式区别，在于后者没有系词。霍布斯在讨论命题（proposition）时也注意到了这一点。他说：“但是有些民族，或者说肯定有些民族没有和我们的动词‘is’相当的字。但他们只用一个名字放在另一个名字后面来构成命题，比如不说‘人是一种有生命的动物’，而说‘人一种有生命的动物’；因为这些名字的这种次序可以充分显示它们的关系；它们在哲学中是这样恰当、有用，就好像它们是用动词‘is’联结了一样。”[②] 不过，从霍布斯的论述来看，他并没有觉得名词串与命题有何实质不同。但胡适论“辞”的第二点涉及命题与名词串的实质区别。胡适说，“第二个需要考究的问题更为重要，因为它涉及辞的性质。中文的‘辭’字是由‘𤔔’（整顿，整理）和‘辛’（罪行）合成的，本来意指法官宣判的‘判辞’或‘判决’。有些辞在《易经》里甚至叫做‘彖’，所以，在字义上辞是对某事物的判断和断定。因此，我在下面，宁用‘辞’这个

---

① 胡适：《先秦名学史》，《胡适文集》第6册，欧阳哲生编，北京大学出版社1998年版，第42页。

② Thomas Hobbes. *Philosophical Rudiments*, *The English Works of Thomas Hobbes*. Vol. 1, Collected and Edited by Sir William Molesworth. John Bohn, 1969, p. 31. 汉译采自胡适：《先秦名学史》，《胡适文集》第6册，欧阳哲生编，北京大学出版社1998年版，第42页，注1。

词用不用‘命题’。”[①] 胡适进而分析《易经》中的卦爻辞，指出，“辞的真谛基本上是注重实用的。它们告知事物的趋向，指明吉凶，从而‘鼓天下之动’。总之，这就是《易经》中所包含的辞的典范的意义。”[②] 命题与名词串的实质区别，在于前者求真，后者求当。

谢和耐也注意到了汉语中名词串，不过，在他看来，名词串的一大特点，在于容易产生相辅相成的思想。“汉文中缺乏任何词形变化，而是借助于数目很有限的一批词缀来证明词义相近术语的相似性、意义相反的术语的对立性、节奏和平行‘词’的位置或语义单位以及关系类别，借助于这一切来驾御句子。但两个语义单位的无限结合便提供了取之不竭的词义库。在各种层次上，句子的意义均出自词汇的组合。无疑也正是由此而诞生了中国人思想中的相辅相成的结合，尤其是其基本相对论的突出作用，一切只有在与其对立面相对中才有意义，一切都具有‘位’和‘时’的作用。这与我们在《易经》中发现的是同一种思想。《易经》这一古老经典在中国曾长期被用作哲学思辨的精神食粮。”[③] 另一特点，则是注重发展变化。“中国的思想仅仅懂得功能特征的分类和对立。它不论述是与非、有和无，而是论述互相连结、互相结合和互相补充的反义；它不是论述永久的实体，而是论述发展和衰退的潜在性、倾向与阶段；它更为喜欢的是发展模式的概念，而不是作为不变规律的法则概念。”[④] 再者，没有追求超越的兴趣。谢和耐认为，

---

① 胡适：《先秦名学史》，《胡适文集》第6册，欧阳哲生编，北京大学出版社1998年版，第42页。

② 胡适：《先秦名学史》，《胡适文集》第6册，欧阳哲生编，北京大学出版社1998年版，第44页。

③ ［法］谢和耐：《中国和基督教》，耿昇译，上海古籍出版社1991年版，第349页。葛瑞汉讨论《老子》的“反”，与德里达的解构相比较。（［英］葛瑞汉：《论道者》，张海晏译，中国社会科学出版社2003年版，第263～269页。）

④ ［法］谢和耐：《中国和基督教》，耿昇译，上海古籍出版社1991年版，第350页。

“中国人思想的新奇特点”“特别表现在拒绝把现象与一种稳定的和与色界相分隔的真谛区别开来，把理性与感性相分开。”①

张东荪也有类似的观察。在他看来，中国思想所依据的逻辑不同于西方。他称西方为“同一律名学”，而称中国为“两元相关律名学”。其最明显的表达便是“一阴一阳之谓道”。“因为这种思想的方法是想到阳便预想有阴，想到阴亦便预想有阳。二者相待而相成。”② 他进一步举例说：

> 现在讲这样名学与西方名学之比较，先言分类，则必不能是二分，如甲与非甲。而只能用对立，如善之与恶，入之与出。至于定义亦不能有，而只能由反义以明之。如“妻”为“有夫之妇”，在西方名学便非定义，换言之，即犯了循环定义的规则；然在中国则只有如此。所以“夫”即为“娶有妇者”。中国训诂上有“转注”大都是如此，甚至于“假借”亦有这样的情形。例如“买”字可注云“卖也”。而于“卖”字又可注云“买也”。二字并非同一意思，却只是因转而明。③

诸如“阴阳”、“乾坤”等表达相辅相成思想的名词串在汉语思想中之所以扮演重要角色，按照赵元任的观察，从音节和语音节奏的角度看，还要归因于汉字的单音节性。单音节的汉字（因此之故，赵元任将汉字称为“音节词”）容易组合成两个、三个、四个等富有节奏感的音节模式，成为方便的思维单位。汉字的单音节性，这是汉语中的“字”和英语中的“word”的根

---

①［法］谢和耐：《中国和基督教》，耿昇译，上海古籍出版社 1991 年版，第 344 页。

② 张东荪：《思想言语与文化》，《理性与良知：张东荪文选》，张汝伦编，上海远东出版社 1995 年版，第 365 页。

③ 张东荪：《思想言语与文化》，《理性与良知：张东荪文选》，张汝伦编，上海远东出版社 1995 年版，第 366 页。

本不同之处,[①] 而这一不同之处又影响了汉语人的思维方式。赵元任写道:

> 音节词的单音节性好像会妨碍表达的伸缩性，但实际上在某些方面反倒提供了更多的伸缩余地。我甚至猜想，媒介的这种可伸缩性已经影响到了中国人的思维方式。语言中有意义的单位的简练和整齐有助于把结构词和词组做成两个、三个、四个、五个乃至更多音节的方便好用的模式。我还斗胆设想，如果汉语的词像英语的词那样节奏不一，如 male 跟 female（阳/阴），heaven 跟 earth（天/地），rational 跟 surd（有理数/无理数），汉语就不会有“阴阳”、“乾坤”之类影响深远的概念。两个以上的音节虽然不像表对立两端的两个音节那样扮演无所不包的角色，但它们也形成一种易于抓在一个思维跨度中的方便的单位。我确确实实相信，“金木水火土”这些概念在汉人思维中所起的作用之所以要把西方相应的“火、气、水、土”（“fire，air，water，earth”或“pyr，aer，hdro，ge”[②]）大得多，主要就是因为 jin-mu-shui-tu 构成了一个更好用的节奏单位，因此也就更容易掌握。[③]

① 沃尔夫曾注意到赵元任关于“字”非 word 的思想。据 John B. Carroll 于 1955 年为沃尔夫名著《语言，思想和实在》（*Language*，*Thought and Reality*）一书所作的导言，沃尔夫在 1940—1941 年间所写的片断“A brotherhood of thought”中写道：“There is no word for ‘word’ in Chinese. The nearest thing is the element *tsz*, which is translated ‘word’ but means rather ‘syllable’ or ‘syllabic element.’ …This was pointed out by Dr. Y. R. Chao of Yale in a paper ‘Word conceptions in Chinese’ at the meeting of the Linguistic Society of America in Province，R. I.，12/30/40. The nature of Chinese grammar is only just beginning to be understood；Dr. Chao and others have exploded the idea that Chinese is a monosyllabic language.（John B. Whorf，*Language*，*Thought and Reality*，ed. and with an introduction by John B. Carroll. M. I. T. Press，1978，p. 21.）

② 按，此为希腊语的“火、气、水、土”。

③ 赵元任：《汉语词的概念及其结构和节奏》，《赵元任语言学论文集》，吴宗济、赵新那编，商务印书馆 2002 年版，第 906 ~ 907 页。

第三章　对中国古代思想关键词的哲学语法考察

第一节　说"形神"

本节考察魏晋南北朝时期的一个思想关键词，即"形神"。

魏晋南北朝时，儒、道、释三家鼎立，既彼此对抗，又相互影响。梁代僧祐所辑《弘明集》、唐代道宣所辑《广弘明集》和《集古今佛道论衡》等文献集中反映了三家的思想交锋。其中一个重点，在于神灭、神不灭之争。高僧慧远、名士宗炳、梁武帝萧衍等佛教思想家基本上主张神不灭。与之相对，佛教之外的一些哲学家如何承天、范缜等对此提出了理论上的回应。

神灭、神不灭之争在一定意义上又是形神之争，因各家立论，往往立足形神关系，而以形神是否可离为焦点。神灭论者主张形神相即不离，神不灭论者主张神可离形而在。形神相即则神灭，形神可分则神不灭，由此可见，诸家显然以形灭为共许的预设。形是有生有灭、其生灭可视可见的肉身，诸家于此似无异议。但是，形神关系究竟为何，乃至与形相对之神究竟为何，则是众说纷纭。实际上，形神关系上的意见分歧，关联着对神的不同理解；而对神的不同理解，关联着不同的追问形神关系的问题意识。"形神"不定（"神"不定，形神关系不定）构成了魏晋南北朝思想的一个重要面向。

在形神问题上，东晋高僧慧远（334—416）的《沙门不敬王者论》（《弘明集》卷5）是一篇带有总结性质的重要文献。该论引述前此的神灭论者之说云："神形俱化，原无异统。精粗一气，始终同宅。宅全则气聚而有灵，宅毁则气散而照灭。散则反所受于天本，灭则复归于无物。反复终穷，皆自然之数耳，孰为之哉？……神之处形，犹火之在木。”①

神灭论者以气化说神，认为神是精气。相形之下，形则是粗气，形神的差别只是气的品质或粗或精的差别。形、神具有同源关系，“原无异统”。而且，二者因同源而共处，“精粗一气，始终同宅。”先秦《墨经》曾经区分了四种“同”：“同，重，体，合、类。”②“同：二名一实，重同也；不外于兼，体同也；俱处于室，合同也；有以同，类同也。”（《经说上》）③ 据此分类，形神之同乃是“合同”之同。换言之，形神之间是不同实体间的合同共处关系。论者复设喻以明之：“神之处形，犹火之在木。”这里的薪火之喻试图强调，木（薪）与火是两种不同的实体，皆自然而然，即各自成其自身，二者除了共在关系之外别无其他诸如一者主宰支配另一者的关系（“孰为之哉?”）。由此，形神之间是地位相等的两种实体间的合同共处关系。

薪与火是两种实体的合同共处关系，薪尽火灭的现象固然可以支持神灭论，但神不灭论者同样可以薪尽火传的现象来支持自己的观点。实际上，慧远就反驳说：“火之传于薪，犹神之传于形。火之传异薪，犹神之传异形。前薪非后薪，则知指穷之术妙。前形非后形，则悟情数之感深。惑者见形朽于一生，便以为神情共丧，犹睹火穷于一木，谓终期都尽耳。”④（《沙门不敬王者论》）慧远的反驳相当有力。从关系论的角度看，慧远反驳的要义在于：究其实质，合同共处是一种相对稀薄的关系——更确切地说，外在关系。A 与 B 具有外在关系，则 A 或 B 在进入此

① ［梁］僧祐：《弘明集》，上海古籍出版社 1991 年版，第 32 页。按，该书与［唐］道宣《广弘明集》合为一册。

② ［清］孙诒让：《墨子间诂》，中华书局 2001 年版，第 316 页。

③ ［清］孙诒让：《墨子间诂》，中华书局 2001 年版，第 352 页。

④ ［梁］僧祐：《弘明集》，上海古籍出版社 1991 年版，第 32 页。

关系的前后并不改变自身的性质。[①] 由此出发的一个推论则是：A 或 B 即便脱离彼此的关系也可以存在，且不改变其性质。神灭论者的薪火之喻表明，他们的确将形神关系理解为一种外在关系；慧远的有力反驳则说明，以形神关系为外在关系的理解稍加引申便难免自相矛盾。

细究起来，神灭论者的上述言论实际上隐含着对形神关系的另一种理解。所谓“宅全则气聚而有灵，宅毁则气散而照灭”，这里的“宅”既是形神合同共处的“空间”，又隐喻形神之间的“关系”。“宅全”意味着形、神进入关系；一旦进入关系，则神有“灵”“照”；一旦脱离关系，则神无“灵”“照”。关系项进入关系则改变自身性质，这正是内在关系区别于外在关系的基本特征。在此意义上，我们可以说，神灭论者已经在一定程度上——或许是不自觉地——将形神关系理解为一种内在关系。但是，这一理解最终让位于薪火之喻所代表的外在关系论。

慧远一方面批评当时的神灭论，另一方面正面提出神不灭的主张。他的《明报应论》（《弘明集》卷五）一文答桓玄，阐明形神一体，以神为本的形神观：

> 请寻来问之要，而验之于实。难旨全许地水火风，结而成身，以为神宅，此即宅有主矣。问主之居宅，有情耶？无情耶？若云无情……若果有情……因兹以谈，夫神形虽殊，相与而化，内外诚异，浑为一体。自非达观，孰得其际耶？[②]

慧远及当时一般佛教徒所讲的“神”又有“精神”、“魂神”等不同的叫法，其义之所在，不是精气，而是灵魂。如牟子《理

---

① 参见金岳霖：《内在关系与外在关系》，《道，自然与人：金岳霖英文论著全译》，刘培育编，三联书店 2005 年版，第 17 ~ 39 页；郁振华：《金岳霖关系理论研究》，载于《哲学研究》1993 年第 9 期，第 49 ~ 57 页。

② ［梁］僧祐：《弘明集》，上海古籍出版社 1991 年版，第 34 页。

惑论》云：“魂神固不灭矣，但身自朽烂耳。”[①] 又如，袁宏《后汉纪》卷10概述佛教宗旨的一段文字，代表了佛教初传时期人们对佛教的基本理解：“人死精神不灭，随复受形，生时所行善恶皆有报应。故所贵其行善修道以炼精神而不已，以至无为而得为佛也。”[②] 可见神不灭即灵魂不灭；灵魂不灭，则灵魂在个体的生前死后保持同一；灵魂的这种同一性确保了灵魂成为报应的主体。

佛教传入之前，中国已有善恶报应思想。顾炎武《日知录》卷2“惠迪吉从逆凶”条：

> 善恶报应之说，圣人尝言之矣。大禹言“惠迪吉，从逆凶，惟景响”，汤言“天道福善祸淫”，伊尹言“惟上帝不常，作善降之百祥，作不善降之百殃”，又言“惟吉凶不僭在人，惟天降灾祥在德”，孔子言“积善之家必有余庆，积不善之家必有余殃”。[③]

龚自珍《壬癸之际胎观第六》：

> 有域外之言，有域中之言，域外之言有例，域中之言有例。有以天为极，以命为的；有不以天为极，不以命为的。域外之言，善不善报于而身，历万生死而身弥存；域中之

---

① 石峻、楼宇烈等编：《中国佛教思想资料选编》第一卷，中华书局1981年版，第7页。柏拉图对话录《斐多篇》（*Phaedo*）等也讨论了肉身可朽而灵魂不死的问题。

② ［晋］袁宏撰、李兴和点校：《袁宏〈后汉纪〉集校》，云南大学出版社2008年版，第123页。

③ 参见［清］顾炎武著，黄汝霖集释：《日知录集释》，上海古籍出版社，2006年，第66页。顾亭林紧接着写道：“岂真有上帝司其祸福，如道家所谓天神察人善恶，释氏所谓地狱果报者哉！”这里涉及施报应者问题。亭林对佛教不甚了然，以一般不确切之常识（或民间佛教信仰者所持之见解）揣度之。实际上，佛教业报论，施报应的主宰者为业本身，亦非有人格之鬼神也。

言，死可以休矣，善不善报于而胤孙。[①]

龚自珍这里明确指出了中国传统的善恶报应观与佛教报应观之间的基本差别：前者是子孙受报，后者是自己的来生受报。因此，中国传统善恶报应观的主体没有同一性的要求，而佛教报应观必须以报应主体的同一性作为前提，而它的同一性乃是在三世轮回过程中的同一性。倘若神随形灭，则因为缺乏轮回的主体而报应之说无由成立。僧祐的《〈弘明集〉后序》明确指出当时人对佛教的疑惑之一，正是疑“人死神灭，无有三世”[②]。实际上，佛教之报应说基于“业”（karma）这一核心概念，一个人作业或造业，就必须以承受这个业所带来的祸福后果的方式为这个业负起责任。人必须自作自受，他人无可替代。东晋郗超（336—378）《奉法要》（《弘明集》卷13）基于佛教之业报说对中国传统的善恶报应论进行批评：“是以《泥洹经》云：父作不善，子不代受；子作不善，父亦不受。善自获福，恶自受殃。至矣哉！斯言允心应理。”[③]《无量寿经》则说：“善恶报应，祸福相承。身自当之，无谁代者。”[④] 在此意义上，人是终有报应者。更确切地说，人是其所作之业的终有报应者。

然则，以神为灵魂、为承担轮回报业的主体，此恐非佛教之究竟义。唐代宗密《华严原人论》即认为：“佛为初心人，且说三世业报，善恶因果。”[⑤] 这是说，因果报应说是以刚刚发心向佛的信徒为言说对象的方便教法。以“诸法无我”这一基本要义（所谓“三法印”之一）观之，似乎不应有轮回主体的问题。或者说，对轮回主体的困惑与追问本身起于“我执”，它们一开

① ［清］龚自珍：《龚自珍全集》，上海人民出版社，1975年，第17页。

② ［梁］僧祐：《弘明集》，上海古籍出版社1991年版，第96页。

③ ［梁］僧祐：《弘明集》，上海古籍出版社1991年版，第88页。

④ 《无量寿经》，陈林译注，中华书局2010年版，第200页。

⑤ 石峻、楼宇烈等编：《中国佛教思想资料选编》第二卷，第二册，中华书局1981年版，第388页。

始就偏离了佛学所试图提示的思考方向。

随着涅槃学的传入及佛性问题的兴起，在梁武帝（464—549）时代，形神之辩关联着佛性论问题，而不仅仅关联着因果报应问题。[①]《弘明集》卷9收录了梁武帝《立神明成佛义记》以及沈绩所作的注。梁武帝开篇便指出，佛教的正解在于“神明以不断为精，精神必归妙果”[②]。沈绩注曰：“神而有尽，宁谓神乎？故经云：吾见死者，形坏体化而神不灭。随行善恶，祸福自追，此即不灭断之义也。若化同草木，则岂曰精乎？以其不断，故终归妙极。”[③] 这里明确主张形尽而神不灭，其立论的依据之一，为“随行善恶，祸福自追”，这是以往神不灭论者提到过的业报轮回主体的角度。梁武帝、沈绩还把神不灭同“归妙果”、“归妙极”联系起来。所谓“归妙果”或“归妙极”也就是成佛。“以其不断，故终归妙极”。有神不灭，才有成佛，神不灭是成佛的原因或前提。沈绩在下文又说：“神识之性，湛然不移，故终归于妙果矣。”[④]“神识之性，湛然不移”正是神不灭的诗意表述。值得注意的是，“神”具体化为“神识”，它的涵义从灵魂漂移到了心识（沈绩：“识者，心也。故《成实论》云：心、意、识，体一而异名。”[⑤]）。神不灭不是灵魂不灭，而是神识不灭，这是梁武帝、沈绩和此前的慧远等神不灭论者大不相同的地方。进一步的区别，则是不再从业报轮回的角度讲灵魂不灭，而是从成佛的根据讲神识不灭。梁武帝引经为证：“心为正因，终成佛果。”沈绩注曰：“略语佛因，其义有二。一曰缘因，二曰

---

① 佛性是涅盘学的一个核心议题。作为梵文“Buddhatā”的汉译，“佛性”一词有多重含义：众生成佛的根据与可能性；佛的体性与特质；世界的形上本体；等等。可参见赖永海：《中国佛性论》，江苏人民出版社2010年版。

② “精神”不是名词，而是神处于精的状态之义。依前句，精者，神明不断也。故，“精神”即神明不断或不灭之义。

③ ［梁］僧祐：《弘明集》，上海古籍出版社1991年版，第55页。

④ ［梁］僧祐：《弘明集》，上海古籍出版社1991年版，第55页。

⑤ ［梁］僧祐：《弘明集》，上海古籍出版社1991年版，第55页。

正因……正者，神识是也……神识是其正本，故曰正因。”[①]

梁武帝、沈绩的神明成佛义还引入了新的论题，那就是神识与无明的关系。实际上，也许正是神识与无明的关系，才真正构成梁武帝、沈绩神不灭论的直接出发点。他们需要解决的困惑是：“妙果体极常住，精神不免无常。无常者，前灭后生，刹那不住者也。若心用心于攀缘，前识必异后者，斯则与境俱往，谁成佛乎？”[②] 无常之精神随外境而动，也就是无明。心识有无明的状态，这是否就否定了神明，从而否定了成佛的正因——所谓“心随境灭”者？对这个问题，梁武帝、沈绩引入体用关系，论证虽有无明而神明永在。沈绩说：“心随境动，是其外用。”[③] 随外境而动的心识、无明是用，神识是体。体（本）是一，用可以万殊。神识之用可以是无明，也可以是明。梁武帝强调，无明之用或明之用都无损或无益于神识之体：“夫心为用本，本一而用殊。殊用自有兴废，一本之性不移。”[④] 神识是本，本独立于用。本具有相对于用的超绝性。沈绩说得更明白：“既有其体，便有其用。语用非体，论体非用。用有兴废，体无生灭者也。”[⑤] 这里可注意者，其一，以体用论神明与无常无明之心识的关系[⑥]；其

① ［梁］僧祐：《弘明集》，上海古籍出版社1991年版，第55页。

② ［梁］僧祐：《弘明集》，上海古籍出版社1991年版，第55页。

③ ［梁］僧祐：《弘明集》，上海古籍出版社1991年版，第55页。

④ ［梁］僧祐：《弘明集》，上海古籍出版社1991年版，第55页。

⑤ ［梁］僧祐：《弘明集》，上海古籍出版社1991年版，第55页。

⑥ 值得注意的是，沈绩的论述非常接近于《大乘起信论》的“一心二门”结构。《大乘起信论》在中国思想史上具有重要地位。龚隽教授认为：如果说《肇论》代表了印度佛学本体论中国化的一座里程碑，那么，《起信论》则是印度佛学心性论中国化的里程碑；《起信论》提出的“一心二门”的心性架构和“心性本觉”的思想，为隋唐中国化佛学的创宗立旨，乃至宋明理学的形成，提供了思辨张力（参见龚隽：《〈大乘起信论〉与佛学中国化》，文津出版社1995年版）。《起信论》之真伪未有定论，或云马鸣菩萨所造而真谛所译，或云真谛或中国僧人所作而托名马鸣。无论如何，真谛于梁武帝时来华，与沈绩约略同时。沈绩的上述思想至少表明，梁武帝时，类似于“一心二门”的思想不限于《大乘起信论》。

二，体与用之间的本体论差异。沈绩以此体用论批评“心随境灭”之惑：“夫体之与用，不离不即。离体无用，故云不离。用义非体，故云不即。见其不离，而迷其不即。迷其不即，便谓心随境灭。”① 这里通过强调体用的“不即”面向，论证神明相对于无明的自在独立性。从而，如梁武帝所言，“无明即是神明，神明性不迁也。”“以其用本不断故，成佛之理皎然。”② 这正是梁武帝神不灭论的问题意识之所在。

与梁武帝同时代而持相反之论者有范缜（约450—515）。范缜主张神灭论。但是，首先就要注意的是，范缜所说的“神”，主要指人的精神活动，包括知痛知痒的知觉以及知是知非的思维：“是非痛痒虽复有异，亦总为一神矣。”③ 相形之下，梁武帝、沈绩所讲的“神”虽然也是心识，但实际上乃佛性。正因为范缜的“神”与梁武帝、沈绩所讲的“神”，问题意识不同，不是同一概念，范缜的神灭论并没有在佛性论层面与梁武帝、沈绩思想形成实质意义的交锋④。

范缜《神灭论》之精义在于开篇的四个问答：

> 问曰：子云神灭，何以知其灭邪？答曰：神即形也，形即神也。是以形存则神存，形谢则神灭也。

---

① ［梁］僧祐：《弘明集》，上海古籍出版社1991年版，第55页。

② ［梁］僧祐：《弘明集》，上海古籍出版社1991年版，第55页。

③ 石峻、楼宇烈等编：《中国佛教思想资料选编》第一卷，中华书局1981年版，第316页。

④ 这一点或许有助于我们对某些习见加以纠偏。对范缜神灭论的一般评价，可以任继愈主编的《中国哲学史》为代表：“梁武帝这种有神论有广泛的代表性，它是范缜神灭论直接批判的对象。”“中国古代精灵不灭，人死变为鬼的迷信思想与佛教轮回报应的因果思想混淆一起，形成一种综合的迷信学说。梁武帝为首的这一派佛性学说，所宣扬的就是这种迷信观点，范缜所全力驳斥的也正是这种迷信观点。”（任继愈主编：《中国哲学史》第二册，人民出版社，2003年，第281页。）此处可以商榷之处有二：其一，范缜神灭论能否对梁武帝佛性论意义上的神明不灭论构成直接批判？其二，梁武帝所讲的“神”是否为灵魂？

问曰：形者，无知之称；神者，有知之名。知与无知，即事有异，神之与形，理不容一。形神相即，非所闻也。答曰：形者，神之质；神者，形之用。是则形称其质，神言其用，形之与神，不得相异。①

问曰：神故非质，形故非用，不得为异，其义安在？答曰：名殊而体一也。

问曰：名既已殊，体何得一？答曰：神之于质，犹利之于刃；形之于用，犹刃之于利。利之名非刃也，刃之名非利也，然而舍利无刃，舍刃非利。未闻刃没而利存，岂容形亡而神在？②

范缜开宗明义，提出自己的基本观点：形谢神灭。其理由，则是形神二者的“相即”关系。所谓“相即”，更具体地说，则是体用（“质用”）关系：形为体，神为用。用譬喻来说，形体神用相当于刃体利用：有刃之体方有利之用，无刃之体则无利之用；同样，形存则神存，形谢则神灭。

前面提到，慧远之前，神灭论者曾有薪火之喻③。南朝宋何承天（370—447）亦以薪火之喻论证神灭论：“形神相资，古人譬以薪火，薪弊火微，薪尽火灭。虽有其妙，岂能独传?”（《弘明集》卷3《宗居士炳答何承天书难白黑论》）④ 薪、火是两种不同的实体，而刃与利则是实体与作用的关系。因此，刃利之喻以体用关系理解形神。形神不再是两种合同共处、恒常伴随的实

① 石峻、楼宇烈等编：《中国佛教思想资料选编》第一卷，中华书局1981年版，第314页。

② 石峻、楼宇烈等编：《中国佛教思想资料选编》第一卷，中华书局1981年版，第314～315页。

③ 《弘明集》卷五有《新论形神》一篇，以烛火喻形神。学者钟肇鹏考订《新论形神》为东汉桓谭之作。参见钟肇鹏、周桂钿：《桓谭·王充评传》，南京大学出版社1993年版。

④ ［梁］僧祐：《弘明集》，上海古籍出版社1991年版，第19页。

体，二者乃形体与功用的关系，即形质而神用。

神灭神不灭之争旷日持久，诸家对于关键词“神”的用法也不尽相同。概而言之，约有四种：一者，神是灵魂，如前文所引牟子《理惑论》之说“魂神固不灭矣，但身自朽烂耳”；二者，神相当于佛性，如梁武帝所立“神明成佛义”；三者，神是精微之气，如慧远《沙门不敬王者论》引反对者之说：神与形“精粗一气，始终同宅”；四者，神是人的精神活动。以上四义，后二义为神灭论者所主，前二义为神不灭者所主。神不灭义对于佛教思想之所以必要，最初是用灵魂来说明业报轮回的主体。随着涅盘学的传入及佛性论的兴起，佛教思想家所立神不灭义往往是说佛性不灭，故成佛有可能。

晋宋间，在形神问题的争论上，神灭论者与神不灭者共享了体用思维：一方面，主神灭论的范缜，认为形神关系不是两种实体之关系，而是形体与功用的关系，形神相即，形质而神用；另一方面，持神不灭论的梁武帝、沈绩则以体用范畴论证不变的神明与因境而起、无明无常的心识关系。就体用关系而言，体独立于用而支配着用：体之与用，不离不即，因为离体无用，用义非体；用有兴废，而体无生灭。本章第三节将对“体用”问题进行更具体的考察。

第二节　穷“理”

“理”是贯穿中国古代思想脉络的极其重要的关键词之一。近人王国维先生撰《释理》，以为“吾国语中‘理’字之意义之变化，与西洋‘理’字之意义之变化，若出一辙”[①]。静安此说虽未必成立，却也提示了对“理”进行哲学语法考察的必要性。法国汉学家戴密微（Paul Deiéville）考察佛教在中国古代哲学思

① 王国维：《王国维遗书》第三册，上海书店出版社2011年版，第357页。

想中的渗透，便注意到“理”范畴的重要性，认为概观“理”范畴的历史，可以看到佛学如何在丰富中国思想术语的同时丰富了自身思想。[①] 本节以超越之理的形成及其克服为主导线索，从“理”范畴的历史演化中略窥中国古代思想的特色。

一、在物之理与理物之理

“理”字已见于《诗经》。《小雅·信南山》：“我疆我理”，《大雅·绵》：“迺疆迺理”，《大雅·公刘》：“止基乃理”，都是整治、治理土地之义。“理”从玉，可能与治玉及玉之纹理有关。东汉许慎即释“理”为“治玉”。[②] 这可以在先秦典籍中找到佐证，如《韩非子·和氏》：“王乃使玉人理其璞。”

王夫之循《说文》而训“理”字曰：“理，本训治玉也。……理之则有理矣，故转为‘理义’字，事之当然而行之顺也。玉浑然在璞而未有理，治之而文理见。……玉之未治而理隐，已治而理著也。”[③]“理”作为名词，指的是玉石的文理，以及由此所引申出来的或具体或抽象的“条理”。汉学家何莫邪认为，在先秦，“理”的基本含义是事物的样式或事物（潜在的）的倾向。[④] 这一看法有见于理的名词义。当然，另一方面，理又可作为动词来使用，从具体的“治玉”一直到一般意义上的“治理”、“调

---

① Paul Deiéville. La penetration du Bouddhisme dans la tradition philosophique chinoise, *Choix d'études Bouddhiqes* (*1929—1970*). E. J. Brill, 1973, p. 250.

② 澳门学者邓国光认为，许慎之说乃发挥汉初贾谊玉理之义，义属引申（参见邓国光：《先秦两汉诸子‘理’义研究》，《诸子学刊》第一辑，载方勇主编，上海古籍出版社 2007 年版，第 271 页。）在他看来，就文献资料而言，“理”始见《诗三百》的《雅》、《颂》，表示治理疆土的意思；就字源而言，里字从田从土，田、土合文，组成会意字，和玉根本不相干（参见同上，第 313 页）。可备一说。

③ ［明］王夫之：《说文广义》，《船山全书》第九册，岳麓书社，1996 年，第 352 页。

④ Christoph Harbsmeier. *Language and Logic*, in Joseph Needham. *Science and Civilization in China*, Vol 7. Cambridge University Press, 1998, p. 240.

理”。古人有“理水”、“理玉”、“理军”、“统理阴阳”（《后汉书·樊準传》）之说。王船山也曾有“理物”的说法。“理”在这里首先是动词，如理水、理玉之理。因此，“理物”便是人治理万物。理物的过程也是化物之天为人之天的过程。这时，物之天与人之天的分野便体现为另一重意蕴：在人以行动作用于物的过程中，物表现出独立性和自在性。从词义上来说，“理物”之“理”作为动词，与名词之“理”不可分，后者是“条理”、“文理”之意。因此，理物便意味着遵循物之条理、文理以开启物之条理、文理。在此意义，理物与其说是人居高临下地治理、统治、驾驭万物，倒不如说是听从万物之理的召唤而归依于万物。“理”在这里是人与物之亲和。一方面，理是事物本有之条理；另一方面，理在理物过程中开显。合而言之，理是物之文理与人之理物的源始统一。①

相形之下，明代江右王门胡直撰《理问》，考察了先秦典籍中“理”的用法，但他的阐释却片面强调了理的主体性面向，或者说，片面强调了人之理物的面向而对物之文理的面向有所忽视：

> 今夫理之说曷始？《诗》曰：“我疆我理。”释者曰：理定其沟途也。谓人定之也，非谓沟途自定也。然则谓理在沟途可乎？《书》曰：“燮理阴阳。”释者曰：燮理，和调之也。谓人谓之也，非谓阴阳之自调也。然则谓理在阴阳可乎？夫子赞《易》曰：“黄中通理”。言至正至中而理通焉，未闻中正之在物也。曰“易简而天下之理得”，言易知简能而理得焉，未闻知能之在物也。曰“圣之作《易》，将以顺性命之理”，夫子固明言性命之理，而世必以为在物，何哉！②

① ［明］黄宗羲：《明儒学案》卷二十二，《黄宗羲全集》第七册，浙江古籍出版社1985年版，第594页。

② ［明］黄宗羲：《明儒学案》卷二十二，《黄宗羲全集》第七册，浙江古籍出版社1985年版，第594页。

由此可见，在先秦文献中，“理”就词性而言兼有名词与动词之用，与此相应，则是在思想层面强调在物之理与理物之理的统一。从中西比较的视野来看，理的在物性没有西方思想中的超越面相。戴密微的高足谢和耐从中西比较的角度出发，认为中国思想中的“理”不能理解为西方思想中的超越实体：

> 但与变异和感性的观念相对立的存在和实体的观念绝对没有普遍性。当从一种文明转到另一种文明时，有些明显的特征便会不复存在了。汉文中的词并不反映静止的抽象，而是反映以相反相成而形成的活跃观念。中国思想家们所关心的不是永久的、由运用理智和论述而阐明的现实，而是指增减现象。中国人有关人性的观念使人联想到了一种合理的发展背景。所以孟子讲到了“尽性”，这就是由此而说人类应发展仅以可能的方式存在的善之倾向。同样，“理”的基本概念绝不是指一种静止的和众生与宇宙之外的法则，它相反却完全使人联想到了一种内在的组织和发展原则的思想。我们由此便可以理解利玛窦所犯的错误了，他把“理”视为一种实体或相当于柏拉图所说的“摹本”。①

我们可以从两个角度评论谢和耐的思想：一方面，他对“理”的理解比较接近中国先秦思想中的“理”，从而敏锐地把握住了中国思想的基本特征；同时，在中西相参的视野之下，他指出了“理”的非实体性与汉语语言特征之间的关联。但另一方面，他没有注意到中国思想演变的复杂性，没有注意到自佛教传入之后“理”范畴的演变，特别是宋明理学中“理”的实体化倾向。

二、佛学的传入与超越之理的兴起

王弼对老子之“道”的阐释，强调“道”是一个形而上概

---

① ［法］谢和耐：《中国和基督教》，耿昇译，上海古籍出版社 1991 年版，第 354 页。

念。王弼的阐释自魏晋以降颇为风行。王弼《老子注》之前的河上公本，立足于汉代思想，将宇宙论、政治、宗教诸因素相与揉杂[①]。从河上公本的非形而上学到王弼的形而上学，亦可见魏晋思想转变之一斑。思想转变的一个体现，则是“理”逐渐上升为思想中心词。嵇康、裴頠与向秀、郭象的《庄子注》等均有“理”论。

关于魏晋南北朝之“理”学，汤用彤认为，“《周易》原有‘穷理尽性’之说。晋代人士，多据此而以理字指本体。佛教学人如竺道生，渐亦袭用。似至法瑶而其说大昌，用其义者不少。吉藏亦赞美其义‘最长’，但初无佛教明文可作根据也。此于中国哲学理论之发展有甚深关系，学者所当详研也。”[②] 东晋时期，中国思想家开始大量运用“理”范畴来论理。兹举数例。东晋郗超（336—378）《与亲友书》评论高僧支遁：“林法师神理所通，玄拔独悟，数百年一，绍明大法，令真理不绝，一人而已。”[③]《奉法要》（《弘明集》卷十三）更是屡屡使用“理”字。天理是报应的主宰者：“原夫天理之于罪福，外泄则愈轻，内结则弥重，既迹著于人事，必有损于冥应。”[④] 理事对举：“理无愆违，而事不恒著。”[⑤]“夫理本于心，而报彰于事。”[⑥] 又比如，道安与僧先讨论佛学。安曰：“先旧格义，于理多违。”[⑦] 东晋之

① Alan Chan 的专著 *Two Visions of the Way: A Study of the Wang Pi and Ho-shang Kung Commentaries on the Lao-tzu* 对此两种注释进行了详细的比较研究。

② 汤用彤：《汉魏两晋南北朝佛教史》（下册），中华书局 1955 年版，第 690 页。

③ ［梁］慧皎：《高僧传》卷四，汤用彤校注，中华书局 1992 年版，第 161 页。

④ 石峻、楼宇烈等编：《中国佛教思想资料选编》第一卷，中华书局 1981 年版，第 18～19 页。

⑤ 石峻、楼宇烈等编：《中国佛教思想资料选编》第一卷，中华书局 1981 年版，第 20 页。

⑥ 石峻、楼宇烈等编：《中国佛教思想资料选编》第一卷，中华书局 1981 年版，第 21 页。

⑦ ［梁］慧皎：《高僧传》卷五，汤用彤校注，中华书局 1992 年版，第 195 页。

“理”论，支道林[1]、张湛《列子注》与竺道生特别值得注意。竺道生之后，值得注意的则有晋宋间的法瑶和宋齐间的僧宗。

支道林《大小品对比要抄序》论“理”曰：

至理冥壑，归于无名。无名无始，道之体也。无可无不可者，圣之慎也。苟慎理以应动，则不得不寄言。宜明所以寄，宜畅所以言。理冥则言废，忘觉则智全。[2]

理非乎变，变非乎理；教非乎体，体非乎教。故千变万化，莫非理外。神何动哉，以之不动，故应变无穷；无穷之变，非圣在物。物变非圣，圣未始于变。故教遗兴乎变，理滞生乎权，接应存乎物，理致同乎归。[3]

夫以万声钟磬，响一以待之；万物感圣，圣亦寂以应之。是以声非乎响，言非乎圣有矣。[4]

支道林在这里用“理”表示本体。理是寂，是一，是寡，寂以应感，执寡可以御众，这接近于王弼以无为本的玄学思路。但另一方面，本体在支道林那里似乎又有独特的性质：理没有变动，超越于一切变化之上。如此超绝的理、如此超越于现象之上的本体，无论是相对于先秦思想、还是相对于王弼玄学都是前所未有的。先秦之道以生生为大德，变易不居不可为典要。王弼玄学则主张体用不二，本体内在于现象。许理和已经体察到道林“理”论的独特意义：

“理”这个概念在汉以前已被几个作者在不同的意义上

① 严可均《全晋文》卷一百五十七辑有支遁的作品。

② ［梁］僧祐：《出三藏记集》卷八，苏晋仁、萧练子点校，中华书局 1995 年版，第 299 页。

③ ［梁］僧祐：《出三藏记集》卷八，苏晋仁、萧练子点校，中华书局 1995 年版，第 300 页。

④ ［梁］僧祐：《出三藏记集》卷八，苏晋仁、萧练子点校，中华书局 1995 年版，第 301 页。

使用过，[1] 但在这里（就我们所知第一次）“理”却获得了一种新的和更为抽象的涵义，表明中国宇宙论和自然观已与佛教超验的“真理”即“真如”（tathata）观念融和在一起。[2]

许理和的这一理解显然受到了戴密微的影响。芮沃寿（Arithur Wright）在他那本在国际佛学研究界享有盛誉的短篇小制《中国历史中的佛教》中引述了戴密微的观点：

> 戴密微将一些在中国思想后来的发展中产生了深远影响的哲学创新追溯到了支遁。其中之一即是赋予古老的中国自然主义概念“理”（“秩序”）以取自大乘哲学的形而上的新含义。在这个新含义中，“理”意味着与后天的经验素材相对的先验的绝对原则。这种对中国来说全新的二元论形式，将在几个世纪之后作为新儒学的核心概念出现。[3]
>
> 在新思想体系（引者按：即宋明新儒学）的许多关键的概念中，人们可以清楚地看到佛教经验的层累影响。比如，二分的“理”与“事”，“理”在佛教之前的含义仅仅是理性的秩序，后来变为大乘佛教式的普遍绝对，如戴密微指出的，类似于柏拉图主义的“一”。新儒学“理”与“事”的对立，很像佛教中绝对原则之“理”与事实或事件之“事”的对立。[4]

---

① 这一判断也许并不确切。对先秦之“理”的考察，可参见邓国光：《先秦两汉诸子‘理’义研究》，《诸子学刊》第一辑，载方勇主编，上海古籍出版社 2007 年版。

② 许理和：《佛教征服中国》，李四龙、裴勇等译，江苏人民出版社 2005 年版，第 146 页。

③ ［美］芮沃寿：《中国历史中的佛教》，常蕾译，北京大学出版社 2009 年版，第 35 页。

④ ［美］芮沃寿：《中国历史中的佛教》，常蕾译，北京大学出版社 2009 年版，第68～69 页。

实际上，戴密微原文中的观点另外还有值得注意的地方。“理”作为超自然的或“出世”的秩序，意味由佛教的真如（tathata）或柏拉图主义的“一”所代表的印欧思想特有的某种东西开始渗入中国思想，开始激发出中国思想过去不曾有过的新东西。但另一方面，戴密微又特别指出，佛教传入之前“理”的自然主义意蕴并没有完全丢失，它依然影响着“理”范畴的后续发展，尤其是在宋明理学那里的发展。①

在义理讨论之后，许理和进而指出，在玄学中，“本体论和政治哲学之间从未完全失去过联系”②；相形之下，支道林的形上学却是与社会政治思想相分离，而这种分离既是精神现象又是社会现象：

> 公元4世纪初，随着僧人知识阶层的兴起，玄学从世俗事务的束缚中转移到相对独立的僧人生活中，并且藉此首次从社会和政治思想问题中分离出来，而与某些大乘佛教因素结合起来。这种与现实思想问题分离、强调精神价值和宗教体验，在中国历史上尚无先例，而它与寺院生活的理想、理论和实践直接相关。在儒教国家中，宗教团体的自主权无论从社会的还是理论的角度来看，都是十分重大的问题。让形而上思想从社会和政治哲学中脱离出来，世俗文人和士大夫从未做到这一点，它产生也只能产生于僧团所主张的一种反社会而非政治的群体中。因此，形而上思想在中国的出现，既是一种社会现象也是一种精神现象，它与中国中古社会中僧团的地位和作用有机地联系在一起。③

---

① 参见 Paul Deiéville. La penetration du Bouddhisme dans la tradition philosophique chinoise. *Choix d'études Bouddhiqes* (*1929—1970*). E. J. Brill, 1973, p. 253。

② ［荷兰］许理和：《佛教征服中国》，李四龙、裴勇等译，江苏人民出版社2005年版，第113页。

③ ［荷兰］许理和：《佛教征服中国》，李四龙、裴勇等译，江苏人民出版社2005年版，第147页。

竺道生提出“顿悟成佛说”，其理据在于“理”的特点。据慧达《肇论疏》：

> 竺道生法师大顿悟云：夫称顿者，明理不可分，悟语极照。以不二之悟，符不分之理，理智恚释，① 谓之顿悟。见解名悟，闻解名信。信解非真，悟发信谢。理数自然，如果就自零。② 悟不自生，必籍信渐，用信伪惑，③ 悟以断结。

为什么要顿悟？佛教修为旨在把握“理”，即作为最圆满之真理的“佛性”，后者是“不可分”的整体，因此，只能通过“不二之悟”，直接与真理的全体合一。竺道生《法华经注》也说：“穷理乃睹。”汤用彤解释说：穷理，见法身之全体；睹，顿悟。竺道生对佛性的这一看法“开后来以理为佛性之说，而于中国学术有大关系。”④ 竺道生又说：“无为是表理之法，无实功德利也。”（《维摩经注》）这是说，理是无为法，超乎利益功德。这里隐含了对以往因果报应论的批评。以图报之心行事者，禀持后果论或功利主义立场，谋利而不谋义，终非究竟。

竺道生之后，释法瑶以理，即得佛之理为正因佛性。吉藏《涅槃经游意》说道：“次障安瑶师云，众生有成佛之道理。此理是常，故说此众生为正因佛性。此理附于众生，故说为本有也。”据汤用彤考证，“障安”为“新安”之误，瑶师即法瑶。⑤ 理是常，是本有，是佛性。法瑶之后，继而讲理佛性的有僧宗。《涅槃经集解》引其说云：“佛性是理，不断此也。”（卷十四）“佛性之理，万化之表，生死之外。”（卷四十七）理、佛性是

---

① “恚”似当作“悉”。

② “就”似当作“熟”。

③ “伪”似当作“伏”。

④ 汤用彤：《汉魏两晋南北朝佛教史》（下册），中华书局 1955 年版，第 642 页。

⑤ 汤用彤：《汉魏两晋南北朝佛教史》（下册），中华书局 1955 年版，第 686 页。

常，为超乎现象的本体。僧宗言理佛性，较之法瑶更进一步的地方，在于把理佛性同神明结合起来。僧宗说道，“正因者即神明。”（《涅槃经集解》卷五十七引）“正以正因佛性不离因地神明，故言住因中耳。”（《涅槃经集解》卷十九引）“本有天真之理，在乎万化之表，行满照周，始会此理。不离神慧而说性也。”（《涅槃经集解》卷五十四引）神明属于心的范畴，佛性属于性的范畴，把理佛性同神明结合起来，则是由心说性。

理范畴在隋唐佛学中有很大发展。在几大宗派中，最擅长讲“理”的应该是华严宗。[1] 华严宗的实际创始人为法藏。法藏（643—712），西域康居人，世称贤首大师。著有《华严经义海百门》、《华严一乘教义分齐章》、《华严经探玄记》、《华严金师子章》等。十七岁从华严大师智俨学习《华严经》，凡九年。曾参加玄奘的译场，因与玄奘“见识不同而出译场”（《宋高僧传》卷五）。此后发挥杜顺及智俨之说，以《华严经》为依，创华严宗（又名“贤首宗”）。法藏与玄奘见识不同，华严与唯识二宗宗旨亦有根本差异。华严宗立“四法界”为根本宗旨。华严五祖宗密概括说：

> 统唯一真法界，谓总该万有，即是一心。然心融万有，便成四种法界：一、事法界……二、理法界……三、理事无碍法界……四、事事无碍法界。[2]

事法界是现象世界，理法界是本体世界。本体与现象圆融无碍，是谓“理事无碍法界”；现象与现象圆融无碍，是谓“事事无碍法界”。通过“一真法界”、“四法界”、“十玄义”、“六相圆融”等命题，华严宗发展出一套精致的理事学说。在禅宗“月印万

---

① 可参考 Brook Ziporyn.“Li（Principle，Coherence）in Chinese Buddhism.”*Journal of Chinese Philosophy* 30（3-4），pp. 501-524。

② ［唐］宗密：《〈华严法界观门〉注》，《中国佛教思想资料选编》，第二卷，第二册，中华书局 1981 年版，第 395 页。

川”、程朱理学“理一分殊”等学说中，我们不难看出华严宗的深刻影响。

当然，对理事的探讨不限于华严宗。实际上，唐代禅师石头希迁（700—790）的《参同契》就发展出丰富的理事学说。《参同契》为五言偈颂体，全文仅310字：

> 竺土大仙心，东西密相付。人根有利钝，道无南北祖。灵源明皎洁，枝派暗流注。执事元是迷，契理亦非悟。门门一切境，回互不回互。回而更相涉，不尔依位住。色本殊质象，声元异乐苦。暗合上中言，明明清浊句。四大性自复，如子得其母。火热风动摇，水湿地坚固。眼色耳音声，鼻香舌碱醋。然依一一法，依根叶分布。本末须归宗，尊卑用其语。当明中有暗，勿以暗相遇。当暗中有明，勿以明相睹。明暗各相对，比如前后步。万物自有功，当言用及处。事存函盖合，理应箭锋拄。承言须会宗，勿自立规矩。触目不会道，运足焉知路。进步非近远，迷隔山河固。谨白参玄人，光阴莫虚度。①

吕澂曾对其中关键的几句予以解释。“灵源明皎洁，枝派暗流注。执事元是迷，契理亦非悟”说的是：“‘灵源’即是心，心是清净‘明彻’的，由心源所发生的一切为‘支派’（即物），是与心相贯通的。也就是说，一切都是佛性的表现，不过不是很明显地贯通于物罢了，所以说是‘暗流注’。正因为心物本是一体，如果不了解这种关系，执着于事则迷，若仅契理也不能算悟，应该把二者联系起来，不要分别执着一边。”② 一言以蔽之，理与事相互联系，不能执着于任何一边。吕澂进而指出，石头希迁实际上把理分成了物理与性理。“从物理上看，事各住一方，而从

① ［宋］道原：《景德传灯录》卷三十，朱俊红点校，海南出版社2011年版，第1065页。

② 吕澂：《中国佛学源流略讲》，中华书局1979年版，第238页。

性理上看，则是统一的。”[①]

三、从戴震到王国维：对超越之理的批判

在先秦、两汉时期，“理”尚未成为思想中心词。先秦时期不同的思想家以“道”为最高范畴，而两汉的思想典型以神化的、具有主宰者式意志的“天”为最终的义理根据。宋明理学家则普遍地转向了“理”。更确切地说，宋明理学以“天理”为基本出发点。[②] 沟口雄三认为，从唐到宋的思想转变，其中一个关键是对天的认识的转变。[③] 这一转变的具体内容在于，由董仲舒以来的天人相关学说（以承认天具有主宰者式的意志为其显著特征）向天理之天的转变。程颢“天者理也”是一个划时代的命题。武内义雄则进而认为，二程的天理受了佛学尤其是华严宗理事无碍法界观的启发。其文献的依据是《二程遗书》卷一八中程颢论华严宗的理是“万理，归一理”。[④] 至清代，戴震对宋明理学提出了激烈的批判。如第一章第二节所述，戴震对“理”的概念反思批判了理的“如物”化，把意见当成了理，以及理对于欲的根本性否定与绝对排斥。

20 世纪初，王国维撰《释理》一文考察“吾国语中‘理’字之意义之变化，与西洋‘理’字意义之变化”[⑤]。在中西互镜的视域之下，王国维认为，理兼有广狭二义。从狭义上说，理即理性（Vernunft，reason）；从广义上说，理即理由（Grund，

---

① 吕澂：《中国佛学源流略讲》，中华书局 1979 年版，240 页。

② 关于“理”在朱子那里的地位，参见陈淳《北溪字义》中的“理”条，以及陈荣捷：《新儒学“理”之思想之演进》，《王阳明与禅》，台湾学生书局 1984 年版。

③ 参见［日］沟口雄三：《论天理观的形成》，载沟口雄三、小岛毅主编：《中国的思维世界》，孙歌等译，江苏人民出版社 2006 年版。

④ 参见［日］武内义雄：《中国思想史》，岩波书店 1936 年版，第二、三章。

⑤ 王国维：《静安文集》，《王国维遗书》第三册，上海书店出版社 2011 年版，第 357 页。

reason)。这里所谓“狭义”实即基本义，而“广义”则为引申义与扩展义。理性是人有别于其他动物的根本能力，“而从吾人理性之思索之径路，则下一判断，必不可无其理由”[①]。以理性而言，理是我们构造概念以及确定概念与概念之间关系之能力，属于人的认知能力的作用。理由即“充足理由律”意义上的“理由”。王国维引用康德的观点，将理由分析为知识上的“论据”和事实上的“原因”：“一切命题，必有其论据”；“一切事物，必有其原因”。“论据”和“原因”一为主观，一为客观。因此，叔本华认为，充足理由律“此原则就客观上言之，为世界普遍之法则；就主观上言之，乃吾人之知力普遍之形式也”。但是，归根结底，理由的客观义为主观义为据：充足理由律“所以为世界最普遍之法则者，则以其为吾人之知力之最普遍之形式”。[②] 由此可言，无论是广义之理由，还是狭义之理性，理之为物，但有主观之意义而无客观之意义。王国维对于“理”字“考其语源，并其变化之迹”，最终以“辨其性质之为主观的而非客观的”为鹄的。[③]

基于上述基本观点，王国维对宋明理学特别是朱熹对理的看法进行了批评。他的批评是在“理之客观的假定”的标题下进行的。在他看来，朱熹的错误，在于将本无客观意义的理误认为客观之理，视为“离吾人之知力而独立，而有绝对的实在性者”。进一步，此客观之理不仅独立于人的认识能力，而且还存在于人类之先。“故朱子之所谓‘理’，与希腊斯多噶之所谓‘理’，皆预想一客观的理，存于生天、生地、生人之前，而吾

① 王国维：《静安文集》，《王国维遗书》第三册，上海书店出版社 2011 年版，第 358 页。

② 参见王国维：《静安文集》，《王国维遗书》第三册，上海书店出版社 2011 年版，第 359 ~ 362 页。

③ 参见王国维：《静安文集》，《王国维遗书》第三册，上海书店出版社 2011 年版，第 374 页。

心之现，不过其一部分而已。于是‘理’之概念，自物理学上之意义出，至宋以后，而遂得形而上学之意义。”[①] 不难看出，在批评理的如物化与形而上学化这一点上，王国维和戴震有相似之处。当然，他们之间的差异也很明显：王国维的批评基于中西比较的视域，更确切地说，基于康德、叔本华的认识论学说。

王国维从认识论角度批判理的客观假定，还分析了为什么会产生此客观假定的人类思维过程。一般说来，抽象概念本自是具体事物的抽象，但在使用的过程中有一种被逐渐“具体化”的倾向：“吾人对种种之事物，而发见其公共之处，遂抽象之而为一概念，又从而命之以名。用之既久，遂视此概念为一特别之事物，而忘其所从出。”[②] “犬”、“马”、“动物”、“物”这些都是抽象概念，但它们的抽象程度各有不同。相形之下，“理”如同“有”、“太极”、“神”，为最普遍之概念，人们“忘其所从出”的可能性最大：

> 盖人类以有概念之知识，故有动物所不能者之利益，而亦陷于动物不能陷之误谬。……概念之不甚普遍者，其离实物也不远，故其生误解也不多。至最普遍之概念，其初固亦自实物抽象而得，逮用之既久，遂忘其所自出，而视为表特别之一物，如上所述“有”之概念是也。夫离心物二界，别无所谓“有”，然古今东西之哲学，往往以“有”为有一种之实在性。在我中国，则谓之曰“太极”、曰“玄”、曰“道”，在西洋则谓之曰“神”。及传衍愈久，遂以为一自证之事实，而若无待根究者，此正柏庚所谓“种族之偶像”，汗德所谓“先天之幻影”。……“理”之概念，亦岂异于

① 参见王国维：《静安文集》，《王国维遗书》第三册，上海书店出版社 2011 年版，第 366～369 页。

② 参见王国维：《静安文集》，《王国维遗书》第三册，上海书店出版社 2011 年版，第 357 页。

此。其在中国语中，初不过自物之可分析而有系统者，抽象而得此概念，辗转相借，而遂成朱子之“理即太极”说。[①]

王国维对理的现代反思有进于戴震之处，提供了不少洞见。[②] 但另一方面，他的论证也存在一些问题。上面所讲的对理的形上实体化的批判，就王国维本人的用意而言，则是对理的客观假定的批判。他所批判的客观不妨称之为离物之理意义上的客观。对离物之理意义上的客观有别于在物之理意义上的客观。王国维对于后者多多少少有所忽略。王国维追溯理字的语源，指出“所谓‘理’者，不过谓吾心分析之作用，及物之可分析者而已矣”[③]。接着，王国维考索西语中与“理”相对的概念，将其分疏为理性与理由。在这里，我们不能不注意到，无论是作为分合概念之力的理性，还是因理性而起的下判断所据的理由，都可以归入“吾心分析之作用”的名目之下。这样一来，王国维把理分为理性和理由并以此为基本框架衡定中西“理”论的做法，一开始就在有意无意间漏过了“物之可分析者”，也就是我们所说的“在物之理”。

另一方面，王国维在证成理由的主观义的时候也跳过了某些东西。从上文的叙述可知，王国维论证的要害之处在于，充足理由律“所以为世界最普遍之法则者，则以其为吾人之知力之最普遍之形式”。这实际上基于康德的认识论：人类的先天形式（时空）与先天范畴（因果等）担保了知识的普遍性。就此而言，

① 参见王国维：《静安文集》，《王国维遗书》第三册，上海书店出版社 2011 年版，第 372～374 页。

② 冯契先生已经指出，《释理》一篇“对程朱之所谓‘理’作了分析批判，确实提供了新的东西”。王国维也像戴震那样“批评程朱的谬误在于把‘理’视为‘别若一物’，不过他从认识论的角度作了比戴震更为细密的分析”（冯契：《中国近代哲学的革命进程》，上海人民出版社 1989 年版，第 220，222 页）。

③ 王国维：《静安文集》，《王国维遗书》第三册，上海书店出版社 2011 年版，第 357 页。

世界最普遍之法则乃在我之物，世界亦是在我之物。但是，我们必须指出，这是认识论意义上的在我之物，而在我之物于认识论意义上的在我性不能错解为存在论意义的在我性。进入认识领域的在我之物仍然保持着自身于存在论上的物性、自在性或者客观性。但后一种意义上的客观性显然为王国维所忽略。

第三节　释“体用”

上文考察“形神”已经碰到“体用”。实际上，在中国古代思想语汇中，“体”、“用”占有举足轻重的位置。

张东荪对中国古代思想转变的一个体察：“‘体’、‘用’因翻译佛书而创出。（体用二字已见于《系辞》，但用为对待名词则始于印度思想入来以后。）”“对于本体有所理会乃是由印度思想而唤起。”“宋明理学完全是被佛学所刺激而起的。”① 张氏有时又在“reality”的意义上使用“本体”一词，无“本体”，也就是无“reality”与“appearance”之二分：

> 西方人的哲学无论那一派而其所要讲究的中心对象是所谓“reality”，这个字在中国哲学上就没有严格的相当者。因为中国哲学所注重的不是求得“真实”。须知“求真实”则必是先将“reality”和“appearance”分为两截。而后一字在原始中国思想上亦没有恰好的相当的字。可见中国人根本上不理会有这样的分开。后来却有了，乃是由于印度思想的传入。故以原始中国思想而言，必以先秦书籍为限，我们不见此种痕迹。②

张东荪此说虽然过于绝对，不过，我们似乎不得不承认，魏晋时

① 张东荪著：《思想语言与文化》，《理性与良知——张东荪文选》，张汝伦编，上海远东出版社，1995 年版，第 369 ~ 370 页。

② 张东荪：《知识与文化》，上海书店 1990 年版，第 42 页。

代开始兴起体用思维，而其中所包含的某些思想特质不能不说受到了源自印度的佛学思想的深刻影响。①

在体用问题上，中国思想家一般都主张“体用不二”。体用不二思维表现了对形上学的某种疏离。形上学的思维方式的特点：理的超验性。在体用论上的表现则是：体与用之间的本体论差异。罗曼（Johannes Lohmann）在海德格尔的启发下于1948年、1949年围绕存在问题写了三篇有分量的论文，发表在他自己主编的*Lexis*。通过对“有/无”、“是/非”、“虚词/实词”、“白马非马”、“也”等方面的讨论，认为汉语思想中没有“本体论差异”（ontologische Differenz）。② 从罗曼的论域来看，也许我们可以把他的结论更确切地表达为：先秦思想中没有本体论差异。就体用思维而言，中国思想家一直致力的“体用不二”基本上延续先秦思想，不主张本体与现象之间的本体论差异。但另一方面，本体相对于现象的本体论差异似乎又无时不在，体用不二常常走向体对于用的单向支配。王夫之对此有深刻的体察，为了克服这一点，他提出“体用相胥为用”的命题。③ 或许可以说，这一命题是中国思想试图克服佛学传入之后的形上学运思倾向而向先秦思想回归所获得的最高思想成果。

① 陈汉生提出了类似的看法。参见 Chad Hansen. *Logic and Language in Ancient China*. The Univerity of Michigen Press，1983，p. 171。陈汉生的观点应该受到孟旦（Donald Munro）的影响：宋明理学由于受到佛教影响而有发达的形上学思想，这种思想可能渗透到理学对先秦典籍的解读之中并遮蔽了先秦思想。比如，“性”、“德”这样的关键词（参见［美］孟旦：《早期中国“人”的观念》，丁栋、张兴东译，北京大学出版社2009年版，第2页）。

② 孙周兴教授已经提到这一点。参见《路标》中译本（台湾版）之译序。

③ 陈赟对王船山体用思想有深入的探讨。他认为，在王船山那里，体与用相胥为用、相与为体；而且，不仅是体之用，而且不应离乎人之知行过程。用还意味着与主体发生关联的方式（参见陈赟：《回归真实的存在——王船山哲学的阐释》，复旦大学出版社2002年版）。

一、佛玄学的体用思维

体用问题乃魏晋南北朝思想之重心。汤用彤先生讲道：

> 魏晋以讫南北朝，中华学术界异说繁兴，争论杂出，其表面上虽非常复杂，但其所争论，实不离体用观念。而玄学佛学同主贵无贱有，以无为本，以万有为末。本末即谓体用。[①]
>
> 本末之分，内学外学所共许。而本之无二，又诸教之所共认。[②] 此无二之本，又其时人士之所共同模拟追求。模拟未必是，追求未必得。但五朝之学，无论玄佛，共以此为骨干。一切问题，均系于此。因此玄学佛教固为同气。其精神上可谓契合无间。其时之佛玄合一，而士大夫之所以与义学僧人交游，亦为玄理上之结合。此南朝佛教之特质，吾人所当注意者也。[③]

汤用彤此说，实以本末体用为魏晋南北朝时思想界共许的基本思维范式。

---

① 汤用彤：《汉魏两晋南北朝佛教史》（上册），中华书局 1955 年版，第 333 页。

② 本是一，道是一，理是一。一个有意思的课题："一"的观念史考察。柏拉图的共相也是一种特定的"一"。斯塔斯认为："柏拉图已经明示一的观念，若绝对摈斥杂多于其外，便是一个不可能的抽象。就连说'一在'，这句话也就包含着一的双重性质。'绝对的存在'断不能是一个抽象的统一，而是一杂多之中的统一。却是普罗提诺一着手便抹杀了这个最为重要的哲学原理。他转回到东方一元论的较低的水平，认为上帝是绝对的'一'，其统一纯然存于杂多之外。在上帝内里，决没有多，决无运动，决无区别。"（［英］斯塔斯著：《批评的希腊哲学史》，华东师范大学出版社 2006 年版，298 页。）柏拉图共相意义上的"一"与印度思想之关系！这段关于"一"的文字，有助于理解庄子的"道通为一"、孔子的"一以贯之"、王夫之的"一致百虑"，以及由内在之"一"向外在之"一"的转化（佛学传入中国之后发生的变化）与体用范畴的产生与意义。

③ 汤用彤：《汉魏两晋南北朝佛教史》（下册），中华书局 1955 年版，第 470 页。

（一）体用不二：王弼玄学的体用论

汤用彤认为，“体用二字对用见于《老子》三十八章王注。”[①] 依此，魏晋之体用论发端于王弼。而王弼之体用论，一言以蔽之，曰体用不二。

体用不二是王弼哲学体系一以贯之之道。在王弼思想中，体有三层含义：其一，体作为动词，为体察、体知之义，如言“体之不可得而知”[②]，“道不可体，故但志慕而已”[③]。其二，体为实体之义，如说“道者，无不通也，无不由也，况之曰道。寂然无体，不可为象”[④]。这是说，道是没有可形可象的实体。又如，“天也者，形之名也；健也者，用形者也”[⑤]；“地也者，形之名也；坤也者；用地者也”[⑥]。这就是说，天、地是形体，分别有乾健和坤顺之功用。其三，体为本体之义。如说“虽德盛业大而富有万物，犹各得其德。虽贵以无为用，不能舍无以为体也”[⑦]。无是天地间万事万物的本体根据，而万事万物则是无的表现；无与天地万物之间是根据与表现这样一种体用关系。王弼对体用关系的讨论，主要集中在第三层含义上。

在王弼那里，根据与表现这一意义上的体用范畴与本末、无

① 汤用彤：《汉魏两晋南北朝佛教史》（上册），中华书局1955年版，第273页。

② ［魏］王弼：《老子指略》，《王弼集校释》，楼宇烈校释，中华书局1980年版，第195页。

③ ［魏］王弼：《论语释疑》，《王弼集校释》，楼宇烈校释，中华书局1980年版，第624页。

④ ［魏］王弼：《论语释疑》，《王弼集校释》，楼宇烈校释，中华书局1980年版，第624页。

⑤ ［魏］王弼：《周易注·乾象》，《王弼集校释》，楼宇烈校释，中华书局1980年版，第213页。

⑥ ［魏］王弼：《周易注·坤象》，《王弼集校释》，楼宇烈校释，中华书局1980年版，第226页。

⑦ ［魏］王弼：《老子注》第三十八章，《王弼集校释》，楼宇烈校释，中华书局1980年版，第94页。

有、静动、一多、众寡、道物是几对相互对应的范畴。在这几对相互对应的范畴中，本是体是无是静是一是寡是道，末是用是有是动是多是众是物。就体用关系而言，王弼坚持体用不二的看法。首先，王弼认为，体与用相互依存，两者不能分离。如上所引，王弼讲“虽德盛业大而富有万物，犹各得其德。虽贵以无为用，不能舍无以为体也”。圣人之所以有盛德大业，一方面必须以无为用，发挥无或道的作用；另一方面，既然如此，盛德大业自然就不能舍无以为体也，也就是必须依仗无或道作为它们的本体根据。在这里，体与用是相互依赖的，二者不能偏废。

体用相即的思想同样体现在王弼对动静的论述之中：“凡动息则静，静非对动者也；语息则默，默非对语者也。”① 韩康伯《系辞注》所引的王弼《大衍义》尤其明确地表达了体用不二的思想：“夫无不可以无明，必因于有，故常于有物之极，而必明其所由之宗也。”② 一方面，无作为有得以存在的本体和根据，是有物之极，是有之所由之宗。如果离开了所由之宗，有不能存在。另一方面，无并不能离开有而存在于有之外；恰恰相反，无总是存在于有之中，总是通过有而使自身得以显明，所谓即用而显体。换言之，无必因于有，必因有而明。在王弼的玄学体系中，无与道相通。“道者，无之称也。无不通也，无不由也，况之曰道，寂然无体，不可为象。”③ 道即自然：“道不违自然，乃得其性。法自然者，在方而法方，在圆而法圆，于自然无所违也。”④ 自然者，自己而然也；自然者，并不存在于自然之外；故自然之道并

① ［魏］王弼：《周易注·复卦》，《王弼集校释》，楼宇烈校释，中华书局1980年版，第336～337页。

② 《周易·系辞上》韩康伯注，《王弼集校释》，楼宇烈校释，中华书局1980年版，第548页。

③ ［魏］王弼：《论语释疑》，《王弼集校释》，楼宇烈校释，中华书局1980年版，第624页。

④ ［魏］王弼：《老子注》第二十五章，《王弼集校释》，楼宇烈校释，中华书局1980年版，第65页。

非存在于自然之外的实体：“天地任自然，无为无造，万物自相治理，故不仁也。”[①] 由此可见，无并非存在于有之外，而是在有之中。因此，王弼《大衍义》所说的无因于有正是无存于有的意思。有是无之用，无是有之体，无有相即，体用不二。

当然，我们还要注意到王弼对无、体的强调。在王弼看来，体和用、无和有等固然不可相分离，但是，这并不意味着体和用、无和有等具有同等的价值。体用不二并不能抹煞体、无、静、本在本体论上的优先地位，体用不二也并不等于说体用之间没有任何的差别。抹杀体用之间的差别和强调体用之间的截然对立一样，都是体用两橛的表现。因此，在王弼那里，体用不二具有两重涵义：其一，体用不能分离；其二，体用统一于体，体在体用关系中起主导性支配作用。这尤其体现为王弼的贵无思想。体用不二的第二重涵义正是王弼所要着重强调的，也是王弼体用思想的主要方面。这充分体现在王弼的“贵无”说上。王弼反复强调“无”的决定性作用：“复者，反本之谓也。天地以本为心者也。……然则天地虽大，富有万物，雷动风行，运化万变，寂然至无，是其本矣。”[②] “万物无形，其归一也。何由致一？由于无也。”[③]“夫物之所以生，功之所以成，必生乎无形，由乎无名。无形无名者，万物之宗也。”[④] 与“无”的决定性作用一致，王弼主张以寡治众、以一统众、以简御繁：“夫众不能治众，治众者，至寡者也。夫动不能制动，制天下之

---

① ［魏］王弼：《老子注》第五章，《王弼集校释》，楼宇烈校释，中华书局1980年版，第13页。

② ［魏］王弼：《周易注·复卦》，《王弼集校释》，楼宇烈校释，中华书局1980年版，第336～337页。

③ ［魏］王弼：《老子注》第四十二章，《王弼集校释》，楼宇烈校释，中华书局1980年版，第117页。

④ ［魏］王弼：《老子指略》，《王弼集校释》，楼宇烈校释，中华书局1980年版，第195页。

动者，贞夫一者也。”[①]

体用不二同时贯穿于王弼的解易方法论。王弼解易，首先所面临的问题就是如何解决扫象（摈除繁琐的象数）与《易》不离象之间的矛盾。一方面，王弼作为易学义理学派的代表，对汉易繁琐的象数学派提出了尖锐的批评：“义苟在健，何必马乎？……而或者定马于乾，案文责卦，有马无乾，则伪说滋漫，难可纪矣。互体不足，遂及卦变，变又不足，推致五行。一失其原，巧愈弥甚。纵复或值，而义无所取。”[②] 另一方面，易学无法离开象数，这也是一个不争的事实。王弼自己也承认，“夫易者，象也”[③]。因此，必须给易象以合理的定位。

王弼的解决方案，乃是以体用不二的观点回答言象意之间的关系。意象（象言）之间的关系类似于体用之间的关系。一方面，如同体用不能相互分离，意象（象言）也是相互依赖：“夫象者，出意者也。言者，明象者也。尽意莫若象，尽象莫若言。言生于象，故可寻言以观象；象生于意，故可寻象以观意。”[④] 象表现、而且能够表现意；同样，言表现、而且能够表现象。“意以象尽，象以言著。”[⑤] 意要表现自身，无法离开象；同样，象要表现自身也离不开言。这层关系王弼在《老子指略》中有类似的论述：“故象而形者，非大象也；音而声者，非大音也。然则四象不形则大象无以畅，五音不声则大音无以至。四象形而

① ［魏］王弼：《周易略例·明象》，《王弼集校释》，楼宇烈校释，中华书局1980年版，第591页。

② ［魏］王弼：《周易略例·明象》，《王弼集校释》，楼宇烈校释，中华书局1980年版，第609页。

③ ［魏］王弼：《周易注·乾卦》，《王弼集校释》，楼宇烈校释，中华书局1980年版，第215页。

④ ［魏］王弼：《周易略例·明象》，《王弼集校释》，楼宇烈校释，中华书局1980年版，第609页。

⑤ ［魏］王弼：《周易略例·明象》，《王弼集校释》，楼宇烈校释，中华书局1980年版，第609页。

物无所主焉，则大象畅矣；五音声而心无所适焉，则大音至矣。”①

另一方面，如同体用统一于体一样，在意象（象言）中，意（象）居于主导性的地位：“夫易者，象也。象之所生，生于义也。有义然后明之以其物。”② “故言者所以明象，得象而忘言；象者，所以存意，得意而忘象。”为了彰显意象（象言）之间的差异性以及意对于象（象对于言）的支配作用，王弼甚至说：“存言者，非得象者也；存象者，非得意者也。……忘象者，乃得意者也；忘言者，乃得象者也。”“得意在忘象，得象在忘言。故立象以尽意，而象可忘也；重画以尽情，而画可忘也。”③

王弼解易，仍然以体用不二的观点处理卦体与爻变之间的关系。一卦六爻，各爻的意义变化无穷：“夫爻者何也？言乎变者也。变者何也？情伪之所为也。夫情伪之动非数之所求也。”④ 由于情伪的变动产生了爻义的变化，而情伪的变动是不可用度数来预测的。因此，爻义的变化也是复杂多端，不可揣度的。那么，由变化的六爻所组成的一卦有没有统一性？王弼认为是有的。这个统一性就是卦体，也就是统率一卦之诸爻的卦义。卦义往往可以从彖辞看出来：“大象者何也？统论一卦之体，明其所由之主者也。”⑤ 卦义为各爻之宗主，卦义对各爻的统摄作用正是体之于用的主导功能：“夫众不能治众，治众者，至寡者

① ［魏］王弼：《老子指略》，《王弼集校释》，楼宇烈校释，中华书局 1980 年版，第 195 页。

② ［魏］王弼：《周易注·乾卦》，《王弼集校释》，楼宇烈校释，中华书局 1980 年版，第 215 页。

③ ［魏］王弼：《周易略例·明象》，《王弼集校释》，楼宇烈校释，中华书局 1980 年版，第 609 页。

④ ［魏］王弼：《周易略例·明爻通变》，《王弼集校释》，楼宇烈校释，中华书局 1980 年版，第 597 页。

⑤ ［魏］王弼：《周易略例·明象》，《王弼集校释》，楼宇烈校释，中华书局 1980 年版，第 591 页。

也。夫动不能制动，制天下之动者，贞夫一者也。”① 王弼认为，一卦之卦义往往由一卦中为主之爻所决定。“一卦之体必由一爻为主，则指明一爻之美以统一卦之义”②。因此，卦义对各爻的统摄作用，又体现为为主之爻对于其他各爻的统摄：“故六爻相错，可举一以明也：刚柔相乘，可立主以定也。”③ 为主之爻，或为中爻：“杂物撰德，辨是与非，则非其中爻，莫之备矣”④；或为一卦中阴阳爻象之最少者：“夫少者多之所贵也，寡者众之所宗也。一卦五阳而一阴，则一阴为之主矣。五阴而一阳，则一阳为之主矣”⑤；或为爻辞与卦辞直接相关之一爻。一卦之卦义同时也规定了卦中诸爻所处的时机。从这个意义上讲，卦体也就是卦时，卦体对于各爻的统摄于是相应地表现为卦时对爻变的制约作用。王弼在《明卦适变通爻》中写道：“夫卦者时也，爻者适时之变者也……故卦以反对，而爻亦皆变……故名其卦，则吉凶从其类；存其时，则动静应其用。寻名以观其吉凶，举时以观其动静，则一体之变，由斯见矣。”⑥

体用不二同时也是王弼的伦理学基本原则。在讨论性情关系的时候，王弼提出了有名的“圣人有情”说。根据何邵《王弼传》的记载：

> 何晏以为圣人无喜怒哀乐，其论甚精。钟会等述之。弼

---

① ［魏］王弼：《周易略例·明象》，《王弼集校释》，楼宇烈校释，中华书局1980年版，第591页。

② ［魏］王弼：《周易略例下》，《王弼集校释》，楼宇烈校释，中华书局1980年版，第615页。

③ ［魏］王弼：《周易略例·明象》，《王弼集校释》，楼宇烈校释，中华书局1980年版，第591页。

④ ［魏］王弼：《周易略例·明象》，《王弼集校释》，楼宇烈校释，中华书局1980年版，第591页。

⑤ ［魏］王弼：《周易略例·明象》，《王弼集校释》，楼宇烈校释，中华书局1980年版，第591页。

⑥ ［魏］王弼：《明卦适变通爻》，《王弼集校释》，楼宇烈校释，中华书局1980年版，第604页。

与不同，以为圣人茂于人者神明也，同于人者五情也。神明茂，故能体冲和以通无；五情同，故不能无哀乐以应物。然则圣人之情，应物而无累于物者也。今以其无累，便谓不复应物，失之多矣。①

何晏之说，承董仲舒性善情恶及其性三品说：人有圣人、中人及斗筲之性；圣人之性纯乎善，情生于阴而贪，故圣人有性而无情。按照这样的观点，性是性，情是情，两者毫无关系。然而，在王弼看来，性与情之间是体用的关系：由于体用不二，性与情自然也不能截然两分。何晏的性情论可以说是体用两橛的结果。在王弼看来，圣人同常人是一样的，都具有喜怒哀乐悲等五情。但是，圣人具有常人所不具备的智慧（神明），所以能够体会冲虚和谐的本体而与无或道相通。能够与无或道相通，也就是能够合乎人性。因为在王弼看来，万物都是以自然为性，人性当然也不能例外，即人性出于自然，并没有善恶之别。他说："孔子曰：性相近也。若全同也，相近之辞不生；若其全异也，相近之辞亦不得立。今云近者，有同有异，取其共是。无善无恶则同也。"② 无善无恶之性，如果感于物而动，则发为喜怒哀乐悲等五情。所以，"夫喜惧哀乐，民之自然，应感而动，则发乎声歌"③。"性感于物而发之情，则有善恶之别。情动于中，而形于言，情正实而后言之不作。"④ 情如果能够正实，那就能够应于物而不累于物。怎样才能做到"情"正实？必须"性其情"：

① 《三国志·魏书》卷二十八《钟会传》裴注引。参见陈寿撰，裴松之注：《三国志》，中华书局1987年第2版，第795页。

② ［魏］王弼：《论语释疑》，《王弼集校释》，楼宇烈校释，中华书局1980年版，第632页。

③ ［魏］王弼：《论语释疑》，《王弼集校释》，楼宇烈校释，中华书局1980年版，第625页。

④ ［魏］王弼：《论语释疑》，《王弼集校释》，楼宇烈校释，中华书局1980年版，第631页。

"不性其情，焉能久行其正？此是情之正也。若心好流荡失真，此是情之邪也。若以情近性，故云性其情。情近性者，何妨是有欲。"① 性是体而情是用，所谓性其情，也就是以性统情，以体举用。因此，王弼的圣人有情说贯彻了体用不二的思想。

体用不二的思想同样贯彻于王弼对待名教的态度之中。在王弼看来，名教与道之间并不是对立的。他说："圣行五教，不言为化……五教之母，不皦不昧。"② 所谓"不皦不昧"就是道。《老子》十四章况喻"道"说："其上不皦，其下不昧。"所谓"五教"，则是儒家所称道的五伦之教，《孟子·滕文公上》所谓"父子有亲，君臣有义，夫妇有别，长幼有序，朋友有信。"所以，"五教之母，不皦不昧"，意思就是说名教根源于道。这一点，在王弼对《老子》三十二章的注解中说得更为清楚："始制，谓朴散始为官长之时也。始制官长，不可不立名分，以定尊卑，故始制有名也。"③ 王弼认为，作为名教的"名"乃是"朴散为器"的必然结果。换言之，名教乃是从"道"分化出来的。这样，王弼就为名教找到了一个形而上的本体论根据。正是因为道是名教的本体论根据，王弼把它们之间的关系看成是母子、本末与体用之间的关系。他说道："母，本也；子，末也。得本以知末，不舍本以逐末也。"④

王弼之所以要为名教寻找一个形而上的根据，与他试图克服当时严重的名教危机是分不开的。王弼对名教的外在化、虚伪化有清醒的认识："夫礼也，所始首于忠信不笃，通简不阳，责备

① ［魏］王弼：《论语释疑》，《王弼集校释》，楼宇烈校释，中华书局1980年版，第632页。

② ［魏］王弼：《老子指略》，《王弼集校释》，楼宇烈校释，中华书局1980年版，第195页。

③ ［魏］王弼：《老子注》第三十二章，《王弼集校释》，楼宇烈校释，中华书局1980年版，第82页。

④ ［魏］王弼：《老子注》第五十二章，《王弼集校释》，楼宇烈校释，中华书局1980年版，第139页。

于表，机微争制。”“夫仁义发于内，为之犹伪，况务外饰而可久乎！”①

那么，名教外在化和虚伪化的根源在哪里呢？在王弼看来，既然名教原本从道分化出来，原本应当以道为根本，那么，名教的危机自然是“舍本逐末”的结果。“任名以号物，则失治之母也。”② 因此，挽救名教危机的根本方法自然在于：“用夫无名，故名以笃实焉。用夫无形，故形以成焉。崇本举末；守母以存其子，崇本以举其末，则形名俱有，而邪不生；大美配天，而华不作。”③ 因此，王弼对名教危机的解决方案，也没有离开体用不二的思想。④

以“崇本以息末”的方式解决名教与自然的矛盾，多少体现了王弼在安顿儒道问题上的纠结。一方面，自然是本，名教是末，换言之，老庄是本，儒教是末，这是崇道而卑儒；另一方面，“崇本”乃是为了“息末”，“息末”是最终的价值关怀、是目的、是体，“崇本”是方便法门、是手段、是用，这是援道入儒，儒体而道用。

（二）佛学中的体用论

王弼之后，汤用彤先生特别推崇僧肇。“肇公之学说，一言

---

① ［魏］王弼：《老子注》第三十八章，《王弼集校释》，楼宇烈校释，中华书局1980年版，第94页。

② ［魏］王弼：《老子注》第三十二章，《王弼集校释》，楼宇烈校释，中华书局1980年版，第82页。

③ ［魏］王弼：《老子注》第三十二章，《王弼集校释》，楼宇烈校释，中华书局1980年版，第95页。

④ 许理和对此已有所体察。他说：“我们不能简单地把名教和玄学看作是两种对立的思想流派。在许多时候，两种思想倾向似乎可以并存，其中一个作为另一个的形而上学补充。有时我们发现被解释为基本真理的玄学本体论学说中的‘体’，同时兼有靠现实证明的名教世俗学说的‘用’，这预示了大乘佛教真俗谛（samvrti，paramarthasatya）——两种层次真理观念的出现。”（［荷兰］许理和：《佛教征服中国——佛教在中国中古早期的传播与适应》，李四龙、裴勇等译，江苏人民出版社2005年版，第112页。）

以蔽之，曰即体即用。”[①]《肇论》融会中印义理，于体用问题有深切之证知。其中，《物不迁论》依即静即动谈即体即用，《不真空论》谈体，《般若无知论》谈体用关系。[②] 僧肇在魏晋思想史上之所以重要，系于他对体用问题的深切证知。

就体用问题而言，中国思想家一般都主张“体用不二”，王弼是如此，僧肇是如此，范缜、梁武帝也是如此。那么，体用不二与般若的中道思想是否有着逻辑与历史的关联？这个问题，我们可以从竺道生那里探得一点消息。竺道生讨论烦恼即佛种时说道：“夫大乘之悟，本不近舍一死，远更求之也。斯在生死事中，即用其实为悟矣。苟在其事，而变其实为悟始者，岂非佛之萌芽，起于生死事哉。其悟既长，其事必巧，不亦是种之义乎？所以始于有身，终至一切烦恼者，以明理转扶疏，至结大实也。”（《维摩诘经注》）竺道生强调，大乘之悟在生死事中。大乘之悟是理，是佛性，生死事是烦恼；此“在……事中”，即是说理在事中，佛性在烦恼中。理是体，事是用，佛性是体，烦恼是用，理在事中，佛性在烦恼中，即是体在用中，体不是用之外的超越者。竺道生对佛性的这一理解，合乎般若中道，或者说，正是从般若中道得出的结论。佛性，即法身真我。法身真我与般若无我看似相抵牾，实则相成。竺道生曰：“无我本无死生中死，非不有佛性我也。”（《维摩诘经注》）般若与佛性之相成关系，道生之师鸠摩罗什实已先言之。慧叡《喻疑论》载什公之说：“《般若》除其虚妄，《法华》开一究竟，《泥洹》阐其实化，此三津开照，照无遗矣。”[③]

---

① 汤用彤：《汉魏两晋南北朝佛教史》（上册），中华书局 1955 年版，第 333 页。

② 汤用彤：《汉魏两晋南北朝佛教史》（上册），中华书局 1955 年版，第 337 页。

③ ［梁］僧祐编撰：《出三藏记集》卷五，苏晋仁、萧练子点校，中华书局 1995 年版，第 234 页。

体用不二在《大乘起信论》那里表现为一心开二门。华严宗可以说是秉承《起信论》的哲学精神和义理规模，将体用不二的思维又往前大大推进了一步。其中一点，在于用理事范畴诠释《起信论》提出的如来藏不变随缘、随缘不变的思想。比如，法藏说：“如来藏随缘成阿赖耶识，此则理彻于事也；亦许依他缘起，无性同如，此则事彻于理也”（《起信论义记》）。这里运用的元理论，正是华严宗的“理事无碍法界”。事法界是现象世界，理法界是本体世界。本体与现象圆融无碍，是谓“理事无碍法界”；理事无碍，正是体用不二的特殊表达方式。法藏《金师子章》以金喻本体，以师子（即狮子）喻现象，二者的关系首先可以从缘起的角度来看：

> 谓金无自性，随工巧匠缘，遂有师子相起。起但是缘，故名缘起。

“金无自性”意思是说“金不守自性”，不守自性，所以能够随缘而变现，即响应工匠的制作呈现出师子的相状。但要注意的是，在此过程中，金并没有失去自性。现象（“事”）是缘起，本体（“理”）则不变。换言之，本体既有缘起的能力，又在缘起现象的过程中保持不变。这相当于《起信论》讲的如来藏不变随缘、随缘不变。法藏又把本体称为“自性清净圆明体”：“即是如来藏中法性之体，从本已来，性自满足，处染不垢，修治不净，故云自性清净。性体遍照，无幽不烛，故曰圆明。”（《修华严奥旨妄尽还原观》）“自性清净圆明体”兼有本体论与佛性论的涵义。就本体论而言，它强调本体相对于现象的超越性：本体是现象的存在根据，所谓“一切事法，依心而现”（《华严经义海百门》），但本体本身自足无待，所谓“从本已来，性自满足”，同时在成为现象根据的同时却免受现象的影响，所谓“处染不垢，修治不净”。本体与现象之间的这种单向度的不平等关系构成了华严宗理事无碍法界的底色。不过，“理事无碍”的表述本身又容易让人忽略理事的不平等。华严宗从理本体出发对万法缘起的解释带有宇宙源起论的意味，与此相应的，则是理本体的实体化倾向，用出自印度思想背景的术语来说，便是外道梵我的嫌疑。如何在宣扬法性（本体）、佛性的同时保持缘起性空的佛学基本原则，这恐怕是大乘空宗之后一切佛教理论面临的难题之一。[①]

与郭象之玄同彼我义相比较，也容易见出华严之事事无碍法界的特点：事事无碍以理事无碍为基础，以理对于事的超越性为基础，事事于理上圆融；彼我之玄同则不是因为同出于超越性的天、道、无、理或法性。再者，事事无碍、理事无碍以缘起破物之自性，破物之实在性；而玄同的根本恰恰是物之自然，在物之实在性的基础上建立起来的玄同最后也没有反过来否定个体的实在性。

下面来看看禅宗一系的体用思维。相传为禅宗四祖的道信提出方便法门，其中包括“知心体”与“知心用”。“一者知心体，体性清净，体与佛同；一者知心用，用生法宝，起作恒寂，万惑皆如。”[②] 道信还提到，古时智敏禅师就训导知心之体用：“古时智敏禅师训曰：学道之法，必须解行相扶，先知心之根源及诸体用，见理明净，了了分明无惑，然后功业可成。”[③] 与慧能并称

① 20世纪八九十年代以来，在日本佛教学者中间出现一股以印度原始佛教中的“缘起”、“空”等观念批判印度大乘佛教、中国佛教与日本佛教的思潮，即所谓“批判佛教思潮”。其中涉及的一个理论问题，即本体的实体化问题。可参看［美］米杰·霍巴德等编：《修剪菩提树：“批判佛教”的风暴》，龚隽等译，上海古籍出版社2004年版；［日］伊藤隆寿著：《佛教中国化的批判性研究》，肖平、杨金萍译，香港经要文化出版有限公司2004年版；［日］松本史朗著：《缘起与空：如来藏思想批判》，肖平、杨金萍译，中国人民大学出版社2006年版。

② 道信：《入道安心要方便法门》，净觉撰《楞伽师资记》有载，收入《大正藏》第八十五册，No. 2837。目前较好的校订本见于柳田圣山：《初期的禅史Ⅰ》，筑摩书房1971年版。

③ 道信：《入道安心要方便法门》。

的神秀也讲体用：“我之道法，总会归体用两字。”①

（三）体用诸义

汤用彤先生曾对体用问题进行过一番哲学史考察，提示我们体用之辨还可能表现为有无（先秦）、本末（玄学）或真俗（佛学）之别：

> 魏晋玄学者，乃本体之学也。周秦诸子之谈本体者，要以儒道二家为大宗。《老子》以道为万物之母，无为天地之根。（根本也。）天地万物与道之关系，盖以“有”“无”诠释，“无”为母而“有”为子，“无”为本而“有”为末。（参看《老子》五十二章王注。）本末之别，即后世所谓体用之辨。（体用二字对用见于《老子》三十八章王注。）魏正始中，何晏、王弼祖述老庄，其立论以为天地万物皆以“无”为本。（《晋书·王衍传》。）及至晋世，兹风尤甚。士大夫竞尚空无，凡立言藉于虚无，则谓之玄妙。（裴頠《崇有论》语。）遂大唱贵无之议，而建贱有之论。“本无”、“末有”，实有所谓玄学者之中心问题。学者既群趋有无之论，而中国思想遂显然以本体论为骨干。至若佛教义学则自汉末以来，已渐与道家（此谓老庄玄理，而非谓道教方术。）合流。《般若》诸经，盛言“本无”，乃“真如”之古译。（支谶已用此语。谶虽在何王之前，然般若是否对于正始玄谈有影响，则无事实证明。）而本末者，实即“真”“俗”二谛之异辞。真如为真，为本。万物为俗，为末。则在根本理想上，佛家哲学，已被引而与中国玄学相关。《合安般守意经》曰：“有者谓万物，无者谓空。”释道安曰：“无在万化之前，空为众形之始。”本无一辞，疑即般若实相学之别称。于是六家七宗，爰延十二，其所立论枢纽，均

① 净觉：《楞伽师资记》，《大正藏》第八十五册，No. 2837。

不出本末有无之辨，而且亦均即真俗二谛之论也。[1]

汤先生的论述似有混淆之处。首先，正文言《老子》“‘无’为本而‘有’为末”，小注却说“参看《老子》五十二章王注。”容易引起疑惑：以王弼思想代替老子思想？再者，“本体”概念。周秦诸子所论之本体与魏晋玄学之本体，恐有所不同。周秦诸子所论之“本体”者，具有生成能力的本根状态也。就《老子》道物关系而言，道生万物，道是母、是本根。“本(根)”、“母”乃先秦本体论的本喻。先秦本末之辨，乃木之本根与由此生发出来的条件枝叶之间的关系。相形之下，汤用彤所称述的魏晋玄学之本体论接近于西方哲学传统中的“ontology”，本体则是“ontological foundation”。比如，在王弼那里，道或无是存在的根据，万物是有、是存在，是道或无的表现。无是本，有是末，这里的本末呈现出决定与被决定的形式关系或逻辑关系，先秦本体论的生成隐喻不再居于主导地位。但另一方面，王弼又主张体用不二，本末不二。“本”与“末”的关系似乎又没有般若“真”、“俗”之说那么明确的价值层级。先秦本体论与玄学本体论之异，意味着中国古代哲学传统的某种嬗变，而这一嬗变的发生或许不能不考虑到佛学的影响。

然体用内涵颇为丰富，略析有四：

体之于用，首先是本体与现象之关系。然所谓本体，周秦诸子所论之“本体”者，具有生成能力的本根状态也，魏晋玄学之本体论接近于西方哲学传统中的“ontology”。

另一方面，体用关系乃是实体与功用的关系。范缜持形谢神灭论，其理由，正是形神二者的“相即”关系，即实体与功用的关系，形体神用相当于刃体利用：有刃之体方有利之用，无刃

---

① 汤用彤：《汉魏两晋南北朝佛教史》（上册），中华书局1955年版，第273～274页。

之体则无利之用；同样，形存则神存，形谢则神灭。[①]

王弼对名教危机的解决方案，同时意味着以体用关系理解儒道关系：道家是体，儒家是用。在《弘明集》等文献中，我们也看到，体用框架用来处理夷夏之辨、礼教之争。至中国近现代，则有张之洞意义上的“中体西用”之说。

此外，汤用彤揭示了体用的另一重涵义：本体与工夫。他在讨论支遁、道安顿悟说时讲道：“顿悟之说，亦出于体用之辨。体者，宇宙实相，或称真如。夫真如绝言，无名无相。中土人或称之曰道，或称之曰理。道一而已，而理亦不可分。真如无相，理不可分，故入理之慧，亦应无二。于是则始求虽因可有三，[②]（就用言。）终成必悟理不二。（依理言。）因是而支、安乃立顿悟义。”[③] 在这里，体是本体，或曰真如，或曰道，或曰理，或曰佛性，用则是工夫；本体是一，决定了工夫只能是顿悟。

二、理学与体用思维

体用对于理学具有根本上的重要性。日本学者岛田虔次认

---

① 童世骏教授曾向英文世界介绍了体用的如上二重涵义：

Like many other concepts or categories in traditional Chinese philosophy, *ti* and *yong* were taken from everyday language: *ti*, which has been rendered as substance, also means body (physical as well as human) and *yong*, function, refers to use or function. Even after becoming philosophical categories, vestiges of their everyday usage are still evident.

Basically, this paired category refers to one of two kinds of relation: a relation between substance and manifestation and a relation between entity and function. With regard to the categories of *ti* and *yong* understood as substance and manifestation, it should be noted that in Chinese tradition ti or substance refers to both the objective laws o the natural world (“the cause which makes something as it is” and “the principle according to which something must be the case”) and the rules, values and ideals which prescribe human actions and interpersonal relations (“the rule according to which something ought to be the case”). (Tong Shijun. *The Dialectics of Modernization: Habermas and the Chinese Discourse of Modernization.* Wild Peony Pty Ltd., 2000, p. 130).

② 指声闻、缘觉、菩萨等三乘。

③ 汤用彤：《汉魏两晋南北朝佛教史》（下册），中华书局1955年版，第656页。

为，体用是中国思想的思辨方式，“其作为运用于思维的范畴，而加以决定性的采用并得到普遍化，是在宋学，主要是在朱子学那里”[1]。或许我们不能同意此说。前面的研究表明，魏晋玄学家如王弼已经有非常明确完整的体用思维。但另一方面，我们会赞同岛田虔次的以下观点：“虽然关于宋学如果没有体用概念能否成立的问题，也还有议论的余地；但我认为如果没有的话宋学便不可能产生，这一点应该是没有问题的；而且在宋学以后的一千年左右的中国读书人的思维中，不管是日常的还是哲学的，最具有普遍特征的范畴，我认为实际上就是体用了。”[2]

（一）理一分殊

伊川论道气、理象关系，认为“离了阴阳更无道，所以阴阳者是道也。阴阳，也。气是形而下者，道是形而上者”[3]。“一阴一阳之谓道……所以开阖者道，开阖便是阴阳。老氏言虚而生气非也。阴阳开阖，本无先后。不可道今日有阴，明日有阴。如人有形影。盖形影一时，不可言今日有形，明日有影；有便齐有。”[4] 其基本关系原则，则是“体用一源，显微无间”：“至微者理也，至著者象也。体用一源，显微无间。”[5] 此通于华严“理事无碍法界观”。《遗书》卷第十八记载伊川对《华严经》的评论：

---

① ［日］岛田虔次：《论“体用”的历史》，《中国思想史研究》，上海古籍出版社 2009 年版，第 219 页。

② ［日］岛田虔次：《论“体用”的历史》，《中国思想史研究》，上海古籍出版社 2009 年版，第 219 ~ 220 页。

③ ［宋］程颢、程颐：《遗书》卷第十五，《二程集》，中华书局 1993 年版，第 162 页。

④ ［宋］程颢、程颐：《遗书》卷第十五，《二程集》，中华书局 1993 年版，第 160 页。以“形影一时”况喻“阴阳开阖，本无先后”。然，形与影有主次之分否？阴阳与开阖，有主次之分否？参见向郭对《齐物论》罔两与影之间的关系的注释。

⑤ ［宋］程颢、程颐：《易传序》，《二程集》，中华书局 1993 年版，第 582 页，亦见于第 689 页。

问：“某尝读《华严经》，第一真空绝相观，第二事理无碍观，第三事事无碍观，譬如镜灯之类，包含万象，无有穷尽。此理如何?”曰：“只为释氏要周遮，一言以蔽之，不过曰万理归于一理也。”又问：“未知所以破它处。”曰：“亦未得道他不是。百家诸子个个谈仁谈义，只为他归宿处不是，只是个自私。为轮回生死，却为释氏之辞善遁，才穷著他，便道我不为这个，到了写在册子上，怎生遁得？且指他浅近处，只烧一文香，便道我有无穷福利，怀却这个心，怎生事神明?”①

伊川也讲理一分殊。其《答杨时论西铭书》云：“《西铭》明理一而分殊，墨氏则二本而无分。（老幼及人，理一也。）爱无差等，本二也。分殊之蔽，私胜而失仁；无分之罪，兼爱而无义。分立而推理一，以止私胜之流，仁之方也。无别而迷兼爱，至于无父之极，义之贼也。子比而同之，过矣。”②

张栻赞同伊川理一分殊之说：“盖爱敬之心由一本，而施有差等，此仁义之道所以未尝相离也。《易》所谓‘称物平施’，称物之轻重，而吾施无不平焉。此吾儒所谓理一分殊也。若墨氏爱无差等，即是二本。伊川先生《答杨龟山论西铭书》，当熟玩味。”③

南宋乾道八年壬辰（1172年），朱熹年四十三，著《西铭解》。一方面，朱熹赞周伊川以理一分殊解释张载《西铭》：“天地之间，理一而已。然乾道成男，坤道成女，二气交感，化生万物，则其大小之分，亲疏之等，至于十百千万而不能齐也，不有圣贤者出，孰能合其异而反其同哉！《西铭》之作，意盖如此，

① ［宋］程颢、程颐：《二程集》，中华书局1993年版，第195页。
② ［宋］程颢、程颐：《二程集》，中华书局1993年版，第609页。
③ ［明］黄宗羲：《南轩学案》，《宋元学案》卷五十，《黄宗羲全集》，第四册，浙江古籍出版社1985年版，第960页。

程子以为‘明理一而分殊’，可谓一言以蔽之矣。”“一统而万殊，则虽天下一家，中国一人，而不流于兼爱之弊；万殊而一贯，则虽亲疏异情，贵贱异等，而不梏于为我之私。此《西铭》之大指也。”但另一方面，朱熹进一步讲道：“观其推亲亲之厚以大无我之公，用事亲之诚以明事天之道，盖无适而非所谓分殊而推理一也，夫岂专以民吾同胞，长长幼幼为理一，而必默识于言意之表，然后知其分之殊哉！”[①] 这是由伦理之理一分殊而上升至本体论之理一分殊。理一分殊，一以贯之，成为朱子最基本的论理架构。

朱熹还认为，“理一分殊”通于禅宗的“月印万川”：

> 太极只是天地万物之理。在天地言，则天地中有太极；在万物言，则万物中各有太极。[②]
>
> 郑问：“‘理性命’章，何以下‘分’字？”曰：“不是割成片去，只如月映万川相似！”[③]
>
> 释氏云：“一月普现一切水，一切水月一月摄。”这是那释氏也窥见得这些道理，濂溪《通书》只是说这一事。[④]
>
> 盖体统是一太极，然又一物各具一太极。所谓“万一各正”，犹言“各正性命”也。[⑤]

（二）以体用说心

在宋明理学那里有一个重要的区分，那就是人心与道心，有时也被理解为情与性。理学家基本上以体用思维来处理二者之关系。就性情而言，张载说：“心统性情者也。”[⑥] 朱熹也明确主张

---

① ［宋］朱熹：《西铭解》，《朱子全书》，第13册，上海古籍出版社、安徽教育出版社2002年版，第145～146页。

② ［宋］朱熹：《朱子语类》，卷一，中华书局1986年版，第1页。

③ ［宋］朱熹：《朱子语类》，卷九十四，中华书局1986年版，第2409页。

④ ［宋］朱熹：《朱子语类》，卷第十八，中华书局1986年版，第398页。

⑤ ［宋］朱熹：《朱子语类》，卷第九十四，中华书局1986年版，第2409页。

⑥ ［宋］张载：《张载集》，中华书局1978年版，第374页。

心统性情说：“心主于身，其所以为体者性也；所以为用者情也。”① 台湾学者熊琬认为：

> 朱子发挥“心统性情”之说，其思想与《起信论》心具真如、生灭二门之说，岂不相近乎？近代大儒马一浮先生即主此说。其《尔雅台答问续篇》卷一“示张立民书”云：“《起信论》一心二门，方是横渠本旨。性是心真如门，情是心生灭门，心体即真如，离心无别有性，故曰唯一真如。”《续篇》卷二“求语二”云：“在起信论开一心二门，心真如门是性，心生灭门是情，此义甚明。”此种说法，其书中盖不一二见。②

就人心与道心而言，程颢曾说：“‘人心惟危’，人欲也。‘道心惟微’，天理也。‘惟精惟一’，所以至之。‘允执厥中’，所以行之。用也。”③ 朱熹接过程颢的话头说道：“只是这一个心，知觉从耳目之欲上去，便是人心；知觉从义理上去，便是道心。”④ 进而从理气二元的天道观出发说明了道心与人心之别的根据。“心之虚灵知觉，一而已矣，而以为有人心、道心之异者，则以其或生于形气之私，或原于性命之正，而所以为知觉者不同。”⑤ 朱熹虽然强调只是一个心，但在他的理论中道心与人心仍然分为并列的两物。或者更确切地说，道心与人心是两种不同的状态，彼此之间可以截然分开。明儒罗钦顺从理气一物、体用不二的立场出发对此提出了批评。“道心，性也；人心，情也。心一也，

---

① ［宋］朱熹：“答何叔京”，见朱熹：《朱子全书》，第22册，上海古籍出版社、安徽教育出版社2002年版，第1839页。

② 熊琬：《宋代理学与佛学之探讨（朱子理学与佛学之探讨）》，文津出版社1985年版，第194页。

③ ［宋］程颢、程颐：《二程集》，中华书局1993年版，第126页。

④ ［宋］朱熹：《朱子语类》，卷第七十八，中华书局1986年版。

⑤ ［宋］朱熹：《四书章句集注》，中华书局1983年版，第14页。

而两言之者，动静之分、体用之别也。”① “人心、道心只是一个心。道心以体言，人心以用言，体用原不相离，如何分得？”② 罗钦顺在批评朱熹的时候实际上已经表达了一种看法：性与道心对，为体；情与人心对，为用；体用不二，故性情不可分得，道心人心也不可分得。

跟罗钦顺类似，王船山也主张性与情、道心与人心不可分。在王船山那里，道心与人心的体用不二表现为“互藏其宅而交发其用”的态势。

王船山说：“心，统性情者也。但言心而皆统性情，则人心亦统性，道心亦统情矣。”③ 既然心统性情而心分道心人心，那么合乎逻辑的结论自然是：道心统性情，人心亦统性情。人心统情，道心统性——关于这一点似乎大家都同意，所以王船山特意强调了问题的另一方面：人心亦统性，道心亦统情。

人心统性情，道心统性情。但是，人心统性之“统”不同于人心统情之“统”，道心统情之“统”也不同于道心统性之“统”。“人心括于情，而情未有非其性者，故曰人心统性。道心藏于性，性抑必有其情也，故曰道心统情。性不可闻，而情可验也。”④ 从性情关系说，性隐而情显；性隐藏自身于情，同时又只在此隐藏中有其自身；情以自身表现性，同时又只在此表现中成其自身。人心括于情，情可以囊括人心，因为人心除显现为情之外别无他物。但无无性之情，因此人心统性。但毕竟不说“人心括于性”。道心藏于性，道心从性上说。但无无情之性，因此道心统情。但毕竟不说“道心藏于情”。用略显简化的方式来说，王船

① ［明］罗钦顺：《困知记》，中华书局 1990 年版，第 2 页。

② ［明］罗钦顺：《困知记》，中华书局 1990 年版，第 158 页。

③ ［明］王夫之：《尚书引义》，《船山全书》第二册，岳麓书社 1996 年版，第 261 页。

④ ［明］王夫之：《尚书引义》，《船山全书》第二册，岳麓书社 1996 年版，第 262 页。

山实际上认为：人心是情，道心是性；但情不离性，故人心亦统性；性不离情，故道心亦统情。

从直接的层面来说，人心是情。虽然道心是性，但性隐而情显，所以道心也要从情上明。因此，王船山接着便从情的层面论述人心与道心的关系：

> 今夫情，则迥有人心道心之别也。喜、怒、哀、乐，兼未发。人心也。恻隐、羞恶、恭敬、是非，兼扩充。道心也。斯二者，互藏其宅而交发其用。虽然，则不可不谓之有别已。①

何谓“互藏其宅而交发其用”？王船山解释说：“于恻隐而有其喜，于恻隐而有其怒，于恻隐而有其哀，于恻隐而有其乐，羞恶、恭敬、是非之交有四情也。于喜而有其恻隐，于喜而有其羞恶，于喜而有其恭敬，于喜而有其是非，怒、哀、乐之交有四端也。故曰互藏其宅。以恻隐而行其喜，以喜而行其恻隐，羞恶、恭敬、是非，怒、哀、乐之交待以行也。故曰交发其用。”②

“互藏其宅而交发其用”是一场显隐运作的游戏。道心发而为人心，人心显而道心隐，道心藏于人心之中；但道心除藏于人心之外别无所在，道心只在人心中显现并成其所是。因此，道心在人心中的隐藏同时就是显现。人心在遮蔽中显现道心。道心在显现中隐藏，在隐藏中显现，因为它就是隐藏着—显现着的东西。

在阐明道心与人心之内在关联的同时，王船山对于两者之别亦再三致意焉。因此紧接“斯二者，互藏其宅而交发其用”之后，王船山马上补充道：“虽然，则不可不谓之有别已。”道心

---

① ［明］王夫之：《尚书引义》，《船山全书》第二册，岳麓书社 1996 年版，第 262 页。

② ［明］王夫之：《尚书引义》，《船山全书》第二册，岳麓书社 1996 年版，第 262 页。

与人心“斯二者宅互藏而各有其宅，[1] 用交发而各派以发”[2] 道心与人心各有其不同的根据。道心乃天命之性，“继之者善”，“合于天命之流行，而物与以无妄”。[3] 人心则源自道心与外物的交感。“且夫人之有人心者，何也？成之者性，成于一动一静者也。……一动一静者，交相感者也。”[4] 在“感”的过程中，道心是体而人心为用。“当其感，用以行而体隐……用者用其体，故用之行，体隐而实有体。”[5] 在这样的体用关系中，道心之体占据支配性的地位。从王船山对“互藏其宅而交发其用”的论述来看，道心与人心并无体与用的主次之分。“交发其用”正意味着道心与人心可以交相为体交相为用。相形之下，当王船山论及道心人心之别的时候，则特别彰显了道心之于人心的优先性。

按此逻辑，容易导致性压倒心。实际上，王船山在辨析统性情之心与正心之心的时候，不自觉地仅仅着眼于性而忽视了情的存在。这一点，可以从下面这句话看得清楚：“盖曰‘心统性情’者，自其所含之原而言之也。”[6] 自其所原而言之者，只是性。于是，王船山紧接着“忘情”地说道，“乃性之凝也，其形见则身也，其密藏则心也。是心虽统性，而其自为体也，则性之所生，与五官百骸并生而为之君主，常在人胸臆之中，而有为者

① “宅互藏”《船山全书》作“藏互宅”，讹。从上下文来看，“交发其用”与“用交发”对，与之相应，“互藏其宅”当与“宅互藏”对。

② ［明］王夫之：《尚书引义》，《船山全书》第二册，岳麓书社 1996 年版，第 263 页。

③ ［明］王夫之：《尚书引义》，《船山全书》第二册，岳麓书社 1996 年版，第 264，263 页。

④ ［明］王夫之：《尚书引义》，《船山全书》第二册，岳麓书社 1996 年版，第 264 页。

⑤ ［明］王夫之：《尚书引义》，《船山全书》第二册，岳麓书社 1996 年版，第 264 页。

⑥ ［明］王夫之：《读四书大全说》，《船山全书》第六册，岳麓书社 1996 年版，第 400 页。

则据之为志。故欲知此所正之心，则孟子所谓志者近之矣。”[1]于另一处，王船山亦撇开情，仅从性说心：“夫此心引者按：即正心之心。之原，固统乎性而为性之所凝。”[2]

道心藏诸人心之用，用者著而藏微，所以说“道心惟微”。虽然如此，惟微之道心毕竟终古不去，担保着天命流行、物与无妄。“微虽微，而终古如斯，非瞥然乘机之有，一念缘起之无。故曰始显继藏，天命流行，物与无妄也。”[3]

道心终古不去。但与此并不矛盾的是，人有可能失去它。人失去道心，但道心仍在。终古不去的道心对人处于遮蔽的状态，于是人不觉其存在：道心仿佛不在了。在此意义上，人失去道心。失去道心的人在人生境界、或者说生存论状态上叫做“小人”。道心怎么会失去？弗思耳。“舍则失之者，弗思耳矣。无思而失，达天德而始知，介然仅觉之小人，告子、释氏。去其几希之庶民，所不得而见也。”[4] 孟子就已经说过，“仁义礼智，非由外铄我也，我固有之也，弗思耳矣。”（《孟子·告子上》）被王船山纳入只知人心而无见道心的小人之列的，不仅有告子、佛家，还包括陆王及阳明后学王畿、李贽。思呵护道心，守持“继之者善”。大哉，思也。

（三）一本万殊

集中表现理学的体用思想，除了上文分析的“理一分殊”之外，尚有“一本万殊”。《论语·里仁》“吾道一以贯之”一章，朱熹注：“盖至诚无息者，道之体也，万殊之所以一本也；

① ［明］王夫之：《读四书大全说》，《船山全书》第六册，岳麓书社 1996 年版，第 400 ~ 401 页。

② ［明］王夫之：《读四书大全说》，《船山全书》第六册，岳麓书社 1996 年版，第 401 页。

③ ［明］王夫之：《尚书引义》，《船山全书》第二册，岳麓书社 1996 年版，第 264 页。

④ ［明］王夫之：《尚书引义》，《船山全书》第二册，岳麓书社 1996 年版，第 262 页。

万物各得其所者，道之用也，一本之所以万殊也。以此观之，一以贯之之实可见矣。”[①] 这是从本体论上说。但体一用殊还可以就伦理实践上说。同章朱熹注即说：“圣人之心，浑然一理，而泛应曲当，用各不同。曾子于其用处，盖已随事精察而力行之，但未知其体之一尔。”[②] 本体论与伦理实践义又是相通的。朱熹说：“夫子之一理浑然而泛应曲当，譬则天地之至诚无息，而万物各得其所也。”[③]

如前所述，体用常常通于本末。用，末也；体，本也。然而，朱熹所言之本体与先秦之本体之间有相当大的差异。《论语·学而》第二章云：“君子务本，本立而道生。孝弟也者，其为仁之本与!”本末，根本与枝叶。根本，人之生理生机。体用之体之为“本”，在先秦思想中着重于本然、本源义。在此意义上，“本体—论”实乃关于本然之论。相形之下，程朱理学对《论语》此章的注疏所采用的本体论却“别有一番滋味”。朱熹《四书集注》引程子：“或问‘孝弟为仁之本，此是由孝弟可以至仁否?’曰：‘非也。谓行仁自孝弟始。孝弟是仁之一事。谓之行仁之本则可，[④] 谓是仁之本则不可。盖仁是性也，孝弟是用也。性中只有个仁、义、礼、智四者而已，曷尝有孝弟来?[⑤]’”[⑥] 仁是理，孝弟是事。仁之为本，乃是与现象相对之本体、与事相待之理。[⑦]

---

① ［宋］朱熹：《四书章句集注》，中华书局1983年版，第72页。

② ［宋］朱熹：《四书章句集注》，中华书局1983年版，第72页。

③ ［宋］朱熹：《四书章句集注》，中华书局1983年版，第72页。

④ 朱熹《论语集注》：“‘为仁’，犹曰‘行仁’。”程树德：“叶德辉《日本天文本论语校勘记》：足利本、唐本、津藩本、正平本均无‘为’字。”（程树德：《论语集释》，中华书局1990年版，第13页。）

⑤ 程树德指出，“明季讲家深诋之，谓与告子义外同病。清初汉学家诋之尤力。”（［清］程树德：《论语集释》，中华书局1990年版，第15页。）

⑥ ［宋］朱熹：《四书章句集注》，中华书局1983年版，第48页。

⑦ 关于朱熹的体用思想，可参见 David Gedalecia. Excursion into Substance and Function: The Development of the ti-yung Paradigm in Chu Hsi. *Philosophy East and West*, 1974，Vol. 24，no. 2，pp. 443-451。

“一本万殊”也是黄宗羲思想的基本命题。黄宗羲的“一本万殊”思想早已引起研究者的注意。1993年，国内较早的一部黄宗羲哲学研究专著《一本万殊：黄宗羲的哲学与哲学史观》面世。作者李明友在绪论中认为，作为一条基本线索，“一本万殊”贯穿黄宗羲整个哲学体系，它既是黄宗羲的宇宙论、心性论，又是黄宗羲的认识论和哲学史观。然而，正文所着重阐述的，只是黄宗羲“一本万殊”的学术史观（第六章）。作者还交代，以“一本万殊”概括黄宗羲的学术史观，可以追溯到冯契的《中国古代哲学的逻辑发展》。① 2000年，张学智所著《明代哲学史》也认为：“一本万殊是黄宗羲的根本思想，这一思想贯彻在他包括哲学史方法论在内的一切方面。”②不过，与李明友的著作相似，张学智的著作仅仅具体论述了哲学史方法论：“‘一本’，从宇宙本体着眼，即道，即太极，即宇宙总法则；从学术史着眼，即文化精神、学术统绪、人文关怀。‘分殊’即各时代有建树、能代表其在学术发展成就的各个思想体系。”③ 在黄宗羲那里，“一本万殊”如何贯穿于整个哲学体系，它又有怎样的哲学意蕴？这些问题似乎仍有继续探索的必要。

1. 一本：相通以气

如所周知，黄宗羲从刘宗周那里接受了一个基本命题：“盈天地间皆气也。”④ 在这里，气获得了本体的地位。早在先秦时

---

① 李明友：《一本万殊：黄宗羲的哲学与哲学史观》，人民出版社1993年版，第140页。

② 张学智：《明代哲学史》，北京大学出版社2000年版，第466页。

③ 张学智：《明代哲学史》，北京大学出版社2000年版，第480页。

④ ［明］黄宗羲：《明儒学案》卷六十二，《黄宗羲全集》第八册，浙江古籍出版社1985年版，第890页。值得注意的是，“盈天地间皆气也”是黄宗羲用来概述刘宗周思想、而非直接表达自己思想的一个提法。

代，“气”就成为重要的哲学范畴。《庄子·知北游》曾说：“通天下一气耳”。宋明时期，持气本论的学者更不在少数，知名者如张载、罗钦顺、王廷相，名气不大者如王门后学唐鹤征、蒋信等。[①] 唐鹤征认为：“盈天地间一气而已，生生不已皆此也。干元也，太极也，太和也，皆气之别名也。”[②] 蒋信也说：“宇宙只是一气，浑是一个太和。”[③] 又，黄宗羲所辑《子刘子学言》卷二：“盈天地间一气也，气即理也。天得之以为天，地得之以为地，人物得之以为人物，一也。”[④] 可以说，黄宗羲的气本论直承刘宗周。另一方面，这也提示了气本论的理学论域：理气关系。黄宗羲非常赞赏罗钦顺基于气本论对朱熹理气观的批评：“先生之论理气，最为精确。谓：通天地，亘古今，无非一气而已。……（理）初非别有一物，依于气而立，附于气而行也。”[⑤] 朱熹的理先气后说，其症结在于以理为实体，罗钦顺的批评即针对此。[⑥]

就哲学意蕴而言，黄宗羲的气本论强调人与物一本相通。如果说，“盈天地皆气也”侧重于静态的陈述，那么，动态地看，

---

① 陈来认为，明代中期以来“气”的观念越来越受重视，“在某一意义上已显现出‘气学的儒学’阶段，即在哲学上‘气’成为本源性的基础概念。”（陈来：《诠释与重建：王船山哲学的精神》，北京大学出版社 2004 年版，第 21 页，注 40。）

② ［明］黄宗羲：《明儒学案》卷二十六，《黄宗羲全集》，第七册，浙江古籍出版社 1985 年版，第 702 页。

③ ［明］黄宗羲：《明儒学案》卷二十八，《黄宗羲全集》，第七册，浙江古籍出版社 1985 年版，浙江古籍出版社，1985 年，第 734 页。

④ ［明］黄宗羲：《黄宗羲全集》，第一册，浙江古籍出版社 1985 年版，第 306 页。

⑤ ［明］黄宗羲：《明儒学案》卷四十七，《黄宗羲全集》，第八册，浙江古籍出版社 1985 年版，第 408 页。

⑥ 关于理的实体化问题，可参见本书第三章第二节。

则“天地间只有一气充周，生人生物。”[①] 充盈天地之气所担保的，不仅是任一瞬间天地间万物的畅通，而且是古今不同瞬间之天地的相互通达。黄宗羲非常赞赏罗钦顺的如下观点：“通天地，亘古今，无非一气而已。”[②] 通天地古今一气，气是人与万物一体的源头——反言之，人与万物一体的源头被命名为“气”，“气”结晶着对人与万物一体的经验。气“视之无形”。这是说，气不同于具体的形质，超乎视觉之外。[③] 虽然如此，我们仍然可能感知到它的在场。我们不用眼睛看到“紧张的空气”，而用整个身体碰触到它弥漫性的迫近。借用“紧张的空气”，我们将自己与周遭世界交际互动的一种特定态势带入语言。黄宗羲从一个特定的角度论及人与物以气贯通、相与鼓荡：“文人与山水相为表里，岂故标致以资谈助也？其相通之处，非徒有精灵，实显体状，此酬彼答，不殊形影。昧者以为山川不能语，藉语于文人。文人亦无不喜游山川，岂其然乎？”[④] 这是从文人与山水的关系体察到人与物同源相通，互为表里，此酬彼答。

---

① ［明］黄宗羲：《孟子师说》卷二，《黄宗羲全集》，第一册，浙江古籍出版社 1985 年版，第 60 页。按黄宗羲自述，《孟子师说》贯彻的是刘蕺山的学说：“羲读《刘子遗书》，潜心有年，粗识先师宗旨所在，窃取其意，因成《孟子师说》七卷，以补所未备。”（《孟子师说》题辞，《黄宗羲全集》，第一册，浙江古籍出版社 1985 年版，第 48 页。）但是，如果考虑到刘蕺山身后刘学之分化，《孟子师说》与其说贯彻了蕺山思想，倒不如说体现了黄宗羲所理解的蕺山思想，实际上也就是黄宗羲本人所尊奉坚持的思想。全祖望即把《师说》视为黄宗羲的作品。（《跋黄梨洲孟子解》，《鲒埼亭集外编》卷二十七）此外，《师说》题辞所云“成说在前，此亦一述朱，彼亦一述朱”，多少隐含了对恽仲升等其他蕺山弟子的朱子学倾向的批评。关于刘学分化，可参见王泛森：《晚明清初思想十论》，复旦大学出版社 2008 年版，第七章“清初思想趋向与《刘子节要》——兼论清初蕺山学派的分裂”。

② ［明］黄宗羲：《明儒学案》卷四十七，《黄宗羲全集》，第八册，浙江古籍出版社 1985 年版，第 408 页。

③ 杨国荣教授指出，黄宗羲区分气与质，发展了刘宗周的气论。（参见杨国荣：《王学通论——从王阳明到熊十力》，华东师范大学出版社 2009 年版，第 174 页。）

④ ［明］黄宗羲：《靳熊封游黄山诗文序》，《黄宗羲全集》，第十册，浙江古籍出版社 1985 年版，第 101 页。

依照现代科学所提供的世界观，人与天地万物一体同源的理解乃是前现代的原始思维所制造的蒙昧幻象。现代科学对旧世界的祛魅曾经是令人陶醉的伟大成就，然而，面对日益迫人的消极后果，人类不得不从忘乎所以的迷狂中清醒过来，心生疑虑：或许人类需要开始针对现代科学的祛魅工作？在此背景之下，中国古典哲学的人物一体观的意义，在于展示了理解人物关系的另一种可能性：人庇护物，物庇护人，人与物同气一体，惺惺相惜。相形之下，现代科学则将物对象化、客体化。对象化，物成为对立之象；客体化，人为主而物为客。主人可以作主，宾客居于外在、依辅的地位。好客的主人对客人说："不要把自己当成客人，不要见外。"这恰恰意味着，客人首先是、通常是外人。在主人的地盘，种种事务，客随主便，听从主人的安排。客人居于被安排的地位。"宾至如归"之所以表达着某种良好的意愿，恰恰因为宾至如归不是正常的情形。"金窝银窝不如自己的狗窝"，在别人家里总有一种不自在。甚至，"宾至如归"之"如"已经表达了"宾"与"归（在家）"之间的差距与紧张。但是，按照黄宗羲的体察，"天地间只有一气充周，生人生物"——天地是人的家园，同时也是物的家园。"地球是人类的家园"，这一流行的口号无疑表达了一种对以征服自然为己任的现代世界观的反思，但是，它似乎尚未意识到：地球只有在成为物的家园的同时，才能成为人类的家园。

2. 万殊：从人物之别到人禽之辨

当然，一本仅仅是人物关系的一个方面。天地生人生物的过程也就是气化流行："天以气化流行而生人物。"① 气化呈现出"一本万殊"的态势："人有人之性，物有物之性，草木有草木之性，金石有金石之性，一本而万殊。如野葛鸩鸟之毒恶，亦不

① ［明］黄宗羲：《孟子师说》卷四，《黄宗羲全集》，第一册，浙江古籍出版社 1985 年版，第 111 页。

可不谓之性。孟子性善，单就人分上说。”[1] 此物之性不同于彼物之性，因为它们具有不同的规定；人性不同于物性，因为人、物具有不同的规定。那么，人的规定何在？在于孟子意义上的善。

黄宗羲编撰《明儒学案》，论衡明代儒学思想，特别重视学者“自用得着”的独到之见。黄宗羲以同样的尺度审视自己的学术成就，认为自己“老而无闻，然平生心得，为先儒之所未发者，则有数端。”[2] 其中第一点，就是性论：

> 其言性也，以为阴阳五行一也，[3] 赋于人物，则有万殊，有情无情，各一其性，故曰“各正性命”，以言乎非一性也。程子言“恶亦不可不谓之性”是也。[4]

“性”可以在两种不同的意义上使用：一方面，人与物都源自阳明五行的气化流行，就此而言，“性”刻画一本，刘宗周曾在此意义上说，“性”乃“相通以类万物之情”[5]；另一方面，“性”被理解为人与物、此物与彼物相互区别的标识，就此而言，性标识万殊。黄宗羲认为，如果不分别“性”之二义，就会陷入告子、禅宗那样误入歧途：

> 告子唯以阴阳五行化生万物者谓之性，是以入于儱侗，已开后世禅宗路径。……盖天之生物万有不齐，其质既异，则性亦异，牛犬之知觉，自异乎人之知觉，浸假而草木，则

① ［明］黄宗羲：《孟子师说》卷三，《黄宗羲全集》，第一册，浙江古籍出版社1985年版，第77页。

② ［明］黄宗羲：《万公择墓志铭》，《黄宗羲全集》，第十册，浙江古籍出版社1985年版，第517页。

③ “也”，《黄宗羲全集》本作“世”，似讹。

④ ［明］黄宗羲：《万公择墓志铭》，《黄宗羲全集》，第十册，浙江古籍出版社1985年版，第517页。

⑤ ［明］黄宗羲：《孟子师说》卷三，《黄宗羲全集》，第一册，浙江古籍出版社1985年版，第78页。

> 有生意而无知觉矣；浸假而瓦石，则有形质而无生意矣。若一概以儱侗之性言之，未有不同人道于牛犬者也。狼贪虎暴，独非性乎？然不可以此言人。人则惟有不忍人之心，纯粹至善。①

就“性”而言，“一概以儱侗之性言之”正是忽略了殊“性”，无视人与物之间的差别，其结果，则是像告子、禅宗那样“同人道于牛犬者”——这是一个非常严厉的批判：混淆人禽之辨，没有保持人之所以为人的独特之处，以至于人没有人样。至少从孟子开始，人禽之辨就成了儒学传统的一个重要论题。它的关注点，与其说是人与禽兽之间的差异，倒不如说是人自身的两种不同存在样态，一种是可欲的应然状态，一种是不可欲的堕落状态。“禽兽”不是实指某种生物学意义上鸡鸭牛犬，而是意谓人自身的堕落蜕变状态。从人物之别到人禽之辨，黄宗羲突出“性”之万殊，其用意乃是强调，人性区别于物性的独特之处在于纯粹至善的不忍人之心。作为正面的价值，善无疑首先涉及道德之域。黄宗羲进而强调：

> 夫性之为善，合下如是，到底如是，扩充尽才，而非有所增也，即不加扩充尽才，而非有所减也。不为尧存，不为桀亡，到得牿亡之后，石火电光，未尝不露，才见其善，确不可移，故孟子以孺子入井呼尔蹴尔明之，正为是也。若必扩充尽才，始见其善，不扩充尽才，未可为善，焉知不是荀子之性恶，全凭矫揉之力，而后至于善乎？②

性善不是一个经验判断，事实层面的扩充尽才与否、显露牿亡与否都不影响性善之为性善。性善是先天必然的自为存在，不增不

① ［明］黄宗羲：《孟子师说》卷六，《黄宗羲全集》，第一册，浙江古籍出版社 1985 年版，第 133 页。

② ［明］黄宗羲：《与陈干初论学书》，《黄宗羲全集》，第十册，浙江古籍出版社 1985 年版，第 159 页。

灭，“合下如是，到底如是”。从道德的面向理解人的类本质，并且对人的至善本性深信不疑，这一点可以说构成了从先秦思孟学派至宋明儒学的基本精神取向。

3. 一本万殊的深化：“心即气之灵处”

一方面，人与物以气相通，另一方面，人区别于物的特别之处在于之心，那么，心与气是何种关系？黄宗羲述楚中王门蒋信之学，“心是气。生生之心便是所言天命之性，岂有个心，又有个性？”① 又述刘宗周之学：“盈天地皆气也，其在人心，一气之流行。”② 他直承师说，提出了“心即气之灵处”的基本观点：

> 天地间只有一气充周，生人生物。人禀是气以生，心即气之灵处，所谓知气在上也。心体流行，其流行而有条理者，即性也。犹四时之气，和则为春，和盛而温则为夏，温衰而凉则为秋，凉盛而寒则为冬，寒衰则复为春，万古如是，若有界限于间，流行而不失其序，是即理也。理不可见，见之于气；性不可见，见之于心；心即气也。③

“心即气”，这里的虚词“即”意味着心与气的等同关系吗？“理不可见，见之于气；性不可见，见之于心；心即气也。”这里论及心性关系与理气关系。在理气观上，黄宗羲反对理在气外说，主张理是气化的条理。与此相应，在心性问题上，主张性即心体流行过程中呈现出来的条理，而不是心之外的实体。性心关系与理气关系同构，气在理气关系中的位置，相当于心在心性关系中的位置。在此意义上，黄宗羲说，“心即气也”。不过，这一表

---

① ［明］黄宗羲：《明儒学案》卷二十八，《黄宗羲全集》，第七册，浙江古籍出版社 1985 年版，第 729 页。

② ［明］黄宗羲：《明儒学案》卷六十二，《黄宗羲全集》，第八册，浙江古籍出版社 1985 年版，第 890 页。

③ ［明］黄宗羲：《孟子师说》卷一，《黄宗羲全集》，第一册，浙江古籍出版社 1985 年版，第 60 页。

达特别容易引发一种误解：心是气那样的质料或实体。[①] 气为实，心则虚。理气与心性固然有相似的同构关系，但气是质料，而心非质料。身（或者说，腔子）才是气化而成的形质，心则是身（腔子）这一特定形质的作用，此种作用所体现的条理，就是人之性。黄宗羲一方面把心的作用过程称为“心体流行”，但另一方面，或许因为觉察到“心体”的说法隐含实体化倾向，而实体化又往往与现成性联系在一起，他又特别强调“心无本体”[②]。

基于上述理解，我们还可以在心不离气的意义上说“心即气”：“人受天之气以生，只有一心而已，”[③] 人禀气而生，人生而有心，心作为气化的一种特定“完形”（Gestalt），也就是身（腔子）的作用，离不开气。[④] 这里包含的另一层意思则是，不能仅仅在“气”的意义上理解“心”，后者具有更丰富的内涵，也就是黄宗羲所说的“灵”。在黄宗羲之前，蒋信也曾用“灵”来说明心是精微之气：“心亦是气，虚灵知觉，乃气之至精者耳。”[⑤] 精微之气是灵气，它不同于昏浊之气：“气而不灵，则昏浊之气而已。”[⑥]

---

① 比如，张学智认为：“心是一个表征能活动的实体、表征特殊的物质构成的概念。”“心是气之灵处，二者是同质的东西的两种状态。”（张学智：《明代哲学史》，北京大学出版社 2000 年版，第 463 页。）

② ［明］黄宗羲：《明儒学案原序》，《黄宗羲全集》，第一册，浙江古籍出版社 1985 年版，第 77 页。

③ ［明］黄宗羲：《明儒学案》卷四十七，《黄宗羲全集》，第八册，浙江古籍出版社 1985 年版，第 408 页。

④ 在中国古典文献中，“即”等虚词的哲学意蕴值得关注。参见 Liu Liangjian. Review of Wu Zhen's *On Thaizhou School*. *Dao: A Journal of Comparative Philosophy*, 2011, Vol. 10, No. 4, pp. 571-573。

⑤ ［明］黄宗羲：《明儒学案》卷二十八，《黄宗羲全集》，第七册，浙江古籍出版社 1985 年版，第 731 页。

⑥ ［明］黄宗羲：《孟子师说》卷一，《黄宗羲全集》，第一册，浙江古籍出版社 1985 年版，第 62 页。

那么，何谓“灵”？灵与知密切相关：“心即气之灵处，所谓知气在上也。”黄宗羲还说：“知者，气之灵者也。”[①] 知显然不是知觉。前面谈道，“牛犬之知觉，自异乎人之知觉”。黄宗羲区分了“知觉”与“知觉中之灵明”。[②] 知是灵明。更具体地说：

> 一点灵明，所谓“道心惟微”也。[③]
>
> 人之灵明，恻隐羞恶辞让是非，合下具足，不囿于形气之内。禽兽之昏浊，所知所觉，不出于饮食牡牝之间，为形气所锢。原是截然分别。[④]
>
> 人道之大，不在经纶参赞，而在空隙之虚明。其为几希者此也。[⑤]

在人物之别、人禽之辨的视域中，灵明被规定为“道心”、“恻隐羞恶辞让是非”之心。它是人的不忍人之心、良心、良知或道德本心。人是道德的生命体，道德本心赋予人殊出于万物的地位。人具有朝着不同的可能形态开展的未定性：人应当好好做人，但也可能沦为禽兽。究竟朝何种形态演变，其关节点就在于道德本心。儒学对人之至善本性的深信不疑，现在转化为对良心良知的信仰：“天命至精，些少着不得人为。故人在陷溺之中，凭他捕噬纷夺，此一点良心，毕竟自要出头。”[⑥] 就此而言，黄宗羲

---

① ［明］黄宗羲：《孟子师说》卷一，《黄宗羲全集》，第一册，浙江古籍出版社1985年版，第62页。

② ［明］黄宗羲：《孟子师说》卷四，《黄宗羲全集》，第一册，浙江古籍出版社1985年版，第112页。

③ ［明］黄宗羲：《孟子师说》卷四，《黄宗羲全集》，第一册，浙江古籍出版社1985年版，第111页。

④ ［明］黄宗羲：《孟子师说》卷四，《黄宗羲全集》，第一册，浙江古籍出版社1985年版，第111页。

⑤ ［明］黄宗羲：《孟子师说》卷四，《黄宗羲全集》，第一册，浙江古籍出版社1985年版，第111页。

⑥ ［明］黄宗羲：《孟子师说》卷六，《黄宗羲全集》，第一册，浙江古籍出版社1985年版，第138页。

坚持了阳明心学的进路。

通过人禽之辨，儒学实际上强调了：人对于自身存在的存在样态有着不可推卸的责任。

4. 心气互证与儒学精神

前面提到“心即气之灵处”的一层涵义：气化生身（腔子），而心为身（腔子）之用。黄宗羲提出了“身在心中”的说法：

> 程子言心要在腔子里，腔子指身也。……愚则反之曰“腔子要在心里”。今人大概止用耳目，不曾用心。识得身在心中，则发肤经络，皆是虚明。①

所谓“身在心中”，也就是“满腔子皆恻隐之心”，全身的每一毛孔都能够感知痛痒：

> 满腔子皆恻隐之心。以人身八万四千毫窍，在在灵通知痛痒心，便是恻隐之心。②

《孟子·离娄上》：“仁，人之安宅也。”黄宗羲解释说：

> 仁，人心也。常人心在身中，所居血肉之内，如何得安？仁者，身在心中，藏身于密，祸患不至，故为“安宅”。③

常人心在身中，对他来说，心之灵明所能抵达的边界便是一己的血肉之躯。与此相反，仁者身在心中，对他来说，发肤经络皆是虚明，人身八万四千毫窍在在灵通知痛痒心，心之灵明发挥到极

① ［明］黄宗羲：《孟子师说》卷六，《黄宗羲全集》，第一册，浙江古籍出版社1985年版，第139页。

② ［明］黄宗羲：《孟子师说》卷二，《黄宗羲全集》，第一册，浙江古籍出版社1985年版，第68页。

③ ［明］黄宗羲：《孟子师说》卷四，《黄宗羲全集》，第一册，浙江古籍出版社1985年版，第93页。

至，畅达无碍，超乎一己之躯，与天相通，与物同体，天地万物成为处身之所，这就是所谓的“藏身于密”。孟子曾经说过：“万物皆备于我矣。反身而诚，乐莫大焉。”对此，黄宗羲解释说：

> 盈天地间无所谓万物，万物皆因我而名。如父便是吾之父，君便是吾之君，君父二字，可推之为身外乎？然必实有孝父之心，而后成其为吾之父；实有忠君之心，而后成其为吾之君。此所谓“反身而诚”，才见得万物非万物，我非我，浑然一体。此身在天地间，无少欠缺，何乐如之？①

“万物皆因我而名”，人与万物首先在语言的层面相与交际。然而，唯有反身成诚，才见得万物不是在我之外的“名义”上的万物，我也不是在万物之外的“名义”上的我，从而亲证“身在天地间”。“在……之间”所标识的，不是我与世界的空间关系，而是二者的内在意义关联：我与世界生长在一起，浑然一体，人物天地原本一气相通。万物皆备于我，无少欠缺，乐莫大焉。这种与体察人与天地万物浑然一体相伴随的极乐接近于一种准宗教的体验，没有这种无与伦比的灵魂之欣悦，恐怕很难从根本上安顿人生在世的生存意境。作为儒学生存意境筹划的根基，道德本心一开始便带有超越的维度：它绝不限于人伦人际的贯通，而是一直上行至天地万物的贯通。

当然，在现实层面上，人却非必然地亲证一气相通。“人自有生以后，一呼一吸，尚与天通，只为私欲隔碍，全不成天地之气耳。岂有到人身上，便自不全？”② 私欲导致蔽与隔。如何祛除私欲的隔碍，从而认识到相通的本然状态，便成了良知的使

① ［明］黄宗羲：《孟子师说》卷七，《黄宗羲全集》，第一册，浙江古籍出版社1985年版，第149～150页。

② ［明］黄宗羲：《孟子师说》卷一，《黄宗羲全集》，第一册，浙江古籍出版社1985年版，第65页。

命。“覆载之间，一气所运，皆同体也。何必疾痛疴痒，一膜之通，而后为同耶？……人心无不仁，一念之差，惟欲独乐。”① 不忍人之心克服“一念之差”所导致的遮蔽，觉知一气同体、痛痒相关的实情。觉知一气同体构成了良知之为良知、不忍人之心之为不忍人之心的实质。这时，我们可以看到“心即气之灵处”这个命题新的内涵：从气到心意味着天地万物的一气相通从本然状态转变为道德明觉状态。就本然状态而言，我们可以说“盈天地皆气”；就道德明觉状态而言，则可以说“盈天地皆心”。② 人之心能够对一气相通、人物一本有所明觉，正是这一点构成了人之为人的殊性。进一步看，“心即气之灵处”意味着心气互证，即心与气的相互确证：心确证气，因为不忍人之心将一气相通带入道德明觉状态；气确证心，因为一气相通构成了不忍人之心之所以可能的本体论根据。

心与气相互确证，这一点蕴含着深刻的道德认识论意义：气担保了道德主体（我，心）与道德客体（物，天地万物）的同源性，而这一同源性进而担保了作为道德主体之认识成果的“人心之理”与作为道德客体之属性的“天地万物之理”相互吻合的可能性：“孟子言万物皆备于我，言我与天地万物一气相通，

---

① ［明］黄宗羲：《孟子师说》卷一，《黄宗羲全集》，第一册，浙江古籍出版社 1985 年版，第 52 页。

② 黄宗羲既讲“盈天地皆心”，又讲“盈天地皆气”，两者是什么关系？在唯物/唯心的诠释框架之外，一些学者引入意义世界或意义结构予以解说。比如，刘述先解释说，“盈天地皆心”，因为世界是相对于我的意义结构，如果脱离了心，天地万物即不成其为天地万物；气之凝聚为物，物之本体为理，这一切都得通过心而形着。故“盈天地皆心”与“盈天地皆气”为一体之两面。（参见刘述先：《黄宗羲心学的定位》，浙江古籍出版社 2006 年版，第 64 ~ 71 页。此书的台湾版出版于 1986 年。）更为晚近的讨论可以参见程志华的论文《“自然视界”与意义世界——关于黄宗羲“盈天地皆气”与“盈天地皆心”关系的新诠》，《河北大学学报》2005 年第 5 期。有必要强调的是，与“盈天地皆心”相应的意义世界或意义结构是道德性的意义世界或意义结构。

无有碍隔。故人心之理，即天地万物之理，非二也。”[1] 天地万物是自然，人心亦是自然的一部分，人心之理合乎天地万物之理，天地万物之理合乎人心之理，这是自然的预定和谐。另一方面，天地万物之理既是人心之所知，又是因人心之能知而获得对象化呈现。理与心的这种源始统一，简单地说，就是“心即理”。这正是阳明心学的基本主张，黄宗羲对此给予了高度评价：

> 夫自来儒者，未有不以理归之天地万物，以明觉归之一己。歧而二之，由是不胜其支离之病。阳明谓良知即天理，则天性明觉只是一事，故为有功于圣学。[2]

刘述先指出，朱子以所有直贯式的思路为禅，“为了与禅分疏，他感到有必要建立超越的性体，乃形成了他理气二元不离不杂之架构。至阳明乃以之为支离，而倡心即理、知行合一之说。就这一点来说，蕺山、梨洲继承了阳明的思想。”[3] 在黄宗羲那里，就本体而言，心即理；就工夫而言，尽心即穷理。

尽心与穷理两个层面彰显了儒学倡导的修身实践之为实学：尽心，所学所习出于德性又归于德性，儒学为“实有诸己”之学；穷理，德性的提升离不开对天地万物之理的探究，儒学为寻求“实理”之学。就儒学的古代形态而言，穷理的范围，固然在原则上无所不包，“上而无极、太极，下而至于一草、一木、一昆虫之微”[4]，但主要还是限于道德之域。随着人类生活形式的现代转型，生活领域日益复杂化，新的生活领域层出不穷。这是当代儒学必须研究的基本问题之一。比如，科学研究能否下学

---

① ［明］黄宗羲：《明儒学案》卷二十二，《黄宗羲全集》，第七册，浙江古籍出版社 1985 年版，第 593 页。

② ［明］黄宗羲：《答万充宗论格物书》，《黄宗羲全集》，第十册，浙江古籍出版社 1985 年版，第 201 页。

③ 刘述先：《黄宗羲心学的定位》，浙江古籍出版社 2006 年版，第 74 页。

④ ［宋］朱熹：《朱子语类》，卷第十五，中华书局 1986 年版，第 295 页。

而上达，冷静超然的理论沉思能否、如何上接生命之学？技术活动如何参赞天地之化育，呵护天人之际？[①]

另一方面，即使仅就道德之域而言，当代儒学也面临新的穷理任务。古代儒学研究以礼为主要表现形式的典章制度，标举“三纲五常”为人道之大经。“三纲”是基本人伦关系，而“五常”则是与此相应的核心价值观。在现代生活形式之下，有哪些基本人伦关系？儒学能否提出与之相应的核心价值观，而它们既与儒学传统价值观的深层内核相一致，又能为人类其他文化形态所接纳？比如，现代民族国家之间基本上遵循力的原则，诉诸军事实力、经济实力，或者政治影响力、文化软实力。在此情形之下，儒学提倡的王道能否成为新的天下秩序？民族国家内部，最基本的政治关系从君臣转变为民主。与之相应，国家治理的法治能否沟通传统儒学的德治？公民与国家、公民与政府、公民与公民构成何种人伦关系？在经济领域，活动的主体是否必然遵循经济人假设与功利主义原则？卖方与顾客构成何种人伦关系？“单位人”已成为工作之时人的基本形态，与此相应，员工与单位之间、同事与同事之间是何种人伦关系？在宋明儒学那里，核心价值观“仁义礼智”是天道之本然与人道之当然，它们因为是不言而喻的天理而成为人所共循的公理。然而，在人类不同文化传统亲密共在的当下，似乎并没有某种观念可以不言而喻地成为人类共通的核心价值观，它们的成立也许必须首先通过对话成为公理，从而由公理上升为天理。然而，理一而分殊，万殊而一本是否可能？

三、对体用思维的反思与辩难

明清易代，中国历史发生了重大的变迁，黄宗羲称之为“天

① 实际上，黄宗羲倡导“经纬天地”的豪杰人格、强调事功、重视工商等不同的存在畿域，这些都表征着非道德之维在明清之际的新发现。

崩地解”的时代。变迁不仅表现为朝代的兴亡更迭，而且在更深刻的意义上展开于经济、文化等各个层面。新的经济因素的滋长以及市民阶层的兴起，农民对传统社会秩序的“武器批判”，西学的东渐，以及清军入主中原引发的民族矛盾激化，如此等等，造成了空前的社会震荡。值此之际，黄宗羲、顾炎武、王夫之、方以智、陈确、傅山、李颙、唐甄等大批思想家应运而起。他们在时代巨变的背景下，对中国传统思想尤其是儒学思想进行了深入的反思、总结与转换。其中，一些敏锐的思想家将批判的矛头指向了宋明理学基本的运思范式，即体用思维。比如，李塨讨论了宋儒将体用分开的错误：

> 伏羲以至孔孟，言道已尽，后学宜世世守之，不可别立名目，一立辄误，如宋人道分体用其一也。以内为体，外为用；自治为立体，及人为致用；明明德立全体，亲民致大用。然质之圣经，不如此离析也。心之官则思，思非用乎？自治而行仁布义，致孝尽弟，不见于用乎？临民之道德庄莅，非立体乎？故《经》有以形体为体者，如《易》云“正位居体，阴阳有体”，《孟子》曰“四体”是也。有以作用为体者，《中庸》曰“体物体群臣”，《易》曰“乾坤合德以体天地之撰”是也。公孙丑谓子夏、子游皆有圣人之一体，颜渊、闵子骞具体而微，体谓德行、政事、言语、文学也。体，即具用也；用，用其体也。乃后儒曰：“有有体无用，是谓人有手足而无持行也，则痿手废足，不可言体矣？”又曰：“有有用无体，是谓人能持行而无手足也，不可以何者持行乎？”无此事矣。①

在李塨之前，顾炎武（亭林）与李颙（李二曲）曾就“体用”展开了往复辩难。李二曲认为，“体用”二字出于佛书。北

① ［清］李塨：《李塨文集》，卷十三，陈山榜，邓子平主编，河北教育出版社2011年版，第845页。

宋学者即有此看法。晁说之认为："体用所自，乃本乎释氏。"（《宋元学案》卷二十二）顾炎武不以为然，一方面承认自晋、宋以下中土论著始言体用，另一方面又强调体用之论袭自儒家经典。儒家言体用，有天地之体，有人事之体用。亭林致二曲函：

> 承教，谓"体用"二字出于佛书，似不然。《易》曰：阴阳合德而刚柔有体。又曰：显诸仁，藏诸用。此天地之体用也。《记》曰：礼，时为之，顺次之，体次之。又曰：降兴上下之神，而凝是精粗之体。又曰：无体之礼，上下和同。有子曰：礼之用，和为贵。此人事之体用也。……经传之文，言体用者多矣，未有对举为言者尔。晋、宋以下，演之为论，始有此字。①

李二曲争辩说，"《系辞》暨《礼记》'礼者，体也'等语，言体言用者固多，然皆就事言事，拈体或不及用，语用则遗夫体，初未②尝兼举并称。如内外、本末、形影之不相离，有之实自佛书始"③。因此，所谓"体用"二字出于佛书，乃指"体用"二字并举自佛书始。当然，顾炎武说，"经传之文，言体用者多矣，未有对举为言者尔。"顾炎武承认体用对举不见于经传，但他并不认为这是一个要紧的问题。但是，二曲之所以特别强调二字之兼举，推衍其意，大概是说，只有"兼举并称"才意味着体用范畴之成立。从儒学典籍来看，"体用二字相连并称，不但六经之所未有，即十三经注疏亦未有也。以之解经作传，始于朱子，一见于'未发'节④，再见于'费隐'⑤暨'一贯忠

① ［清］顾炎武：《与李中孚手札》，《顾亭林诗文集》，中华书局1983年第2版，第241页。

② 《二曲集》作"夫"，误。

③ ［清］李颙：《二曲集》，中华书局1996年版，第149页。

④ 朱熹《中庸章句》解此节"中也者，天下之大本也；和也者，天下之达道也"："大本者，天命之性，天下之理皆由此出，道之体也。达道者，循性之谓，天下古今之所共由，道之用也。"

⑤ 朱熹《中庸章句》注"费而隐"："费，用之广也。隐，体之微也。"

恕’章，[1] 其《文集》、《语类》二编，所载尤不一而足”[2]。

二曲进一步认为，体用并举始于慧能：“西来佛书虽无此二字，而中国佛书，卢惠能始标此二字。”惠能，禅林之所谓六祖也，[3] 其解《金刚经》，以为“金者，性之体；刚者，性之用”[4]。又见于所说《法宝坛经》，敷衍阐扬，谆恳详备”[5]。对此，顾炎武提出异议，认为体用二字并举不是始于佛家之慧能，而是始于道家之魏伯阳。他说：“然体用二字并举而言，不始于此。魏伯阳《参同契》首章云：‘春夏据内体，秋冬当外用。’伯阳，东汉人也，在惠能之前。是则并举体用始于伯阳，而惠能用之，朱子亦用之耳。朱子少时尝注《参同契》……不可以朱子为用惠能之书也。”[6] 二曲反驳说：

① 《论语·里仁》“吾道一以贯之”一章，朱熹注：“盖至诚无息者，道之体也，万殊之所以一本也；万物各得其所者，道之用也，一本之所以万殊也。以此观之，一以贯之之实可见矣。”

② ［清］李颙：《二曲集》，中华书局 1996 年版，第 150 页。然亭林书批评二曲：“《中庸章句》‘体用’之云，则已见于‘喜怒哀乐’一节，非始于‘费隐’章也。”（［清］李颙：《二曲集》，中华书局 1996 年版，150 页。）依此，则二曲书中不当有“一见于‘未发’节”之论。

③ 二曲为亭林扫盲启蒙也。亭林自称不观佛书：“生平不读佛书，如《金刚经解》之类，未曾见也。”（［清］顾炎武：《与李中孚手札》，《顾亭林诗文集》，中华书局 1983 年第 2 版，第 242 页。）对于亭林不屑于读佛典的倨傲态度，二曲委婉地反驳说：“不读佛书固善，然吾人只为一己之进修，则《六经》、《四子》，及濂、洛、关、闽遗编，尽足受用，若欲研学术同异，折衷二氏似是之非，以一道德而砥狂澜，释典、玄藏亦不可不一寓目。譬如鞫盗者，苟不得其赃之所在，何以定罪？”（［清］李颙：《二曲集》，中华书局 1996 年版，第 150 页。）

④ 金为体，刚为用，犹范缜所谓形为质，神为用。在形体－功用意义上讲。

⑤ ［清］李颙：《二曲集》，中华书局 1996 年版，第 149 页。

⑥ ［清］顾炎武：《与李中孚手札》，《顾亭林诗文集》，中华书局 1983 年第 2 版，第 242 页。亭林此说，钱锺书有一辛辣的评论：“顾氏信《参同契》真出东汉人手，又强以修炼之次第附会为理事之资能，姑置勿论；而卫道心切，不欲儒家言之濡染释氏禅宗，乃亟明其沾丐道流方士，浑忘释、道二氏之等属‘异端’，殆避阱而不恤堕坑者欤！”（钱锺书：《管锥编》，第一册，中华书局 1979 年版，第 10 页。）

> 《参同契》，道家修仙之书也，禅家之所不肯阅，兼慧能生平绝不识字，亦不能阅，[①] 其所从入，不由语言文字，解经演法，直抒胸臆，而谓用之《参同》，窃所未安。朱子弱冠，未受学延平时，尝从僧开谦之游，以故蚤闻其说。《参同》之注，乃训定《四书》多年之后……非少时注也。况伯阳本纳甲作《参同》，所云“二用无爻位，周流游六虚”及“春夏秋冬，内体外用”之言，皆修炼工夫次弟，非若惠能之专明心性，朱子之专为全体大用而发也。[②]

就理论层面而言，二曲之说的要点在于：伯阳就事论事，体用非哲学范畴。

二曲虽极辩体用始于佛家，但并不因此否定体用的重要性。他的态度很鲜明：“然天地间道理，有前圣之所未言，而后贤始言之者；吾儒之所未言，而异学偶言之者。但取其益身心、便修证斯已耳。正如肃慎之矢，氐、羌之鸾，卜人之丹砂，权扶之玉目，中国之人世宝之，亦何尝以其出于异域，举而弃之，讳而辩之也。”[③] 在往复辩难的最后，他在致亭林的信中说道，争论体用源起，“此本无大关，辩乎其所不必辩。假令辩尽古今疑误字句，究与自己身心有何干涉？程子有言：‘学也者，使人求于本也；不求于本而求诸末，非圣人之学也。’何谓求于末？考详略，采异同是也。而《淮南子》亦谓：‘精神越于外，而事复反求。’是失之于本而索之于末，蔽其玄光而求知于耳目也。区区年逾‘知命’，所急实不在此，因长者赐教，谊不容默。悚甚，愧甚！”[④]

---

① 此条不成立。惠能不识字，亦可听人诵《金刚经》。

② ［清］李颙：《二曲集》，中华书局 1996 年版，第 152 页。

③ ［清］李颙：《二曲集》，中华书局 1996 年版，第 149 页。二曲此说，一个可能的反驳：矢鸾等属器物，体用等属思想核心，二者属于不同的范畴，因此吸纳所造成之后果、相应之态度亦当有所不同。

④ ［清］李颙：《二曲集》，中华书局 1996 年版，第 152 页。

二曲与亭林之往复辩难，所争论者，在于体用范畴是否来源于佛学。相对说来，二曲之理据，较之亭林为充分，且有见于体用“兼举并称”才意味着体用范畴之成立。① 然而，二曲之论仍有其盲点。首先，就思想史之史实而言，体用并举始见于慧能之说或不确。前文提到，汤用彤先生指出，王弼早已体用对举。“虽德盛业大而富有万物，犹各得其德。虽贵以无为用，不能舍无以为体也。”② 再者，将体用范畴起源的考察化约为“体用”二字首次使用的考察，未免将概念混淆于语词。

钱锺书考辨历代有关体用之起源甚详：

> “乾，元亨利贞”；《正义》：“天者，定体之名；乾者，体用之称。故《说卦》云：‘乾，健’者，言天之体以健为用”。按王应麟《困学纪闻》卷一引晁说之谓“体用事理”之辩本诸佛典，“今学者迷于释氏而不自知”；翁元圻注引周柄中《书李中孚〈答顾宁人论体用二字书〉后》，略谓李氏以为二字始见禅家六祖《坛经》而朱子借用，失之未考，据《系辞》韩康伯注及《正义》此节，以证晋、唐经说早已习用。元史绳祖《学斋佔毕》卷八论“‘体’、‘用’字

① 二曲与亭林在体用之辨中的立场之异折射出明清之际多向度的思想探索。亭林尊古尊夏。他曾说，“‘体’、‘用’二字，既经传之所有，用之何害？”（［清］李颙：《二曲集》，中华书局1996年版，第150页。）这是以经传为合法性之依据。此中透露的消息：其一，经学的精神传统；其二，明清之际返回原始儒家的思潮。相形之下，二曲思想带有反经学的意味。二曲在古今之辨、夏夷之辨上，与经学之精神传统大有径庭。二曲之夷夏之辨，与牟子《理惑论》同调：“汉地未必为天中也。佛经所说，上下周极含血之类，物皆属佛焉，是以吾复尊而学之，何为当舍尧舜周孔之道？金玉不相伤，精魄不相妨。”（石峻、楼宇烈等编：《中国佛教思想资料选编》第一卷，中华书局1981年版，第8页。）再者，二曲认为，体用源起，“此本无大关，辩乎其所不必辩。假令辩尽古今疑误字句，究与自己身心有何干涉？”这里实际上表露了对亭林治学基本倾向的批评，亭林“博学于文”的主张，开启了为知识而知识的新路向，但可以说偏离了不离人之存在言知识的中国精神传统。

② ［魏］王弼著，楼宇烈校释：《王弼集校释》，中华书局1980年版，第94页。

不出于近世”，据《正义》此节及“天行健”句《正义》，周、翁均未知也。文廷式《纯常子枝语》卷一〇论二字来历，引《成唯识论》卷一，① 又卷二九引《肇论》等外，② 仅引“天行健”句《正义》。《系辞》上“夫易何为者耶”句《正义》再三用二字……夫体用相待之谛，思辨所需；释典先拈，无庸讳说，既济吾乏，何必土产？当从李斯之谏逐客，不须采庆郑之谏小驷也。《全晋文》卷一六五释僧卫《十住经合注序》……“资”与“能”即“本”与“用”，亦即“体”与“用”；他如范缜《神灭论》之“质”、“用”；智者《法华玄义》卷一上之“力”、“用”，《文心雕龙·论说》……《北齐书·杜弼传》……唐人用益泛滥，……宋儒张载“借用”，早在朱熹前，如《正蒙·神化》：“德其体，道其用，一于气而已。”……魏了翁《鹤山大全集》卷一〇九《师友雅言》记李微之云：“《六经》、《语》，《孟》发明多少义理，不曾有‘体’、‘用’二字，逮后世方有此字。先儒不以人废言，取之以明理，而二百年来，才说性理，便欠此二字不得；亦要别寻二字换却，终不得似此精

---

① 文廷式所言如下：“《成唯识论》卷一云：‘若谓我用，前后变易，非我体者，理亦不然。用不离体，应常有故。体不离用，应非常故。’此体用二字所始。李二曲与顾亭林皆谓出自释典，是也。”（文廷式：《纯常子枝语》卷十，《续修四库全书》本，上海古籍出版社 2002 年版，第 131 页。）

② 文廷式云：

隋释灌顶《大般涅槃经玄义》卷下云：“经云：‘若正见者，当说如来定是无为。那忽体是无为，用是有为。’”此体用二字对举。亭林、二曲所未征引。

又云，《肇论》亦有“用冥体寂”之语。

《周易》“天行健”，疏云：“不言‘天行乾’而言‘天行健’，刘表云：‘详其名也。’然则天是体名，乾是用名。”又卷首论易之三名云：“以无言之，存乎道体；以有言之，存乎器用。”是体用二字，唐初人已习用之。余记《李二曲集》有与顾亭林书，考体用二字所自出。余尝质之陈东塾师。亦以为必出释典。盖中国言理之学，自竺教东行而日趋细密，不可诬也。东塾云：释典能所二字尤精，唐人亦屡用之。（文廷式：《纯常子枝语》，卷二九，第 434 页。标点为引者所加。）

密”（参观许衡《鲁斋遗书》卷二《语录》下论“孔孟未尝言”体用而“每言无非有体有用”）；坦直而亦明通之论矣。①

明清之世，真正从哲学高度对宋明体用思维进行反思的是王夫之。我们试从理气之辨来看王夫之的体用思想。

从宋明理学史来看，理往往被视为居于现象（气）之外而主宰现象的超越本体。不妨以朱熹为例。朱熹早年解周敦颐《太极图》说：“○，此所谓无极而太极也，所以动而阳、静而阴之本体也。然非有以离乎阴阳也，即阴阳而指其本体，不杂乎阴阳而为言耳。”② 在朱熹那里，太极、道、理是囫囵着说的：“太极，形而上之道也；阴阳，形而下之器也。”③“阴阳，气也，形而下者也；所以一阴一阳者，理也，形而上者也。道，即理之谓也。”④ 所以，太极与阴阳之辨即理气之辨。在王夫之那里，理命名气化过程所呈现的有序态势。但朱熹一上来便把理视为支配着气之动静的根据，即形而上的本体。“本体”在这里是根据义。“即阴阳而指其本体”的讲法说明朱熹此时还是以体用一源不二的模式理解理与气，理尚不在气之外。但是，在朱熹的体用模式中，体支配用，仍然潜藏着体超绝于用之外的理论倾向。在朱熹那里，理兼指必然与当然。作为当然之则，理（或曰道）当有绝对性与永恒性：“若论道之常存，却又初非人所能预，只是此个自是亘古亘今常在不灭之物。”⑤ 正因为理是当然与必然

① 钱鍾书：《管锥编》第一册，“二乾”，中华书局 1979 年版，第 8～10 页。

② ［宋］朱熹：《太极图说解》，《朱子全书》，第十三册，上海古籍出版社、安徽教育出版社 2002 年版，第 70 页。

③ ［宋］朱熹：《太极图说解》，《朱子全书》，第十三册，上海古籍出版社、安徽教育出版社 2002 年版，第 72 页。

④ ［宋］朱熹：《通书注》，《朱子全书》，第十三册，上海古籍出版社、安徽教育山版社 2002 午版，第 98 页。

⑤ ［宋］朱熹：《答陈同甫》，《朱子全书》，第二十一册，上海古籍出版社、安徽教育出版社 2002 年版，第 1583 页。

的统一，当然之理的绝对性与永恒性同时意味着必然之理的绝对性与永恒性。这一点，跟朱熹以体支配用的理解并不矛盾。不仅如此，它更是强化了体之于用即理之于气的超绝性倾向。另一方面，朱熹继承了象数易宇宙生成论的思维模式，他解释“易有太极”说：“太极者，象数未形而其理已具之称。”解释“是生两仪”则说，“太极之判，始生一奇一偶，而为一画者二，是为两仪。其数则阳一而阴二。在河图、洛书，则奇偶是也”[①]。与宇宙生成论的模式相结合，由理的永恒性与绝对性所强化的理之于气的超绝性倾向现在终于变为现实：朱熹说，“有此理后方有此气。”[②] 他还说，太极“在无物之前，而未尝不立于有物之后”，“在阴阳之外，而未尝不行乎阴阳之中”。[③] 理在气先，而且是时间在先。朱熹晚年仍主张理先气后，但是不再坚持理之于气的时间在先。他说，“要之，也先有理。只不可说是今日有是理，明日却有是气；也须有先后。且如万一山河大地都陷了，毕竟理却只在这里。”[④] 理之于气的这种“逻辑在先”（冯友兰说）实际上是理相对于气在存在论上的优先性。

王夫之持理不先气不后之说，自然拒绝把理看成某种超越本体。王夫之同样以体用范畴说明理气关系：理是体，气是用。但是，他反对把体视为在用之外并支配用的超越者：“善言道者，由用以得体。不善言道者，妄立一体而消用以归之。”[⑤] 这实际

---

① ［宋］朱熹：《易学启蒙》卷二，《朱子全书》，第一册，上海古籍出版社、安徽教育出版社 2002 年版，第 219 页。

② ［宋］朱熹：《答杨志仁》，《朱子全书》，第二十三册，上海古籍出版社、安徽教育出版社 2002 年版，第 2764 页。

③ ［宋］朱熹：《答陆子静》，《朱子全书》，第二十一册，上海古籍出版社、安徽教育出版社 2002 年版，第 1568 页。

④ ［宋］朱熹：《朱子语类》卷一，中华书局 1986 年版。《朱子全书》，第十四册，上海古籍出版社、安徽教育出版社 2002 年版，第 116 页。

⑤ ［明］王夫之：《周易外传》卷二，《船山全书》第一册，岳麓书社 1996 年版，第 862 页。

上是拒绝传统体用观贵体贱用的单向度模式。与之相应，王夫之主张“体用胥有而相胥以实”[①] 体用之别，大致相当于本质与现象的区分。体用相胥以实，这是主张本质与现象相互成就。体用关系有时也被表述为本末关系。在谈到本末关系时，王夫之指出：

> 天地之间大矣，其始终亦不息矣。盈然皆备而保其太和，则所谓同归而一致者矣。既非本大而末小，亦非本小而末大。故此往彼来，互相经纬而不碍。[②]

“同归而一致”，这是说不同事物、对象在世界的演化过程中形成相互统一的关系。所谓“本大而末小”，是强调体对于用、本质对于现象的超越性，“本小而末大”，则是突出用对于体、现象对于本质的优先性。前者将超越的本体视为更本源、更真实的存在，从而表现出基础主义或本质主义的趋向，后者则执着于多样的、外在的呈现，从而带有某种现象主义的特点。与以上两种存在图景相对，在“太和”的存在形态中，世界的“同归而一致”不仅呈现为不同事物的共处，它的更内在的表现形式在于扬弃本末之间的分离、相斥（“既非本大而末小，亦非本小而末大”），达到体与用、本质与现象的内在统一。

① ［明］王夫之：《周易外传》卷二，《船山全书》第一册，岳麓书社 1996 年版，第 861 页。

② ［明］王夫之：《周易外传》卷六，《船山全书》第一册，岳麓书社 1996 年版，第 1049 页。

第四章　对中国现代思想关键词的哲学语法考察

第一节　考察的必要性与方法

第三章对“形神”、“理”、“体用”的专题考察多少有助于我们理解中国古代思想的某些特质。然而，从哲学元语言与对象语言的区分返观我们的考察，不能不注意到这样一个发人深省的现象：“形神”、“理”、“体用”在相当大的程度上属于对象语言而非元语言，对这些对象语言的思考成果并不那么容易反作用于我们用以讨论分析这些对象语言的元语言，究其原因，则在于元语言和对象语言之间的某种隔阂。这种隔阂，首先不在于古代汉语与现代汉语之间的隔阂，而在于现代汉语思想语汇与古代思想语汇之间的异质性。如果考虑到当代中国哲学的运思离不开现代汉语思想语汇，以下问题就变得异常紧迫：现代汉语思想语汇的现状如何？现代思想关键词的现状能否承担中国哲学之思的任务？

现代思想关键词基本上源自翻译，因为它的一些基本范畴首先是作为译名得到思考与理解的。以现代汉语翻译理解西方学术的情形：输入一种强势的文化，主要的问题与其说是以传统曲解外来思想，倒不如说是以外来思想蔽遮、遗忘传统。几乎所有的重要范畴都包含了未思的“Anglo-European tradition”因素并由此让现代汉语人在不知不觉中未能接近中国传统思想。兹举三例为证。

一、时

何谓“时”？依照常识，“时”仿佛只是“时间”的简略说法。说到时间，现代人也许首先想到了一些数字。我瞥见电脑屏幕右下角显现的时间了：9：55——我看到手机显示屏更详细的时间了：2013.10.20 9：56——眨眼间，已经过去一分钟了，时间它何其匆匆！朱自清叹曰：去的尽管去了，来的尽管来着；去来的中间，又有怎样的匆匆呢？时间是数字的飞速更替。不同的数字前后相续，表征不同的时刻，彼此之间只有量上的区分，没有质上的差异。

然而，如此这般理解的“时间”就是“时”吗？“时”与“间”联用似乎相当晚。先秦文献并无“时间”一词。宋元人有“一时间”、“霎时间”等用法。这时，“间”几乎还仅是一个赘词。但宋元人也有用“岁时间”表示一年之间的用法。这里的“间”有较强的“间距”之意。近代以“时间”移译西方近代思想中的“time”和“temporality”，在日本人哲上井次郎1881年初版的《哲学字汇》中就可以找到这种对译。[①] 在现代汉语中，“时间”几乎就是在译名所对应的意义上得以理解的。亚里士多德由物体的位移运动沉思物理时间。延续这一思路，西方近代主流思想（包括近代科学）也把“time”视为等质时刻的延续。

然而，这是中国传统思想中的时间观吗？

法国汉学家葛兰言（Marcel Granet）敏锐地观察到，中国古代思想从来没有将时间栖居于抽象概念之上，从来没有把时间理解为“由同等质的时刻按照刻板的运动所构成的单调延续”。恰恰相反，不同的时间总是独特的，因为它们各自关联着特定的时

① ［日］井上哲次郎、有贺长雄编：《改订增补哲学字汇》，东洋馆书店，明治十七年。

机（occasion）和具体的行动。[①] ——然而，“由同等质的时刻按照刻板的运动所构成的单调延续”恰恰是我们对于时间的常识！“时间”这个译名已经将西方近代关于“time”的主流思想所根基的形上学变成中国现代精神传统之一，成为时人习焉不察的通常看法。

何谓“时”？王船山释曰：“时，本四时也。……通为适得其会之辞，生长收藏，温凉寒暑，当其时而不爽；物之所会，事之所就，人之所为，惬如其当然，则如天时之适也。”[②] 四时，只是春夏秋冬的更替吗？推而广之，时间只是关乎天的“天时”？在王船山看来，时总是属于人的。他说：“昼夜者，岂阴阳之或有或无哉！日出而人能见物，则谓之昼，日入人不见物，则谓之夜。”[③]“天之以冬终，以春始，以亥终，以子始，人谓之然尔；运行循环，天不自知终始也。”[④]“以朔旦、冬至为首者，人所据以起算也。”[⑤]“谓之”意味着做出区分：昼夜之间的区分，四时之时的区分，如此等等。正因为包含了区分，昼夜不是本然意义上所言说的阴阳之或有或无，四时也不可能是本然意义上的环运无端的天。然而，“谓之”之区分并非只是说说而已。说原本来自做的暗示，既经说出，说又反过来召唤着做。春天意味着耕种的时机，春天以它的“生”以它的“温”召唤着人们的耕种活动，人们以其耕种活动应和春天的天时。春耕夏耘，秋收冬藏，每一个季节，都是对天人应和之不同态势的命名。《易

① Marcel Granet. *La Pensée Chinoise*. la Renaissance du Livre，1934，pp. 86，88，89.

② ［明］王夫之：《周易内传》，《船山全书》第一册，岳麓书社 1996 年版，第 356 页。

③ ［明］王夫之：《周易内传》，《船山全书》第一册，岳麓书社 1996 年版，第 356 页。

④ ［明］王夫之：《周易内传》，《船山全书》第一册，岳麓书社 1996 年版，第 356 页。

⑤ ［明］王夫之：《周易内传》，《船山全书》第一册，岳麓书社 1996 年版，第 358 页。

传》叹美“随时之义”，《国语·越语下》复引而申之曰：“圣人随时以行，是谓守时。”所守之时，不是人与人之间的约定，而是天人之间的适得其会。由此，时标识着天人交际的具体态势。时乃人与天相遭遇之时机。

正因为时标识着天人交际的具体态势，所以只有从天人之际出发才能合理地谈论时间——这时，我们便在时的意义上理解时间了。亦不妨说，时之意义上的时间是时间的源始义。时间或者是同一时机的延续，或者是不同时机的更替。王船山说：

> 天地之终，不可得而测也。以理求之，天地始者今日也，天地终者今日也。其始也，人不见其始；其终也，人不见其终；其不见也，遂以为邃古之前，有一物初生之始；将来之日，有万物皆尽之终；亦愚矣哉！①

天地始终的问题追问时间的开端与终结。王船山在这里用“今日”强调了人的在场，“天地始者今日也，天地终者今日也”则是说，对时间的追问不能撇开人，不能脱离天人之际的视域。撇开人而虚构时间的始终，这在王船山看来是十分愚蠢的事。离人而言时间，必然导致时间的抽象化。首先，时间不再意味着特定的时机以及与此相应的人的活动。其次，时机之为人与天的适得其会，原本是独特而异质的。现在，时机被敉平为等质的时间点。再次，由于人之维的缺席，时间蜕变成了对象性的描述——最后，时间自己也变成了一种对象。时间实体化了。

源自亚里士多德的西方近代的时间概念（以牛顿物理学为代表）便把时间抽象为独立于万物且万物在其中运行的实体。从物体变易与不易、运动与静止诸经验中把时间抽取出来并言说时间。主谓式的言说方式很自然地把时间弄成了对象；静止或运动、变易或不易，这些原本用于描述具体事物、并从时间

① ［明］王夫之：《周易外传》，《船山全书》第一册，岳麓书社1996年版，第979页。

得到理解的词反过来用来描述、思考时间本身，于是导出时间不在时间之中、时间既不运动又不静止之类的悖论。时间原本是描述具体事物的概念，现在却上升到超级概念的高空自由翱翔了。

二、性

在现代汉语中，“性”往往作为“nature”、“essense”的译名得到理解，意味着在现象背后固定不变且决定着现象的某种东西。与此相应，英语世界也往往在“nature”、“essense”的意义上理解中国传统文献中的“性”。初看起来，以“性”对应“nature”并无不妥之处；甚至可以说，“性”是少数几个可以在英文中找到对应词的哲学术语之一。从义理上说，中国传统文献中的“性”有时候的确是在相当于“nature”、“essense”的意义上使用的。而且从语源上说，“性”与“nature”也有巧妙的相通之处。一方面，“nature”在拉丁文里为 natura，它所对应的动词 nascor 意为“我出生”（I am born）；“nature”在希腊文里为 physis，而 physis 对应的动词 phyo（现在时直陈式主动态第一人称单数形式）意为“我生长”。另一方面，“性”从“生”，由“生”得义。词源上表面的相似实际上却是误导性的。“nature”出自拉丁文 nascor，后者意谓的“I am born”这使得“nature”通常被理解为某种先天的（innate）、于出生之顷被赋予的东西。[①] 但是，葛瑞汉已经观察到，“中国早期思想家在讨论‘性’的时候，很少想到事物于其开端处所获得的固定不变的性质，除非他们在思考水之类的非生命；恰恰相反，他们所关心的是事物的发展：它自然而然，同时又只在不受伤害、滋养充足的情形下充分实现潜能。孟子尤其如此。他似乎从来没有把目光往后投向

① A. C. Graham. *Studies in Chinese Philosophy and Philosophical Literature*. State University of New York Press，1990，p. 7.

出生之顷；他总是朝前注视着持续生长所带来的成熟状态。”[①] 然而，这一古代思想传统，在现代汉语对“性”的“nature”、“essense”层面的理解，或者说，本质主义的理解中，已经在相当大的程度上被遮蔽、被遗忘了。郝大维和安乐哲已经注意到这一点，因此主张说，像“德者，性之端”（《礼记·乐记》）、“天命之谓性”（《中庸》）这样一些句子中的“性”与其译为“nature”，倒不如译为“natural tendency”。因为“nature”把“性”解读为某种类似“本质性”（essential nature）的东西，仿佛“性”是一种与生俱来的本质，一种业已框定的先决潜质。相形之下，“natural tendency”这个译名可以突出“性”的过程性和生成性，避免本质主义的理解。[②] 葛瑞汉也承认说：将“性”译为“nature”，容易使我们错误地把孟子所说的“性”当成某个超越性的来源；但孟子实际上把“性”理解为特定方向的自然发展。[③]

葛瑞汉、郝大维和安乐哲都注意到“性”在先秦时期所蕴含的过程义、生长义。在一定意义上，王船山著名的“性日生日成说”正是回到了这一先秦传统。在王船山看来，天日授人以理气，人日受以为形性。无时无刻不有气之生，无时无刻不需有形体的滋养；无时无刻不有理之生，无时无刻不需有德性的修炼。这首先意味着，人性不是现成的，非“一受之成型，而终古不易”；恰恰相反，它未成而待成。人具有未定性。人性在于它的“生”：“人无定名，因生而得名为人也。”[④] 或者说，人的本质恰恰在于它的尚未成其本质。

---

① A. C. Graham. *Studies in Chinese Philosophy and Philosophical Literature*. State University of New York Press, 1990, p. 8.

② David L. Hall, Roger T. Ames. *Thinking Through Confucius*. State University of New York Press, 1987, p. 219, no. 57.

③ Henry Rosemont (ed.). *Chinese Texts and Philosophical Contexts: Essays Dedicated to Augus C. Graham*. Open Court, 1991, pp. 267-288.

④ ［明］王夫之：《读四书大全说》，《船山全书》第六册，岳麓书社 1996 年版，第 751 页。

三、形而上学

常识告诉我们，“形而上学”即“metaphysics”的译名。以“形而上学”对译“metaphysics”始于日本。日本近代学者井上哲次郎等人于19世纪末编译《哲学字汇》（1881年初版）即收有此条，并加了按语注明出典：“按，《易·系辞》：‘形而上者谓之道，形而下者谓之器。’”① 初看起来，这可算是形神兼备的妙译。但细究起来，这一妙译赋予“形而上”的新义实际上已经遮蔽了“形而上者谓之道”这一古义所蕴含的智慧。

先知型思想家梁漱溟已洞察到中国传统哲学本有的“形而上学”实不同于西方哲学传统中的“metaphysics”：

> 中国形而上学的问题与西洋、印度全然不同，西洋古代和印度古代所问的问题在中国实是没有的。他们两方的问题原也不尽同，但如对于宇宙本体的追究，确乎一致。他们一致的地方，正是中国同他们截然不同的地方，他可曾听见中国哲学家一方主一元，一方主二元或多元；一方主唯心，一方主唯物的辩论吗？像这种呆板的静体的问题，中国人并不讨论。中国自极古的时候流传下来的形而上学，作一切大小高低学术之根本思想的是一套完全讲变化的——绝非静体的。他们只讲些变化上抽象的道理，很没有去过问具体的问题。……你不要把中国的金、木、水、火、土五行，当作印度地、水、火、风四大一样看：一个是表抽象的意味，一个是指具体的物质，并不能牵混为一的。②

---

① ［日］井上哲次郎、有贺长雄编：《改订增补哲学字汇》，东洋馆书店，明治十七年。

② 梁漱溟：《东西文化及其哲学》，商务印书馆1999年版，第121页。按，陈荣捷将“五行”译为“Five Agents”而非“Five Elements”。他强调，不管是“阴阳”还是“五行”，“我们最好把它们理解为力（forces）、能（powers）、施动者（agents），而不是理解为物质要素（material elements）。要点在于运作的原则与规律。它们的视界是动态而非静态的。”（*A Source Book in Chinese Philosophy*, trans. and Complied by Wing-tsit Chan. Princeton University Press, 1963, p. 245.）

形而上之道与 metaphysics 虽然都追究世界的根本原理，但是，“根本原理”名下掩盖了中西文化的巨大差异——如同在“工具”的名下遮蔽了尺子与锤子之间的巨大差异。[①] Metaphysics 探究存在（toon，das Sein，l'être，being），但西方几千年来的 metaphysics 往往流于抽象：“从追求存在的始基，到以观念为存在的本原，从预设终极的大全，到建构语言层面的世界图景，形而上学呈现传统形态与现代形态、实质与形式等区分，但上述意义上的形而上学同时存在着某种共同的趋向，即对世界的抽象理解。”[②] 抽象的 metaphysics 撇开人的存在本身、脱离人的知行过程来谈论存在。这层意味本是中国传统的“形而上”所没有的。王船山在解释“形而上者谓之道”时，提醒我们注意“谓之”的深刻含义：“谓之者，从其谓而立之名也。”[③] 因此，我们无法离开人的认识与体悟而谈论形而上者。进而言之，在先秦时期，“道”往往与人的行动联系在一起。比如《庄子·齐物论》说，“道行之而成”。王船山也说，“行而后知有道。道犹路也”[④]。在“形而上者谓之道”这一说法所指向的，乃是一种从人的知行过程出发的具体的存在之学。形而上的具体性甚至已经包含在“形而上”这个表达之中了。杨国荣先生分析了 metaphysics 与形而上的词义之别：“从词义上看，metaphysics 表示物理学之后，它在逻辑上似乎蕴涵着与经验世界形成某种界限的可能，‘形而上’则不离乎‘形’，二者的内在涵义似有所不同。”[⑤] 以“形而上学”对译“metaphysics”的不妥，法国当代汉学家、哲学家于连亦有精

① 参见［德］维特根斯坦：《哲学研究》，陈嘉映译，上海人民出版社 2001 年版，第一部分，第 14 节。

② 杨国荣：《存在之维》，人民出版社 2005 年版，第 74 页。

③ ［明］王夫之：《周易外传》，《船山全书》第一册，岳麓书社 1996 年版，第 1027 页。

④ ［明］王夫之：《思问录内篇》，《船山全书》第十二册，岳麓书社 1996 年版，第 402 页。

⑤ 杨国荣：《存在之维》，人民出版社 2005 年版，第 36 页。

彩的议论。[1] 虚词“而”字巧妙地表达了“‘形而上’不离乎‘形’”。王船山即指出：“形而上者，非无形之谓也。既有形矣，有形而后有形而上。无形之上，亘古今，通万变，穷天穷地，穷人穷物，皆所未有者也。”[2]

在“时”、“性”、“形而上学”这几个基本词汇这里，现代汉语学术语汇所面临的普遍困境崭露无遗：现代汉语学术语汇的一些基本范畴首先是作为译名得到思考与理解的，由此，现代汉语几乎沦为一种无根的语言。

曾师从海德格尔的日本学者九鬼周造认为，一种语言中的基本词反映了一个民族特殊的存在样态，因此很难转译成另一种语言。另一方面，如果一种语言的基本词只有从其他语言出发才能得到理解，那么，对于这种语言来说意味着什么呢？九鬼以法文词 esprit 为例：如果将 esprit 输入德文，译成 Geist 会怎么样呢？九鬼认为，esprit 带有 Geist 所本不具有的意义。如果要把这层意思用 Geist 来表达，那么，人们也只是在把 Geist 作为 esprit 的译名来使用的时候才意识到这层意思。“在这样的场合下，除了本来的意味内容之外，还使它强行带上了另一种（来自源语言的）新的色彩。或者说，将另一种新的意味输入了（目标）语言之中。这样一种新的意味，并不是自己本国人有机创造的东西，而只不过是从其他国家机械输入的东西罢了。”[3] 现代汉语的命运便是：不得不在从其他国家机械输入的语词意义中生存，并且大有“弱丧而不知归”之势。换言之，作为一种翻译语言，现代汉语是一种无根的语言。不唯如此，现代汉语对自己的这种无根性根本上还缺乏自觉的、更毋庸说充分的认识。很难想象，一种无根的语言能够胜任哲学之思的工作。

---

① F. Jullien. *Figures de l'immanence*. Grasset，1993，pp. 297-298.

② ［明］王夫之：《周易外传》，《船山全书》第一册，岳麓书社 1996 年版，第 1028 页。

③ ［日］九鬼周造：《いきの构造》，岩波书店 2004 年版，第 14 页。

清代阮元所著《塔性论》已经触及翻译和思想的关系。在阮元看来，"塔"、"性"是东汉译经时两类不同的译名。"塔"是新造的音译字，用来对译"窣堵波"（stūpa）。[①]"性"是借用原有名词指称新概念，而新概念"鸠占鹊巢"，将这个词所表达的旧概念淹没了。他感叹道："翻译者但以典中'性'字当佛经无得而称之物，而唐人更以经中'性'字当之也。佛经明心而见之物原极高明净妙，（此与《庄子》复初之"性"已为不同，与《召诰》、《孟子》之'性'更相去万里。）特惜翻译者不别造一字以当其无得而称者，而以典中'性'字当之，不及别造'塔'字之有分别也。"[②]"性"的翻译在中国思想史上造成的重大影响在于，用佛性意义上的"性"混淆乃至遮蔽了儒道、特别是儒家意义上的"性"。阮元通过译名考察，其意之所在，则是对宋明理学所言之性提出正名，这非常接近于汉语言哲学所倡导的哲学语法考察的进路。

需要指出的是，上文用来转述阮元思想的"鸠占鹊巢"非阮元本人用语，而是借自陈嘉映。陈嘉映观察现代汉语语汇，拈出"鹊巢词"一说，作为移植词中特别值得注意的一类。他说："比新造出来的词更值得注意的，在我看来，是第三种词。它们是汉语里原有的词，但用它来翻译某个外文词后，我们逐渐不再在它们原有的意义上使用它们，而主要在它们用来对译的外文词的意义使用它们，这些词原有的意义反而被掩盖了。（它的主要语义逐渐等同于或近似于用它来翻译的那个外文词的语义，）例如革命，早在尚书中就出现了，但如今说到革命，意思是revolution。……这类词既似新词又似旧词，无以名之，暂时借用

---

① 季羡林先生在《糖史》自序中提道："根据语言流变的规律，一个国家没有某一件东西，这件东西从外国传入，连名字也带了进来，在这个国家成为音译字。"（季羡林：《糖史》（一），《季羡林文集》第九卷，江西教育出版社1998年版，第2页）

② ［清］阮元：《塔性论》，《揅经室集》，中华书局1993年版，第1061页。

鹊巢鸠占的成语把它们称作鹊巢词。”①

陈嘉映复从另一个角度阐发了现代汉语的困境，即现代汉语学术词汇如何与日常语言贯通的问题。“语言是给定的，但不是超验的给定而是历史的给定。Transendent，transzendental，a priori这些术语，在西方哲学史上盘根错节，中文译作‘先验的’、‘超验的’、‘先天的’等等。这里有一个典型的例子，说明当代中国学术语汇的困境：我们既要了解这些语词背后的西文概念史，又要了解中文译名的由来；如果这些中文语词有日常用法（但愿如此！)，我们就还得考虑术语和日常用法的关系。”②如果没有日常生活的土壤，如果哲学语言不能进入日常生活，那么，通过移植而来的西文概念将是无根的。

现代汉语思想的“无根性”，不仅要考虑移植词，还要考虑传统词汇失去意味这一现象。现代汉语思想语汇的另一种危机，即在于意味的失落。金岳霖曾区分了“意义”与“意味”，认为每种文化中的基本词不仅有理智可以理解的意义，还有打动人心的意味。中国文化的基本词首先是“道”。“每一文化区有它底中坚思想，每一中坚思想有它底最崇高的概念，最基本的原动力。……中国思想中最崇高的概念似乎是道。所谓行道、修道、得道，都是以道为最终的目标。思想与情感两方面的最基本的原动力似乎也是道。”③除了“道”之外，还有“仁义礼义”，等

① 陈嘉映：《从移植词看当代中国哲学》，《同济大学学报》2005年第4期，第60~65页。值得注意的是，日本学者森冈健二对近代日本的汉语译名进行了分类：“置换”（将已有佛教用语置换成翻译语汇，如“后生”、“肉身”、“决定”、“凡人”等)、“再生、转用”（重新启用已死去的汉语词汇并赋予新义，如“伦理”)、“变形”（如“经世济民”省略为“经济”)、“借用”（借用《英华字典》中的汉语译名)、“假借”（音译词)、“造语”（即新造汉语词，如“哲学”、“工学”等学术、专门性用语）等。（参见［日］子安宣邦：《汉字论：不可避の他者》，岩波书店2003年版，第104页及注2。）森冈所讲的“再生、转用”接近于鹊巢词。

② 陈嘉映：《思远道》，福建教育出版社2000年版，第319页。

③ 金岳霖：《论道》，中国人民大学出版社2005年版，第14页。

等。他在《知识论》中写下一段本身极有意味、极为动人的文字：

> 中国人对于道德仁义礼义廉耻，英国人对于 Lord，God 大都有各自相应的情感。……这些字……因为宗教，因为历史，因为先圣遗说深中于人心，人们对于它们总有景仰之心。这种情感隐微地或强烈地动于中，其结果或者是怡然自得，或者是推己及人以世道人心为己任。……世果衰道果微，至少有一情形，而这情形就是人们对于这些字减少了景仰之心。①

对文化基本字的景仰之情“隐微地或强烈地动于中”，“隐微”意味着习焉而不察，同时意味着弥漫性的渗透力。“怡然自得”是精神上的受用，文化上的在家感。“推己及人以世道人心为己任”，情感转化为行动的动力，它是基本的，也是深沉的。哲意的情感也是宗教式的、精神的，是推动力或原动力。如果缺乏对于自身文化基本字的感觉，恐怕对于文化就不会有孔子那般继续斯文的使命感：

> 子畏于匡。子曰：文王既没，文不在兹乎？天之将丧斯文也，后死者不得与于斯文也；天之未丧斯文也，匡人其如予何？（《论语·子罕》）

如果大多数人缺乏对于自身文化基本字的感觉，那么，这意味着这种文化的衰微，“世衰道微”。

或许我们可以大胆地说，近代以来，现代思想关键词渗入了大量的外来观念与外来词，其中相当一部分未经细细咀嚼，也未能与中国古代传统思想与语言相融通。由此带来的一个后果，则是现代思想关键词似乎已经蜕化为一种苍白而没有思想深度的东西，与之相应的则是汉语哲学界的“失语症”以及思想原创力

① 金岳霖：《知识论》，商务印书馆 1983 年版，第 796 页。

的衰退。现代汉语对于古汉语的隔阂，似乎更甚于现代汉语对于以英语为代表的西语的隔阂。一个例证：现代汉语写成的哲学论文几乎可以毫不困难地转译成西文，而古代汉语文献对于西语来说则有很多几不可译之处。究其原因，正在于现代汉语哲学词汇大部分是舶来品。①

在此情形之下，现代思想关键词哲学语法考察已经成为当务之急。这一研究的任务：系统梳理现代思想关键词，查清其来龙去脉。大致说来，现代汉语思想语汇往往具有三重面相。杨国荣先生对“本体论”一词的探讨提供了很好的例证。根据他的探讨，我们不难看出“本体论”所具有的三重面相：其一，作为ontology的译名；其二，“本体”所接纳的中国传统思想的内容；其三，在近代语境下形成的新内涵。② 因此，现代思想关键词哲学语法考察便是要考察现代思想关键词的如上三重面相。其中，一个重要方面，则是揭示哲学语汇所可能积淀的中国传统思想。在一定意义上，这是一种类似于语源考察的工作。

也许有必要首先追问：为什么要进行语源考察？戴震对“缘

---

① 笔者曾从英文学术著作汉译中术语厘定的角度讨论类似的问题：“术语，尤其是关键术语结晶着一种理论的核心。术语的厘定，便直接了决定译者以何种方式实现跨语际的理论转渡。不同语言及思想的互镜与新义生成在这里发生，这里便是文化交流互动的前哨。中西交流有日，很多术语已有定译，今天的译者可能不必时时如严复那般筚路蓝缕以启山林。然而，今日译者面临的一重新任务，却是对定译的反思。这既是翻译的任务，更是思想的任务。就现代汉语世界而言，情况很复杂，既有以本国之义理拟配外来思想的格义问题，更有以外来思想拟配本国之义理的反向格义问题。后者引发的，则是中国思想的主体性危机：约定俗成的定译承载着过多习焉不察的西方近代思想因素，这些定译偏偏又已经成为我们赖以思考、赖以看世界的说理词。（参见陈嘉映：《说理》，华夏出版社2011年版，第110～122页。）蓦然回首，我们竟发现自己置身于如此尴尬的境地：不得不通过西方近代思想理解中国思想。抛开人种学、政治学的层面不谈，我们在多大意义上是‘中国’人？换个问法：我们的思想在何种意义上是中国思想？”（参见［新加坡］赖蕴慧：《剑桥中国哲学导论》，刘梁剑译，世界图书出版公司2013年版，译者后记。）

② 参见杨国荣：《存在之维》，人民出版社2005年版，第1～7页。

词生训”的批评提示我们，语源考察有助于克服“时代的错置”。[①] 就现代汉语思想语汇的哲学语法考察而言，语源考察法呈现出另一种意义：语源考察试图揭示语言在其源头处凝结着的人类最源初的经验。这一最源初的经验沉淀在语言中，或隐或显地主宰了人们的世界及语言的发展——即使在人们已经将它遗忘之时亦是如此。奥斯汀（J. L. Austin）认为：“一个词几乎从不会完全摆脱它的词源和构词。一个词尽管有词义的变化、扩展和增加，但它的源始观念仍然在那里。甚至应该说，词的源始观念无处不在，并统治着词义的变化、扩展和增加。”[②] 在语言的源头处有语言原初的呼声和它所真正要道说的东西。但是，这些东西“很容易为了那些浅显的意思而落入被遗忘状态中”。[③] 因此，海德格尔尝试着从前苏格拉底的残篇断简倾听语词最初的道说。“保护此在借以道出自身的那些最基本词汇的力量，免受平庸的理解之害，这归根到底就是哲学的事业。因为平庸的理解把这些词汇敉平为不可理解的东西，而这种不可理解的状态复又作为伪问题的源泉发生作用。”[④] 汉语语源考察的一个任务便是将古汉语所包含的内涵释放到现代汉语之中，从而让现代汉语能够倾听沉淀在古代汉语中的原始呼声。由此，现代汉语开始扎根于沉厚的中国思想传统，从而为中国当代哲学的创建准备道路。[⑤]

---

① 参见本书第一章第二节。

② J. L. Austin. *Philosophical Papers*. Oxford University Press，1961，p. 149.

③ ［德］海德格尔：《海德格尔选集》，孙周兴选编，上海三联书店 1996 年版，第 1191 页。

④ ［德］海德格尔：《存在与时间》（修订译本），陈嘉映、王庆节译，三联书店 1999 年版，第 253 页。

⑤ 当然，另一方面，语源学考察亦有其限度。傅斯年评论董仲舒《春秋繁露·深察名号篇》时说道：董仲舒“探字原以明义训，于是差若返于告子之说。然用此法以为史的研究则可，以为义之当然则不可。文字孳乳而变，思想引申而长，后起之说，不得以古训诂灭之。深察名号者，可以为语言历史之学，不足以立内圣外王之论。性善性恶之说皆有其所故，不寻其故而执字训以抹杀哲人之论，董子之敝也。”（傅斯年：《性命古训辨证》，广西师范大学出版社 2006 年版，第 161 页。）

第二节　在儒家“美德伦理”与“Virtue Ethics”之间

前一节提到，现代汉语思想语汇往往具有三重面相：译名面相，即作为西方思想语汇的译名；传统面相，即可能接纳的中国传统思想的内容；近代面相，在近代语境下形成的新内涵①。本节关于“美德伦理”与“virtue ethics”之间的考察试图探讨，现代汉语思想语汇有没有可能反作用于它所对应的西方思想语汇，从而获得它的第四重面相（不妨称之为西返面相）？本章“‘哲学’反思”一节的讨论亦有相似的用意。在一定意义上，获得西返面相乃中国思想对于世界哲学作出独立贡献的表征之一。

一、儒家美德伦理与 Virtue Ethics

什么是美德伦理？最初步的解释很可能是：“美德伦理”在英语中称为“virtue ethics”，也有人译为“德行伦理”或“德性伦理”。这样的解释似乎无可厚非。然而，略加反思，可以发现两个有意义的问题，一个关于解释的内容，一个关于解释活动本身。

就前者而言，这里有一个译名之争。“virtue”一词如何多译？“德”、“美德”、“德行”、“德性”，抑或其他？它们可以并行不悖，抑或有优劣之别？

---

① 黄俊杰曾讨论了“中国”一词在日本如何从指称中国转变到指称日本，从另一个角度反映了译名在新的文化历史环境中生成新义的现象。（参见黄俊杰：《东亚文化交流中的儒家经典与理念：互动转化与融合》，台大出版中心 2010 年版，第 85 页；Liu Liangjian. Review of Huang Chun-chieh's *The Confucian Classics and Their Ideas in the Cultural Interaction in East Asia: Interaction, Transformation and Syntheses*. *Dao: A Journal of Comparative Philosophy*, 2012, Vol. 11, no. 3, pp. 389-392.）

然而，“美德”等词仅仅是“virtue”之译名？问题把我们带回到以“virtue ethics”来解释“美德伦理”这一做法本身。它的有效性，微妙地反映了西方思想对于当下汉语思想的重要参照作用，而且，参照作用之重要多多少少令人尴尬：明白了“美德伦理”是用来翻译“virtue ethics”的，仿佛就明白了它要说什么。“virtue ethics”的出场让“美德伦理”、“德性伦理”等之间的纷争显得甚为无谓，因为“美德”等只是“virtue”的译名，或者说，在汉语中的衍生物。倘若如此，汉语世界中的美德伦理研究，便只是用汉语研究 virtue ethics 罢了，汉语世界中的儒家美德伦理研究，也只是以汉语为工作语言，以儒家思想为研究题材，而以 virtue ethics 为研究进路。简言之，以 virtue ethics 格儒家伦理之义。

以 virtue ethics 格儒家伦理之义，这大概也是英语世界中儒家美德伦理研究的常用方法。随着 virtue ethics 在西方的复兴，越来越多具有中国哲学知识背景的学者开始关注 virtue ethics 与儒家伦理的关系。其代表人物，既有出身西方的学者如西姆(May Sim)，① 又有出身中国的学者如余纪元。② 在西方的思想脉络中，virtue ethics 可以亚里士多德伦理学为典范。儒家的道德学说呈现出某些与亚氏伦理学相近的致思倾向。在维特根斯坦“家族相似”（Familienaenhlichkeit，fammily resemblance）的意义上，我们不妨有儒家之 virtue ethics。因此，将儒家伦理与西方尤其是亚里士多德之 virtue ethics 进行比较研究当然是一项有意义的工作。不过，学者往往采取以下研究进路：以 virtue ethics 格儒家伦理之义。其意之所在，是以 virtue ethics 的新视角重新打量儒

① 参见 May Sim. *Remastering Morals with Aristotle and Confucius.* Cambridge University Press，2007。

② 参见 Yu Jiyuan. *The Ethics of Confucius and Aristotle: Mirrors of Virtue.* Routledge，2007。

家伦理，或者说，“发现”儒家伦理的 virtue ethics 意蕴，从而有儒家美德伦理之建构。然而，这样一来，儒家美德伦理不过是儒家伦理在 virtue ethics 之上的消极镜像。所谓“消极”：镜像之无，不碍镜之为镜，镜像之有，镜仍自为镜。换言之，儒家美德伦理体现了 virtue ethics 对于儒家伦理的单向度意义。仅此而已。此诚为不幸，既是儒家伦理之不幸，因为它在中西交谈中居于被拷问的依附地位；又是 virtue ethics 之不幸，因为它由于几个世纪以来养成的习惯性傲慢而错失了在他者中求得自身之 refletion（映照，及反思）的机遇，更是儒家美德伦理之不幸，因为依其理想形态，本应当使儒家伦理与 virtue ethics 互济不足，相与启发，使二者起源上异质的伦理获得新的发展，从而对同此炎凉的世界哲学有所帮助。①

对于 virtue ethics 来说，“virtue”无疑是一个思想关键词。以世界哲学的立场观之，围绕“virtue”的译名之争，实际上已经浓缩了中西思想的互动对话。为了挑出相匹配的译名，需要对“virtue”及“美德”诸概念细加审察，换言之，不得不进行跨语际的概念考察工作。或许认为，译名合适与否，取决于是否能够确切反映 virtue，仿佛 virtue 先于译名而客观存在且不受译名之影响。这种翻译学上的朴素反映论恐怕有悖于跨语际思想交流的实情：virtue 在其译名的层面上成像于汉语思想之中，译名的厘定牵涉到 virtue ethics 基本内容在汉语思想中的输入与移植，汉语思想在此参照之下对古代传统的重新理解、未来的生长及其对 virtue ethics 的反作用，如此等等。

1958 年，安斯库姆发表论文《现代道德哲学》，其中说道：“最终，我们可能可以考察‘virtue’这一概念；我想，我们应当

① 值得特别关注的是，黄勇教授近年关于儒家美德伦理的研究已经自觉体现了这样的运思努力。兹举一例：Huang Yong. Two Dilemmas in Virtue Ethics and How Zhu Xi's Neo-Confuciansim Avoids Them. *Journal of Philosophical Research*, 2011, Vol. 36, pp. 247-281。

由此开始某种伦理学研究。”① 此处倡导的“某种伦理学研究”经麦金太尔等学者的进一步推动，促成了 virtue ethics 在当代的复兴。推原安斯库姆之意，对“virtue”的概念分析最终提供了 virtue ethics 的真正起点。倘若如此，那么汉语世界中的美德伦理学（或德行伦理学等）不仅要始于“virtue”之概念分析，而且还要始于“美德”等概念之分析。

在西语中，“virtue”大致相当于古希腊语中的“aretae”。在亚里士多德那里，aretae 在狭义上用于道德之域，而在广义上并不以此为限。比如，《尼各马可伦理学》讨论 aretae，提到了马的 aretae、眼睛的 aretae，当然还有人的 aretae；而人的 aretae，除了道德层面之外，还涉及赛跑、摔跤等技艺层面。② 上古汉语中“德”也有类似的用法。宽泛地说，“德者，得也”（《管子·心术上》）。德是一切禀赋于天的东西。就人而言，它也不限于道德品性，举凡外形相貌也属于“德”的范围。比如说，“今长大而美好，人见而悦之者，此吾父母之遗德也”（《庄子·盗跖》）。即使就道德品性而言，“德”是一个中性概念，即未必含有积极的评价：“和顺为善德，怨恶为凶德。”（《尚书·多方》）这一点跟亚里士多德有所不同，后者似乎总是把 aretae 跟 agathos（good）、kalos（excellent）、kalōs（excellently）等词联用。比如，人之善（to anthrōpīnon agathon），即灵魂出色地（kalōs）完成遵循逻各斯或须臾不离于逻各斯的实现活动，这就是合德（kat'aretaen），即与 virtue 相应的实现活动。③ 不妨说，aretae 总是上古汉语所说的“善德”，用现代汉语来说，则是“美德”。在此意义上，“virtue ethics”可以译为“美德伦理”，与此相应，

① G. E. M. Anscombe. Modern Moral Philosophy. *Philosophy: The Journal of the Royal Institute of Philosophy*, January, 1958, Vol. XXXIII, p. 15. 中译文可参考徐向东编：《美德伦理和道德要求》，江苏人民出版社 2008 年版，第 71 页。

② 参见 Aristotle. *Nicomachean Ethics*, 1106 a15-20。

③ 参见 Aristotle. *Nicomachean Ethics*, 1098a15-20。

可有"儒家美德伦理"等说法。

从"善德"到"美德"，汉语的演化在这里有两点特别值得注意：

其一，现代汉语中，"德"作为合成词的义素基本上是褒义用法。比如，"年高德劭"是赞颂，"缺德"用于斥责，"德性"或"德行"是反话正说的讥讽（"瞧你那德性"、"看你这德行"）。与此相应，现代汉语中的"美德"与古代汉语中的"善德"，二者的构词法不尽相同："善德"之"善"用来修饰、限制中性的"德"，"美德"之"美"则是突出、强化"德"字本来就隐含着的褒奖义。

其二，从"善德"到"美德"可以说例证了儒家沟通善与美的思想传统。孟子在评论乐正子的时候提出："可欲之谓善，有诸己之谓信，充实之谓美，充实而有光辉之谓大，大而化之之谓圣，圣而不可知之之谓神。"（《孟子·尽心下》）在这里，善、美等用来品评人格修养的不同阶段，其意蕴之一，则是美与善在人格修养即成人的层面相通。

从儒家的视域来看，"德"或"美德"总是内在品格与外在行为的统一，即德性与德行的统一。"德行"偏重于"行"，而"德性"则偏重于"性"。从字源看，"德"字从心从行，似乎已蕴含了这层意思。西方规范伦理学（包括功利主义与康德伦理学）以行为为基础（act-based），主要讨论德行，亚氏 virtue ethics 以行动者为基础（agent-based），主要讨论德性。[①] 相形之下，儒家美德伦理学固然像亚氏 virtue ethics 那样以德性为终极旨趣，但它对德行亦有深入的探究，其丰富性可能超过亚氏。[②] 在德行问题上，儒家倾向于强调行为动机、强调规则（礼或理；

① 参见徐向东："编者的话"，《美德伦理和道德要求》，江苏人民出版社 2008 年版，第 11 页。

② 当然，这样的比较对于亚里士多德来说是不公平的：似乎以整个儒家传统对抗亚氏一人。再者，在亚里士多德那里并不缺乏对德行的讨论。

原始儒学重礼，新儒家重理，凌廷堪、阮元、孙星衍等清儒则复有以礼代理的主张[①]）的内在价值。并且，德性与德行之辩是儒家美德伦理学的一个重要组成部分，其论题包括：德行与德性的培养，德行与德性的确证，德性统摄德行，德性、德行与规则，如此等等。[②] 这些方面，也许包含了儒家美德伦理学反作用于virtue ethics的可能性。

二、Virtue Ethics 与人性论基础：从儒家美德伦理出发评辛格

西方当代伦理学家辛格（Peter Singer）为《大不列颠百科全书》撰写了的“伦理学”词条已被视为现代经典，影响深远。这一条目涉及对virtue ethics的批评。其概述亚里士多德伦理学云：

> 依亚氏之见，宇宙为一个等级结构，万物各有其功用（function）。理性存在者的生命为最高形式的存在。为这种生命形式服务，这是较低形式的存在者的功用。……与此相应，则有亚氏的人性论，以及由此抽绎出来的伦理学说。亚氏认为，一切有情众生，皆具内在潜能（inherent potentien）。发展潜能是众生的本性。潜能合乎它们的生命形式，并构成它们的目的。然则人之潜能何在？亚氏以为，这相当于追问人之特采，而答案亦很显白，曰：理性能力（the capacity to reason）。故而人之终极目的即在于发展运用理性的能耐。倘能如此，一个人便是过上合其真性的好生活（well-living）。他还将明白，舍此之外，不可能有更值得一

① 参见吴晓番：《龚自珍哲学新论》（华东师范大学博士论文，2010年）论乾嘉新道德部分。

② 可参见杨国荣：《伦理与存在：道德哲学研究》，华东师范大学出版社2009年版，第146～181页；《孟子的哲学思想》，附录二“儒学与德性伦理”，华东师范大学出版社2009年版。

过的生存样态了。[1]

辛格接着指出亚氏伦理学所包含的若干谬误，其中较严重的一点：

> 亚氏以为，探究人性可以揭示人之所当为（ought to do）。考察刀，会发现它以切割为殊能，因此可以说，善刀（a good knife）就是善于切割的刀。同样，考察人性当能揭示人之殊能，并由此推知善人（a good human being）何谓。[2] 这一思路将不会有意义，除非我们像亚氏那样认为，宇宙整体有其目的，在这由目的引导的万物序列中人居其一。如果不承认这种观点，而将人类视为盲目的进化过程的产物，那么，上述思路就大错特错了。诚然，刀有其殊能，它是为了某种特定的用途而被制造出来的，因此善刀就是能够很好实现这一用途的刀。但是，按照现代生物学，人不是出于任何心中的用途而被制造出来的。人性是自然选择的随机力量的产物。因此，如果没有更进一步的道德预设，人性不能决定人应当如何生活。[3]

在这里，辛格实际上向 virtue ethics 提出了一个重要问题：人性论能否为 virtue ethics 奠基？我们来看他的批评是否能够成立。

首先，辛格认为，亚氏对人之善的界说，依赖于亚氏的目的论的宇宙论。这一批评未必成立。麦金太尔已注意到，亚氏对善的理解固然以他的一般宇宙论为背景，但“这个一般宇宙论对亚

---

① “ethics,” Encyclopaedia Britannica Online, 2000. Web. 6 Apr. 2010. http://0-search.eb.com.libecnu.lib.ecnu.edu.cn/eb/article-252575.

② 在宽泛的意义上，汉语中的“善”不限于道德伦理之域，这一点与英语中的“good”相似。当然，在现代汉语的日常表达中，我们更习惯于说“好刀”、“好人”而非“善刀”、“善人”。

③ “ethics,” Encyclopaedia Britannica Online, 2010. http://0-search.eb.com.libecnu.lib.ecnu.edu.cn/eb/article-252575.

里士多德的论证没有起多大作用”。“因为当他对善进行界说时，惟一依赖的是这样一个观点：理性行为是人所特有的实践，藉此便可以界说人类所特有的善。”① 亚氏问：人的特殊活动（ergon）何在？纯粹的生命活动，植物也有；感觉的生命活动，马、牛等动物也有；剩下来，只有灵魂的逻各斯部分的实践生命活动为人所独有。因此，人之善，就是灵魂出色地完成遵循逻各斯或须臾不离于逻各斯的实现活动（energeīa）。② 这里的关键词“活动”和“实现活动”无疑带有鲜明的亚氏目的论的宇宙论特色。不过，亚氏论证的核心在于人禽之辨，即使去掉目的论的宇宙论的预设亦无大碍。——注意：“人禽之辨”是一个借自中国儒家伦理的术语，换言之，我们已经在用儒家伦理反观 virtue ethics，用儒家伦理的思想资源参与、甚至于推进有关 virtue ethics 的一些讨论。——实际上，中国先秦思想家荀子虽无目的论的宇宙论思想，但他也通过人禽之辨理解人之善：“水火有气而无生，草木有生而无知，禽兽有知而无义，人有气、有生、有知亦且有义”（《荀子·王制》）。所谓义，乃自觉的道德意识，它依赖人的理性能力。因为人有理性，所以“可以知仁义法正”而成为禹那样的圣人（《荀子·性恶》）。

第二，人不是像刀那样按照某种特定的用途被制造出来，因此不能像理解刀之善那样理解人之善。这一批评可以提醒我们注意“善”（good）的不同用法。摩尔曾对 good 进行分析，断定 good 是一种简单属性，虽然与黄色等简单属性相比，它是非自然的。万德勒（Vendler）则试图揭示 good 何以非自然的语法根据。通过分疏某人或某事被称为 good 的三种不同理由，他注意到亚里士多德既从马的功用理解马之善，并用同样的标准理解人之善。但是，“怎样才算是一个善人？人的功用是什么？”万德勒

① ［英］麦金太尔：《伦理学简史》，龚群译，商务印书馆 2003 年版，第 99 页。

② 参见 Aristotle. *Nicomachean Ethics.* 1098a1-20。

未能回答这些“超出语法领域”的问题。[①] 但是，我们可能基于不同的理由称述某人或某事之善，这实际上可以理解为，good 有不同的用法，在“good”这个词统一表象之下掩藏了深层的语法差异以及表现在语法差异之中的事质差异。[②] 马之善（或刀之善）与人之善相同吗？辛格提醒我们，刀的特定用途来自制刀者的自觉理性，因此可以从功用的角度言说刀之善，但是，倘若“造人”的进化过程——恐怕也包括“造马”的进化过程——没有像人所具有的自觉理性，人何来特定用途？倘若人没有特定用途，就不可以像理解刀之善那样理解人之善。辛格的思路可能止步于此，但我们还可以进一步追问：如果不可以像理解刀之善那样理解人之善，那么，合法地思考人之善是否可能以及如何可能？刀之善与人之善的差别究竟何在？

我们可以先回到亚里士多德，因为他已经指明了一条思路：所谓“善事物”（tagatha，good things）有两义：或依其自身（kath'auta）而为善，或因为上述善事物（diatauta）——即依其自身而为善的事物——而为善。这样，我们就把依其自身而为善者同那些有用者（hoi iōphelimoi）分开。[③] 刀、马可以是有用者，但人则是依其自身而为善者。因此，要从人自身思考人之善。刀、马诸物是为他的存在者，而人则可以是为己的存在者，即以自身为目的的存在者。借用亚里士多德的用语，与刀、马诸物相比，人是至善（aplōs teleios）：“那个永远依其自身而从不因它物

---

① 参见［美］万德勒：《哲学中的语言学》，陈嘉映译，华夏出版社 2008 版，第七章。

② 就此而言，维特根斯坦的洞见富有启发意义。参见［德］维特根斯坦：《哲学研究》，陈嘉映译，上海人民出版社 2001 年版，第一部分，第 11、12、14 节。

③ Aristotle, *Nicomacheam Ethics*, 1096b10-16. 参见廖申白译：“善事物就可以有两种：一些是自身即善的事物，另一些是作为它们的手段而是善的事物。那么，我们就把自身即是善的事物同那些有用的事物区分开。”（［古希腊］亚里士多德：《尼各马可伦理学》，廖申白译，商务印书馆，2003 年，第 15 页。）

而被选择的东西即为至善”①。人以自身为目的，在此意义上，人之善就是善于以人自身为目的。

然而，以儒家伦理观之，亚氏思路对人与物之间关系的理解让人心存疑虑。强调人在宇宙中相对于万物的殊出地位，这在儒家传统中是一个基本倾向。如《礼记·礼运》：“人者，天地之心也。”宋儒周敦颐也说，“惟人也，得其秀而最灵。”② 但是，这并非下述意义上的人类中心主义：人是唯一依其自身而为善者，人之外的物只有工具价值，只能作为人的手段而获得价值。在儒家看来，人是万物之灵，与其说意味着人的便利优势，而是意味着人需要自觉担当的宇宙责任：不是物为人所用，而是人帮助物成其为物。这正是《中庸》二十二章所表达的参赞天地：

> 唯天下之至诚，为能尽其性，能尽其性，则能尽人之性，能尽人之性，则能尽物之性，能尽物之性，则可以赞天地之化育，可以赞天地之化育，则可以与天地参矣。

第三，人性是自然选择的随机力量的产物，因此，直接由人性之所是推出人之所当为是一种谬误。这里涉及一个根本性的问题：人性论能否为亚氏伦理学以及一般意义上的美德伦理奠基？辛格的回答是否定的。但是，他的进路颇可疑。首先，纵使能够用进化的盲目性或自然选择的随机性证成人性起源意义上的无目

① Aristotle, *Nicomachean Ethics*, 1097a30-1097b5. 廖申白译：“我们把那些始终因其自身而从不因它物而值得欲求的东西称为最完善的。与所有其他事物相比，幸福似乎最会被视为这样一种事物。”（［古希腊］亚里士多德：《尼各马可伦理学》，廖申白译，商务印书馆，2003 年，第 18 页。）希腊文“teleīos”，廖申白译为“完善的”。另一方面，teleīos 的字根为“telos”，故又隐含“达至终点”之义，Loeb 本 Rackham 即英译为“final”。“至善”语出《大学》“止于至善”。王船山曾释之曰，“‘止于至善’须一气读下，归重‘至善’一‘至’字。言必到至善地位，方是归宿，而既到至善地位，不可退转也。”（王夫之：《读四书大全说》，《船山全书》第六册，岳麓书社 1996 年版，第 396 页。）

② ［宋］周敦颐：《太极图说》，《周敦颐集》，中华书局 1990 年版，第 5 页。

的性，仍不足以据此论说人性之所是，而问题的症结恰恰在于人性之所是。人性从何而来是一个问题，人性何所是则是另一个问题。以对人性之起源的探讨代替对人性之所是的探讨，我们可以称之为“起源还原论的谬误”（fallacy of reducing to origin）。

更为要紧的是，从人性之所是推出人之所当为，这实际上是一种特定的从“是”到“当（应当）”的推理。这一推理是否成立？我们不妨称之为人性层面的是—当问题（Is-Ought problem concerning human nature）。这个问题现在成为回答人性论能否为 virtue ethics 奠基的关键。

三、人性层面的是—当问题

是—当问题无疑要追溯到休谟。用儒学提供的视角来看，是—当问题内在地关联着知行：休谟在《人性论》中区分“是”、“当”，其根据实为理性对道德、知对于行的不生发原则。“是”的“知”来自理性，单有理性不能影响行，而“应当”则关乎“行”。因此，直接从“是”到“当”为不合法的逻辑跳跃。换言之，要从“是”推出“当”，则“必需加以论述和说明”①。休谟诚然提醒我们注意“是”与“当”之间的断裂（gap），但依其用意似乎并不认为这是不可弥合的断裂。实际上，在休谟看来，正是情感沟通了“是”与“当”、“知”与“行”。②

当然，根本问题还不在于“是”与“当”之间的断裂（gap）是否可以弥合，而在于：此种断裂是否存在？如果存在，它在何种情形下存在？它无所不在吗？对于这些问题，安斯库姆《现代道德哲学》一文对“是”与“需”的讨论有启发意义。安斯库姆分析说，一般说来，对于“所当是”（that such-and-such “ought” to be）或“所需”（that such-and-such “is needed”）的

---

① ［英］休谟：《人性论》，关文运译，商务印书馆 1980 年版，第 509 页。

② 参见［英］休谟：《人性论》，关文运译，商务印书馆 1980 年版，第 497 页。

知不能直接影响行动。但是，有一种情形有待进一步深思：“就**植物**而论，从‘是’向‘需’的推论肯定没有丝毫的不可靠之处”（着重号为引者所加）；“当然，就植物所需要的东西而论，对一种需要的考虑只有当你想要那一植物欣欣向荣的时候才能影响你的行动”。换言之，这里的“需”仍属于“知”的层面，它必须经由“想望”（wanting）才能通达“行”。但是，“在你认为需要的东西与你想望的东西之间，就有某种必然的关联了”。换言之，对自己的“所需”的“知”有其特别之处，它必然引发自己的想望并生发“行”。①

或许我们可以用儒家思想来补充安斯库姆的讨论。儒家常常以植物的生长隐喻人性。② 以孟子为例。孟子论性，有著名的四端之说。从字源上看，“端”，本作“端”，《说文》段玉裁注：“古发端字作此，今同‘端’。‘端’行而‘端’废。”《说文》：“端，物初生之题也，上象生形，下象其根也。”③“端”的植物隐喻构成了孟子理解人性的本喻，或者说思维原型。④ 结合安斯库姆对于植物的上述分析，我们可以推论说：人性之所是与人性之所需，二者并无隔阂。进一步看，人性之所需，正是自己的所需——不唯如此，还是根本性的所需。因此，对它的“知”必然引发自己的想望并生发“行”。概言之，人性，即为人依其本性之“所是”、即为人依其本性之“所需”或“所当是”，而对

① 参见 G. E. M. Anscombe. Modern Moral Philosophy. *Philosophy*, Vol. XXXⅢ, No. 124, 1958, pp. 6-8。徐向东编：《美德伦理与道德要求》，江苏人民出版社 2008 年版，第 60 ~ 61 页。

② 关于先秦儒学，可参见艾兰（Sarah Allan）：《水之道与德之端：中国早期哲学思想的本喻》（*The Way of Water and Sprouts of Virtue*），张海晏译，上海人民出版社 2002 年版。关于宋明儒学，可参见鲍永玲：《“种子”与“灵光”——王阳明心学喻象体系通论》，上海世纪出版集团 2012 年版。

③ ［清］段玉裁注：《说文解字注》，上海古籍出版社 1988 年版。

④ 关于本喻对于抽象理论思考的根本意义，可参见 George Lakoff, Mark Johnson. *Metaphors We Live By*. The University of Chicago Press, 1980。

它的“知”必然引出人依其本性之“所当行”。经由“知”，从“是”到“当”一气贯下，无有隔阂或断裂。

在这里，这种以“性”（包括人性之所是与人性之所需）为认知内容的“知”有其特别之处。进而言之，就人性而言，也许更好的说法不是“知”而是“明”。王船山释《中庸》“诚则明矣”，以为“明非但知之谓也”，因为明“兼安行”。[①] 明性，即知即行：对人性的知，不是获得对象性知识，而是觉解人性，觉解人之所是；对人之所是有所觉解，此人之所是即呈现为形式指引（formal index）；将此形式指引自觉纳入自身的在世活动，“所是”成为“所当是”，“所当是”又牵引人的在世活动。因此，觉解人性，也就是获得了向着自身之在的意向、动力，甚至开始了向着自身之在的过程。换言之，明性也就成为人性的展开方式。[②]

在道德之域，基于人性层面之所“是”所引发的“所当行”可以说属于德行的范畴。这时，我们不得不注意上面曾提到的德行与德性之间的复杂关系。其中一个维度：德行既是德性的外在确证，同时还会反过来影响德性（人性之所是）。就是一当而言，这种关系可以表述为，“是”引发“当”，“当”反作用于“是”。因此，“是”与“当”的沟通，不再是单向度的一气贯下，而是双向度的交互作用。基于此，人性展开为一个不断生成的过程。用王船山的话来说：“性者生也，日生而日成之也。”[③]

如本章第一节所述，在现代汉语中，“性”往往作为“nature”、“essense”的译名得到理解，意味着在现象背后固定不变且决定

① ［明］王夫之：《读四书大全说》，《船山全书》第六册，岳麓书社 1996 年版，第 571 页。

② 参见陈赟：《性善：一种引导性的概念》，《现代哲学》2003 年第 1 期，第 82～88 页。

③ ［明］王夫之：《尚书引义》，《船山全书》第二册，岳麓书社 1996 年版，第 300 页。

着现象的某种东西。与此相应，英语世界也往往在“nature”、“essense”的意义上理解中国传统文献中的“性”。葛瑞汉注意到“性”在先秦时期所蕴含的过程义、生长义。在一定意义上，王船山的性日生日成说正是回到了这一先秦传统。

性日生日成，因此，人性不是现成的，不是一出生就被确定的，非“一受之成型，而终古不易”[①]；恰恰相反，它未成而待成。人性有待于一个人自己去成就。在成就自性这件事上，每时每刻都是既济而未济，每时每刻都是战战兢兢，如临深渊，如履薄冰，死而后已。《礼记·檀弓》记载了儒家美德伦理的一个典范：曾子将死，起而易箦，欲得礼之正而终。一个人在通常所谓的“临终”时刻对自性的守持与培养仍然不敢有丝毫的懈怠，这是怎样一种担当啊！透过曾子，儒家伦理表达了自己的基本立场：成人，或者说美德修养是人性的内在要求。因此，我们可以说，至少在形式指引的层面，人性能够决定人应当如何生活。这样，我们也就以肯定的方式回答了由辛格对 virtue ethics 之批评所引发的问题：人性论能够为美德伦理奠基。

第三节　观“科学”

本节试图通过对重要思想家严复的个案考察，探讨一个现代汉语思想基本语汇——科学，看看是否能够增进对它的理解。另一方面，不同于本章第一节凸显的译名面相及第二节凸显的西返面相，本项考察将特别彰显现代汉语思想基本语汇“四重面相”中的传统面相：即使在那些看似激烈反传统、看似主要依靠移植的思想观念中（比如科学）仍然以某种方式依靠中国古代传统并且保留了中国古代传统。同时，我们的探讨将展开于对以往中

① ［明］王夫之：《读四书大全说》，《船山全书》第六册，岳麓书社 1996 年版，第 750 ~ 751 页。

国现代思想研究方法的反思之中。

一、如何理解中国的现代思想?

“呜呼！观今日之世变，盖自秦以来未有若斯之亟也!”[①] 自19世纪60年代以来，中国便开始了迄今为止尚未完成的现代化运动。在此过程中，中国现代思想发生了。如何理解中国的现代思想？中国现代思想可能开展出怎样的价值与意义？这两个问题敦促我们反思中国现代思想史。与此同时，我们在这样的反思中理解未来，筹划未来。因此，反思同时又是前思。反思必须是前思。反思只有在同时成为前思之时才成其为真正有意义、有力量的反思。

如何理解中国的现代思想？在这里，“如何”所带入的，不仅有追问的对象（问之所问），而且有追问的方式（问之如何问）与追问的旨趣（问之所以问）。而且，不是三者的简单并列，而是相互制约、相互渗透所形成的整体。在“儒教中国及其现代命运”这项研究中，列文森发问：中国近代早期的唯物主义思想家的出现是否表明，“即使没有西方工业主义的催化作用，这个看上去平稳的、传统的中国社会，凭借自身的力量也将迈入一个具有科学取向的社会吗”[②]？这是一个韦伯式的问题。列文森追问儒家传统的现代价值（问之所以问）。儒家传统的价值由专业化、科学等现代价值标准加以衡量（问之如何问）。成为反思对象的，是儒家传统在现代中国语境下的命运，而不是专业化、科学等现代价值（问之所问）。列文森的如上反思基于以下前思：我们应该怎样对待儒教传统？因此，在列文森那里，反思的结果——儒教中国和它的古代价值业已成为博物馆的陈列

① 严复：《严复集》，王栻主编，中华书局1986年版，第1页。

② ［美］列文森：《儒教中国及其现代命运》，中国社会科学出版社2000年版，第3页。

物——与其说是一个实然判断，倒不如说是一个应然之则。对于历史与传统我们纵然有难以割舍的牵挂，理智的选择只能是悲壮的，“不得不对自己的历史作一番清算，用一条新的绳索将它牢牢拴住，而同时朝着和它完全相反的方向前进”。[①]

无论是情感上还是理智上，我们也许都不太能接受列文森的看法。按照他的逻辑，以儒家为代表的中国传统文化不得不逐渐由现实退入历史，它们对于中国现代思想的生成基本上没有、也不可能有建设性的价值。这无疑忽视中国现代思想发生过程中“古今中西”于冲突中融通创获这一基本实情。有一种情形颇值得玩味：即使在那些看似激烈反传统、看似主要依靠移植的思想观念中——比如科学——仍然以某种方式依靠中国古代传统并且保留了中国古代传统。在此，我们领略到人类熔铸新的思想观念的奇观：一边是西方传统，一边是中国古代传统，两相交际，产生了“科学”、“民主”等中国现代思想观念。以科学为例，它既不是程朱理学的格物致知，又不是现代西方的 science 或 Wissenschaft，但同时却又继承了各自的某些特点。对于这样一种思想现象，我们可以有不同的基本评价。比如，我们可以说，中国传统的格致思想为 science 这一西方观念的引入提供了有力的依托。我们也可以说，中国传统格致思想（再加上中国现代历史过程的现实要求）导致了西方外来的 science 观念的变形。——但无论如何，西方传统的主导性似乎是不言而喻的。正是基于同西方思想脉络中 science 观念的关联，我们才能把“科学”界定为现代观念，并进而厘定这一现代观念中的现代内涵。无论是对“变形”过程的具体考察，还是对“依托”过程的思想史研究，其研究的旨趣首先都是从关切“中国”本身出发，理解不言而

① ［美］列文森：《儒教中国及其现代命运》，中国社会科学出版社 2000 年版，第 383 页。所谓传统与价值、情感与价值的两难同样主导了列文森的其他著作如《梁启超与中国近代思想》。

喻的西方现代思想在中国的流传。这样的研究工作，无论其细节如何引人入胜，但最终似乎永远只是为以下观点提供一个又一个具体的印证：现代中国在学习西方的过程中展示了中西思想交流融合的复杂形态。在此视域之下，中国现代思想无论如何生机洋溢、丰富多彩，它的意义似乎仅限于中国文化本身的现代转变。在此视域之下，我们很难看到中国现代思想对于人类思想的独特贡献，因为它充其量不过是已有的西方现代思想不精确的翻版；我们同样很难看到中国现代思想家在人类思想史上的独特价值，因为他们充其量不过是学习西方思想而功课不太理想的学生。①

二、由“科学”观“Science”

在此背景之下，史华慈的《寻求富强：严复与西方》颇值得我们注意。这部名著的意义，远远不限于严复研究。即使不同意作者在具体问题上的观点，② 我们也无法否认这样一个事实：它展现了如何理解中国现代思想的另一种可能性。史华慈问，“把西方假设为已知量”是否成立？这一质疑开始松动中国现代思想研究习见范式的基本出发点。西方现代思想传统开始可能成

---

① 墨子刻在评价黄克武《自由的所以然——严复对约翰·弥尔自由思想的认识与批判》一书时说道，这部著作改变了严复的历史形象，严复不再是“一位学习西方政治理论而功课不太理想的学生”（参见墨子刻为该书所作的序）。不过，黄著所探讨的问题是：严复——中国现代思想史上调适取向的代表人物之一——为什么没有完全接受西方弥尔式的自由主义？作者的回答包括：严复对弥尔自由思想的误解主要在于严复对弥尔自由思想之所以然的误解，后者可以进一步归结于严复对弥尔的悲观主义认识论缺乏领会与接受。在这里，西方弥尔式的自由主义显然被设定为严复所当学会而未能学会的东西。在此意义上，严复仍然是“一位学习西方政治理论而功课不太理想的学生”。

② 比如，李泽厚作于1977年的《论严复》一文认为，在进化论问题上，严复的立场是折中赫胥黎和斯宾塞，这“似乎是矛盾，实际却是一种合情合理的‘创造’”。因此，他评论说，“史华慈只讲严复用斯宾塞批评赫胥黎，说严完全站在斯的一方，似片面”。（参见李泽厚：《中国思想史论》，安徽文艺出版社1999年版，第597页。）

为反思的内容。也就是说，我们看到了一种新的可能性：通过中国现代思想反思西方现代思想传统。与此相应，中国现代思想家的角色由西方现代思想的学习者转变为西方思想的“外国观察家”。作为“外国观察家”的中国现代思想家，比如严复，其迷人之处在于，看到了西方文化中为西方人自己所忽视的东西。刘易斯·哈茨在评论《寻求富强》时概括史华慈的发现：严复站在尚未经历近代化变化的中国文化的立场上，一下子就发现并抓住了欧洲著作中阐述的“集体的力量”这一主题。在更宽泛的意义上，“外国评论家的本事在于能够揭示出所研究国家的社会生活中蕴含着的思想方面的东西。因为这些评论家往往通过母国文化提供的对照，使异国社会生活中蕴含着的思想显得清晰可见”①。如果我们转变对20世纪中国现代思想家的角色期待，也许可以找到不少有洞见的西方文化观察家与评论家，他们可以帮助我们发现西方现代思想中原本被遮蔽、被忽视甚至被误解的东西，从而帮助人类更好地理解西方。由此，中国现代思想展现出另一重价值：作为返观西方现代思想的镜像。

进一步看，我们甚至有可能在中国现代思想家本身没有清楚“看到”的地方找到审视西方思想的有利观察点。这时，我们不是通过对中国现代思想家的观察，而是通过对他们的观察的观察返观西方现代思想。就科学观而言，中国现代思想史上科学观的某些特征或许可以启发人们（西方学者及中国学者）反思对西方科学观的通常理解。参照西方思想的脉络，严复的科学观可以归于实证主义名下。他将科学方法概括为考订、贯通、试验“三际”。② 考订，以观察或演验（实验）之法即物实测；贯通，以内籀（归纳）之法得出一般的因果公例，“凡学必其有因果公

① 哈茨为史华慈《寻求富强：严复与西方》一书所写的序。参见［美］史华慈：《寻求富强：严复与西方》，“序言”，叶凤美译，江苏人民出版社1996年版，第1页。

② 严复：《严复集》，王栻主编，中华书局1986年版，第93页。

例，可以数往知来者，乃称科学”[①]。试验，对公例加以印证。但是，严复的一个独特之处，在于他把得出公例的过程理解为“道通为一”的过程。通过这样的修辞，基于经验材料而来的具体公例似乎就很顺当地过渡到作为世界第一原理的“道”。实际上，在严复那里，我们不难看到对于两者的平行叙事：一方面，公例既立，“必无往而不融涣消释”[②]；另一方面，道无不在，“苟得其术，虽近取诸，岂有穷哉？而行彻五洲，学穷千古，亦将但见其会通而统于一而已矣。”[③] 而在严复的另一些叙述中，科学公例与形而上学原理有时混杂不清：“穷理致知之事，其公例皆会通之词，无专指者。惟其所会通愈广，则其例亦愈尊。理如水木然，由条寻枝，循枝赴干，汇归万派，萃于一源；至于一源，大道乃见。道通为一，此之谓也”[④]；有时则直接等同：自然公例，“即道家所谓道，先儒所谓理，《易》之太极，释子所谓不二法门”[⑤]。如何理解严复实证主义科学观的形上之维？它的意义何在？一种可能的思路：严复科学观的形上之维意味着实证论在现代中国的一种变异，思想史研究的任务之一便是从中国古代思想传统及中国近代社会的实情考察、揭示这种变异产生的历史过程及理论机制。[⑥] 无疑，这一思路从如下前提出发：西方实证论的一个重要特征是反形上学。换言之，西方实证论科学观的反形上学特征是不言而喻的。但是，我们能否这么想：恰恰是严复科学观的形上之维启发我们思考：科学与形上学之间是否有

---

① [英] 斯宾塞：《群学肄言》，严复译，商务印书馆 1981 年版，第 x 页译者注。

② 严复：《严复集》，王栻主编，中华书局 1986 年版，第 871 页。

③ 严复：《严复集》，王栻主编，中华书局 1986 年版，第 1096 页。

④ 严复：《严复集》，王栻主编，中华书局 1986 年版，第 1042 页。

⑤ 严复：《严复集》，王栻主编，中华书局 1986 年版，第 1051 页。

⑥ 参见杨国荣：《从严复到金岳霖：实证论与中国哲学》，高等教育出版社 1996 年版，及《科学的形上之维：中国近代科学主义的形成与衍化》，上海人民出版社 1999 年版。

着某种隐秘的关联？这种关联在严复那里得到了较为充分的体现，而这种较为充分的体现进而启发我们反思西方实证论科学观在反形上学表象之下的形上学特征？[①] 实证主义将对现象之后的本质或本体的追问作为形上学加以拒斥。但吊诡的是，这种拒斥恰恰是基于一种隐蔽的形上学立场。当然，重要的不仅在于指出实证论科学观的形上学特征，更在于具体揭示实证论科学观的形上学基础。海德格尔曾在反思形上学的脉络中展开对科学的深刻反思。他指出，实证主义——我们几十年以来并且现在前所未有地置身于实证主义潮流中——“认为光有事实或者别的和新的事实就足够了”。基于此，现代科学以事实科学、实验科学和测量科学自居。这里有一种特殊的与物打交道、规定物之物性的“形而上学筹划”。[②]

以中国现代思想为镜像返观西方，这是试图通过现代中国重新审视西方。当我们进行这样的反思工作之际，在一定的意义，我们超越了“中国”立场而获得了某种似乎可称之为“世界学者”的抱负。鉴于西方思想在当今世界的渗透性力量，重新审视西方意味着非西方文化的文化自觉，意味着人类思想试图超越某种特定文化，在不同文化的对话中探测自身的限度，开辟新的可能空间。

三、“科学”观念与传统思想

《庄子》的“道通为一”帮助严复的科学观完成了从经验到

① 实际上，史华慈已经多处提到斯宾塞实证主义哲学的形而上学性质。例如：“我们清楚地看到在‘深一层’的抽象的宇宙论方面，斯宾塞对于天地万物的想象与中国某些根深蒂固的思想模式非常明显地相吻合。在斯宾塞的含糊的、泛神论的、自然主义的、内在论的一元论中，各种现实现象都‘脱胎’于唯心论的‘绝对实在’，并通过空间、物质、时间、运动、力这些饶有趣味的范畴发生联系。”（史华慈：《寻求富强》，叶凤美译，江苏人民出版社 1996 年版，第 46 页。）

② 参见［德］海德格尔：《海德格尔选集》，孙周兴选编，上海三联书店 1996 年版，第 847 ~ 850 页。

玄学的跳跃。传统的力量无处不在。传统可以提供引入西方观念的契合点，传统帮助中国现代思想家成为西方文化深刻的观察者，传统的在场使得中国现代思想有可能成为返观西方现代思想的镜像。这些多多少少印证了前面提及的一个说法：即使在那些看似激烈反传统、看似主要依靠移植的思想观念中（比如科学）仍然以某种方式依靠中国古代传统并且保留了中国古代传统。然而，“看似”仍然暗示着，在最直接的、未加反思的层面上，我们显然把科学等观念理解为主要依靠移植的外来观念。即使“看似”意味着假象（Schein），但假象在现象层面亦是真实的。“看似”在这里再次印证了本章第一节所讲的中国现代思想的一种实情与危机：现代汉语思想的一些基本范畴往往是作为译名得到思考与理解。以现代汉语翻译西方近代思想的情形，乃是输入一种强势的文化。现代汉语思想的基本范畴、甚至现代汉语的基本结构都包含了未思的西方近代因素。与此相应，现代汉语/思想呈现出因移植而产生的无根性。对于这样一种现代汉语/思想的实情与危机，我们应该有一种清醒的意识，因为这是我们开始下一步工作的前提：如何克服现代汉语/思想的无根性？也许一个可能的途径在于，透过“看似”的假象，通过诠释开显出中国现代思想观念产生之际本有的传统根源。

我们不妨考察严复如何吸纳“看似”主要依靠移植的思想观念“科学”。严复曾说，斯宾塞的群学“约其所论，其节目支条，与吾《大学》所谓诚正修齐治平之事有不期而合者，第《大学》引而未发，语焉不详。”[①] 但实际上，《大学》亦为严复的科学观提供了重要的形式框架，从而使得严复的科学观呈现出“旧瓶装新酒”的面貌。大学八条目始于格致。朱熹《大学章句》补传又以即物穷理释格致。严复即用格致或即物穷理安顿“实测内籀”的科学方法。虽然“吾国所谓学，自晚周秦汉以

① 严复：《严复集》，王栻主编，中华书局 1986 年版，第 6 页。

来，大经不离言词文字而已，求其仰观俯察，近取诸身，远取诸物，如西人所谓学于自然者，不多遘也”，[①] 但是，朱熹的即物穷理之说本来包含了研读自然无字之书的要求。“夫朱子以即物穷理释格物致知，是也；至以读书穷理言之，风斯在下矣。”[②] 进而言之，由即物而穷理的程序隐含了内籀之法。“内籀西名Inductive……惟能此术，而后新理日出，而人伦乃有进步之期。吾国向来为学，偏于外籀，而内籀能事极微。宋儒朱子，以读书穷理解格物致知。察其语意，于内外籀原未偏废。盖读书是求多闻。多闻者，多得古人所流传公例也。穷理是求新知，新知必即物求之。故补传云：在即物以穷其理，至于豁然贯通。既贯通，自然新知以出，新例以立。”[③]

进一步看，格致或科学的意义不是自足的。[④] 换言之，科学本身没有内在价值。它只是一个起点，它的意义只能由它的后续环节获得证明。就此而言，八条目更为严复提供了以科学的功能论证科学之合法性的形式框架。一方面，由格物致知而正心诚意修身。[⑤] 与此相应，治科学的过程便展开为一个“治练心能”[⑥]、“变其心习”[⑦] 的过程。格致之学，“其绝大妙用，在于有以炼智

---

① 严复：《严复集》，王栻主编，中华书局 1986 年版，第 237 页。

② 严复：《严复集》，王栻主编，中华书局 1986 年版，第 29 页。

③ ［英］耶方斯：《名学浅说》，严复译，商务印书馆 1981 年版，第 64 页。

④ “格致”在严复那里有广狭两义。在狭义上，“格致”专指物理学。如《原强》：“力学者，所谓格致之学是也。”（严复：《严复集》，王栻主编，中华书局 1986 年版，第 7 页。）广义上的“格致”则指与 science 对应的科学。比如，严复曾把“scientific men”译为“格致之家”。（参见［英］斯宾塞：《群学肄言》，严复译，商务印书馆 1981 年版，第 4 页。）

⑤ 史华慈说，“正是科学的修养使人们得以摆脱感情的迷雾，古代圣贤梦寐以求的也就是这种境界。换句话说，正是西方科学，才以德行为其追求目标，坚守《中庸》所阐述的‘中庸之道’（庞德的‘不偏不倚’）。”（史华慈：《寻求富强：严复与西方》，叶凤美译，南京：江苏人民出版社 1996 年版，第 31 页。）

⑥ 严复：《严复集》，王栻主编，中华书局 1986 年版，第 280 页。

⑦ 严复：《严复集》，王栻主编，中华书局 1986 年版，第 282 页。

虑而操心思，使习于沈者不至为浮，习于诚者不能为妄”。[①] 严复特别突出了科学对于独立人格和批判精神的培养。习格致必“**自**竭其耳目，**自**致其心思，贵**自**得而贱因人，喜**善疑**而慎信”[②]，而对于经辛苦探索得到的公例，自然能够信奉坚持，“虽有君父之严，贲育之勇，仪秦之辩，岂能夺其是非！”[③] 实际上，作为人与世界相与交际的特定方式，科学给出了人在世特定的存在方式。

另一方面，格物致知最终指向齐治平，与此相应，科学的价值在于为富国保种奠基。[④] “求才为学二者，皆必以有用为宗。而有用之效，征之富强；富强之基，本诸格致。”[⑤] 汪晖曾说，“科学概念在20世纪中国的广泛使用远不像表面看来的那样简单。可以肯定的一点是：中国思想家对于科学本身就是目的，科学就是为认识而认识的理想主义科学观；正如培根时代的科学观一样，‘功用’和‘进步’是中国思想家的科学观中的两个关键字眼”[⑥]。这一论断在一定程度上同样适用于19世纪末期的严复。他曾说，“今之科学，自是以诚成物之事，吾国欲求进步，固属不可抛荒”[⑦]。甲午战争时中国的失败，引发最迫切、最震撼人心的、生死攸关的问题：中国何以积弱不振？同时，它成为最有待解释的问题。反过来，对此问题具有解释力的学说将由此

---

① 严复：《严复集》，王栻主编，中华书局1986年版，第45页。

② 严复：《严复集》，王栻主编，中华书局1986年版，第29页。着重号为引者所加。

③ 严复：《严复集》，王栻主编，中华书局1986年版，第282页。

④ 史华慈：“斯宾塞的书所以最使人激奋，还因为此书显示了西方科学的方法与治国平天下的关系：‘以格致诚正为治平根本’。”（［美］史华慈：《寻求富强：严复与西方》，叶凤美译，江苏人民出版社1996年版，第31页。）

⑤ 严复：《严复集》，王栻主编，中华书局1986年版，第43页。

⑥ 汪晖：“科学的观念与中国的现代认同”，《汪晖自选集》，广西师范大学出版社1997年版，第208页。

⑦ 严复：《严复集》，王栻主编，中华书局1986年版，第331页。

获得最有力的合法性支持。按照严复的观察，西学命脉之一便是科学。“苟扼要而谈，不外于学术则黜伪而崇真，于刑政则屈私以为公而已。”① 进一步，科学所提供的进化论不仅解释了中国为什么积弱不振，而且指出了走出困境的出路：从根本上放弃中国文化优越感，颠覆中国文化的价值本位，对中国文化进行根本性的变革。换言之，作为科学理论的进化论为社会变革与反传统提供合法性依据。科学经由进化论开始了逐渐上升为世界观与意识形态的行程。

严复以“进化”（evolution）为“天演”，这里的修辞策略颇值得玩味。严复曾分疏汉语中“天”的多重含义：“中国所谓天字，乃名学所谓歧义之名，最病思理而起争端。以神理言之上帝，以形下言之苍昊。至于无所为作而有因果之形气，虽有因果而不可得言之，适偶西文各有异字，而中国常语皆谓之天。……天演，天字则第三义也。”② 然而，天字的多重含义恐怕并不像严复所说的那样“皆绝不相谋，必不可混者也”。由于数千年的文化积淀，天字对于中国人的耳朵来说似乎总是带有某种独特的形上意味与准宗教情感。天字似乎本身就意味着作为最终价值源泉和最高行动准则的天理。因此，以进化为天演的修辞，不经意中将进化提升到了天理的地位。或者说，“天演”的叙事暗暗利用传统思想中根深蒂固的天理观，赋予进化以根本原理的地位——虽然进化论本身似乎以颠覆天理观为己任。③

严复借助于天演引入进化的叙事策略同培根在神学的基本框

① 严复：《严复集》，王栻主编，中华书局1986年版，第2页。

② ［英］斯宾塞：《群学肄言》，严复译，商务印书馆1981年版，第299页，译者注。

③ 汪晖认为，在严复那里，“科学既是实证精神的表现和结果，同时又是‘天演’这一普遍原理和第一推动力的显现。作为普遍原理，它不仅揭示了世界变迁的图像和前景，而且规定了人们行动的准则和价值取向。‘天演’是自然现象，又是道德命令”。（汪晖：《科学的观念与中国的现代认同》，载汪晖：《汪晖自选集》，广西师范大学出版社，1997年，第234页。）

架下引入科学的方式之间有相通之处。比如，近代科学观以征服自然为基本特征。然而，征服自然的合法性在培根那里却是诉诸《圣经》。他说，“人类在一堕落时就同时失去他们的天真状态和对于自然万物的统治权。但是这两宗损失就是在此生中也是能够得到某种部分的补救的：前者要靠宗教和信仰，后者则靠技术和科学。须知自然万物并未经那被诅咒者做成一个绝对的、永远的叛逆，它在‘就着你脸上的汗来吃你的面包’这样一个宪条的作用之下，现在终于被各种各样的劳动（当然不是被一些空口争论或一些无聊的幻术仪式，而是被各种各样的劳动）在一定程度上征服到来供给人类以面包，那就是说，被征服到来对人类生活效用了”①。

四、清初知识观

上文讨论了《大学》八条目对于严复所引进的“科学”的影响。换个角度看，则是严复的科学观之中积淀了宋明时期的理学知识论中的形上之维、心性之维。有必要一提的是，理学知识论在清初已经发生了某种转变，原本为理学所忽视的技艺与考证逐渐受到重视。明清之际，“天崩地解”。在思想领域，批判宋明理学回归原始儒学，从心性之学转向经世致用的实学，可以说是明末清初基本的时代精神。其中一个方面，便是知识观的变迁。宋明理学内部尽管有程朱理学之“道问学”与陆王心学之“尊德性”的分歧，但他们都以心性之学为体现儒学真谛的知识形态，这一点无疑构成宋明理学的基本面向。朱熹“格物致知”的对象上而无极太极天地鬼神之变，下而至于一草、一木、一昆虫之微，可谓无所不包。但是，一方面，知识的典范主要限于道德践履、社会政治活动之域，这一点对于朱熹来说是不言而喻的；另一方面，即便考察“鸟兽草木”之物，朱熹的兴趣点也

① ［英］培根：《新工具》，许宝骙译，商务印书馆1997年版，第291页。

不在纯粹的客观物理，而是以“所当然”范导对“所以然”的研究。换言之，对物之研究着眼于探索人物之间如何相处的当然之则：“且如草木鸟兽，虽是至微至贱，亦皆有理。如所谓‘仲夏斩阳木，仲冬斩阴木’，自家知得这个道理，处之而各得其当，便是。”① 作为心学的代表人物，王阳明在《答顾东桥书》中说道，“圣人之学”“大端惟在复心体之同然，而知识技能，非所与论也”②。然而，清初思想家如黄宗羲、顾炎武、颜元等人却批判心性之学的空疏与虚妄，同时彰显王阳明所轻视的“知识”与“技能”（技艺），从而极大地拓展了中国传统思想对于知识的理解。

顾炎武非常重视“艺”。《日知录》卷五“乐章”条枚举七种技艺：声音之学，天文，地理，射，御，书，数。在顾炎武看来，以上诸艺，“古之时人人知之，而今日遂为绝学。且曰：艺而已矣，不知之无害也。此近代之儒所以自文其空疏也。”③ 当然，对技艺知识的深入考察莫过于颜元。

颜元破程朱，入孔孟，倡实学，重习行。他认为，孔孟、程朱判然两途。以孔孟为代表的原始儒学元气淋漓，造就参赞天地、经世济用之人材：“‘儒者天地之元气’，以其在上在下，皆能造就人材，以辅世泽民，参赞化育故也。”④ 相形之下，宋明理学专务于嘴上讲论纸上著述，气象衰微：“宋、元来儒者却习成妇女态，甚可羞。无事袖手谈心性，临危一死报君王，即为上品矣。”⑤ 宋明理学之所以偏离真正的儒学传统，根本症结在于

① ［宋］朱熹：《朱子语类》（一）中华书局 1986 年版，卷十五，第 295 页。

② ［明］王阳明：《传习录》卷中，《王阳明全集》，吴光等编，上海古籍出版社 1992 年版，第 55 页。

③ ［清］顾炎武著，［清］黄汝成集释：《日知录集释》，上海古籍出版社 2006 年版，第 287～288 页。

④ ［清］颜元：《存学编》，《颜元集》，中华书局 1987 年版，第 69 页。

⑤ ［清］颜元：《存学编》，《颜元集》，中华书局 1987 年版，第 51 页。

"学"的偏失："汉、宋来道之不明，只由'学'字误。'学'已误矣，又何'习'?'学''习'俱误，又何'道'?是以满世读书把笔开坛发座之人，而求一明、亲、经济者，举世无之；求一孝弟礼义者，百里无之。尧、舜、周、孔之道亡矣。……学非他学，学尧、舜之三事，学周公之三物也，习之时习之，而天下乃可言有道矣。"① 所谓"三事"，即《尚书·大禹谟》所讲的"正德、利用、厚生"，而"三物"则是《周礼·大司徒》所说的"六德"、"六行"和"六艺"："以乡三物教万民而宾兴之：一曰六德，知、仁、圣、义、忠、和；二曰六行，孝、友、睦、姻、任、恤；三曰六艺，礼、乐、射、御、书、数。"② 在颜元看来，三事为尧舜之道，三物为周孔之道，而两者实际上是相通的，六德即正德，六行即利用，六艺即厚生。颜元认为，三事三物才是"学"的真正统绪，除此之外便是异端外道："唐、虞之世，学治具在六府、三事。外六府、三事而别有学术，便是异端。周、孔之时，学治只有个三物。外三物而别有学术，便是外道。"③ 以宋明学者为代表的后世儒者却偏离正道，"学"蜕变为静坐、读书、议论、著述，结果"满世读书把笔开坛发座之人"，却找不到一个力行济世的人才。"后世乃有全废'三事''三物'之道，专以心头之静敬，纸上之浮文，冒认道统，尸祝孔、孟之侧者，可异也哉!"④

就内涵而言，"六艺"基本上属于操作技艺知识或实用技能知识。颜元以此为典范理解实"学"的真正内容，实际上重新

① ［清］颜元：《四书正误》，《颜元集》，中华书局 1987 年版，第 174 ~ 175 页。

② ［汉］郑玄注、［唐］贾公彦疏：《周礼注疏》，北京大学出版社 1999 年版，第 266 页。

③ ［清］颜元：《颜习斋先生言行录》，《颜元集》，中华书局 1987 年版，第 685 页。

④ ［清］颜元：《颜习斋先生言行录》，《颜元集》，中华书局 1987 年版，第 642 页。

界定了“知识”：典范性的知识形态，既不是德性之知，也不是理论形式的见闻之知，而是实用技能知识，其要义在于“知道如何做”，而非“知道是什么”。颜元将“格物”之“格”同学习实用技能的“习行”联系起来，从而赋予“格物”不同于理学的新内涵。“格物”既不是程朱所说的“穷理”，也不是王阳明所说的“正心”，而是将“六艺”等技能亲身学习一番。以“乐”为例。“辟如欲知乐，任读乐谱几百遍，讲问、思辩几十层，总不能知。直须搏拊击吹，口歌身舞，亲下手一番，方知乐是如此，知乐者斯至矣。”①

颜元对“学而时习之”一语特别推崇，认为它揭示了儒学的精髓：“孔子开章第一句，道尽学宗。思过，读过，总不如学过。一学便住也终殆，不如习过。习三两次，终不与我为一，总不如时习方能有得。‘习与性成’，方是‘乾乾不息’。”② 这里有三层意思值得注意：其一，所谓“思过，读过，总不如学过”，其实质含义，在于前面提到的“行”对于“致知”的根本重要性。其二，“习与性成”，意味着所习得的技能成为生命存在的一部分，实有诸己。其三，“学而时习之”的“时习”强调了反复实践的必要性，而此种必要性实际上源于以“习与性成”为终点的技能习得的过程性。

颜元还注意到，习得技能的过程可以区分为不同的阶段。他在讲到学习鼓琴时说道：“歌得其调，抚娴其指，弦求中音，徽求中节，声求协律，是谓之学琴矣，未为习琴也。手随心，音随手，清浊、疾徐有常规，鼓有常功，奏有常乐，是之谓习琴矣，未为能琴也。弦器可手制也，音律可耳审也，诗歌惟其所欲也，心与手忘，手与弦忘，私欲不作于心，太和常在于室，感应阴

① ［清］颜元：《四书正误》，《颜元集》，中华书局1987年版，第159页。

② ［清］颜元：《颜习斋先生言行录》，《颜元集》，中华书局1987年版，第668页。

阳，化物达天，于是乎命之曰能琴。”[①]“学琴”、“习琴”、“能琴”构成了从新手到行家里手再到大师的技能习得过程。在“学”的阶段，初学者需要做出有意识的努力，以“求”符合（得、中、协）特定的规则要求（调、音、节、律）；在“习”的阶段，技能的掌握已经相当熟练，无需意志的努力（所谓“随”也）就可以做到中规中矩（所谓“常”也）；在“能”的阶段，初学者成长为大师，他将自己遗忘在技艺之中的同时遗忘了技艺，他在栖居于技艺之中的同时让技艺占据了自身。

颜元提倡“实学”、“习行”，从实用技能习得的角度拓展了中国传统的知识观。顾炎武同样批判理学末流“明心见性之空言”而倡导“修己治人之实学”。五胡乱华，始于清谈老庄，明清易代，则源于清谈孔孟。“不习六艺之文，不考百王之典，不综当代之务，举夫子论学政之大端一切不问，而曰‘一贯’，曰‘无言’。以明心见性之空言，代修己治人之实学。股肱惰而万事荒，爪牙亡而四国乱，神州荡覆，宗社丘墟。”[②]就知识形态而言，如果说颜元发展了技艺之知，那么，顾炎武以救世之心为本，最终将“实学”落实为考据之学：“因句读以辨其文，因文以识其义，因其义以通制作之原，则夫子所谓以承天之道而治人之情者，可以追三代之英，而辛有之叹，不发于伊川矣。”[③]顾氏此论很容易让我们想到第一章第二节所论的戴震的著名命题，即“由字词以通其道”：“经之至者道也，所以明道者其词也，所以成词者，未有能外小学文字者也。由文字以通于语言，由语言以通乎古圣贤之心志。”[④]钱穆曾由顾氏《音学五书》与明道

① ［清］颜元：《存学编》，《颜元集》，中华书局1987年版，第78～79页。

② ［清］顾炎武著，［清］黄汝成集释：《日知录集释》，上海古籍出版社2006年版，第403页。

③ ［清］顾炎武：《仪礼郑注句读序》，《顾亭林诗文集》，中华书局1983年版，第33页。

④ ［清］戴震：《古经解钩沉序》，《戴震集》，上海古籍出版社1980年版，第192页。

救世之关系论及清代考据学之精神：“故治音韵为通经之钥，而通经为明道之资。明道所以救世。亭林之意如是。乾嘉考证学，即本此推衍，以考文、知音之工夫治经，即以治经工夫为明道，诚可谓得亭林宗传。”① 由知音考文而通经，由通经而明道，由明道而救世，知音考文在顾炎武那里有着强烈的现实关怀，乃是作为济世之方提出来的。然而，由于文献考证研究在操作程序上的优先地位，由于从知音考文到救世需要经过环节，大多数清人考据日久，未免萦绕盘旋于考文知音之间而遗忘了顾炎武所主张的救世之初衷。从积极面向说，则是音韵研究、文献考订、字义训诂等考证学获得了独立的发展与自足的地位，而为考据而考据的追求恰恰属于王阳明所不屑的客观“知识”。

获得“客观”知识需要相应的实证方法。顾炎武的《音学五书》既彰显了以实证研究拒斥义理玄思的实证精神，同时也提供了一个如何进行具体操作的方法论典范。这一点以往的学者已言之甚详。如钱穆概括了两点：“为种种材料分析时代先后，而辨其流变，一也。”“每下一说，必博求佐证，以资共信，二也。”“其用思从明其先后之流变而入，其立说在博求多方之证佐而定。此二者皆为以后乾嘉考证学最要法门。”②

除了拒斥义理玄思之外，考证学还有若干理论预设。身处考据学全盛时期的章学诚以“文史之学”反对“世俗风尚”，他的反思从两个层面触及考证学的理论预设。首先，章氏主张“六经皆史”，由“史”的时代性证成“经”的历史性。儒家的经典只是历史的产物，并不具有超时空的绝对真理性，也不足以穷尽在历史过程中展开的一切真理。换言之，经不足以尽道。而考据学“由明经而通道”，显然预设了经学独断论：经，常也；儒家经典揭示了一切亘古不变的恒常之道，所谓“经禀圣裁，垂型万

① 钱穆：《中国近三百年学术史》，九州出版社 2011 年版，第 146 页。
② 钱穆：《中国近三百年学术史》，九州出版社 2011 年版，第 147 页。

世，删定之旨，如日中天，无所容其赞述，盖经者非他，即天下之公理而已”[①]。这一点也从根本上塑造了文献考据家的精神气质与学问规模。其消极面向，一在于泥古，二在于拘囿于文献的藩篱之内求索“客观知识”，而不像西方近代科学那样向“自然之书”探究新知。

再者，在章学诚看来，考据家的著作只是“记注”或“纂类”式的材料整理，而非“撰述”式的“专家之学”，后者才是真正的学术。专家之学是贯注了学者学问头脑的一家之言，它需要一种基于学者性情的“独断”能力，此种能力“绳墨之所不可得而拘，类例之所不可得而泥”[②]。章学诚特别强调天性至情对于学问的重要性：“夫学有天性焉，读书服古之中，有入识最初，而终身不可变易者是也；学又有至情焉，读书服古之中，所欣慨会心，而忽焉不知歌泣何从者是也。”[③] 在读书服古之中发现自身性情，领会自身之存在，反过来又将此种领会贯注于读书服古著述之中，最终成就一家之言。章学诚强调天性至情这些“个体系数”或主观面向——日本学者山中久和称之为“主观性契机”[④] ——对于知识的积极建构意义，从反面提示了考证学知识观的客观主义预设。

可以一提的是，后来戴震同样从“悦”的角度论述了主观面向的认识论意义。戴震讲，“心知之自然，未有不悦理义者”[⑤]，而

① 《四库全书总目提要·经部总叙》。参见《四库全书总目提要》，海南出版社1999年版，第13页。

② ［清］章学诚：《答客问上》，《文史通义校注》，叶瑛校注，中华书局1985年版，第470～471页。

③ ［清］章学诚：《博约中》，《文史通义》卷二，《文史通义校注》，叶瑛校注，中华书局1985年版，第161页。

④ 参见［日］山口久和：《章学诚的知识论：以考证学批判为中心》，王标译，上海古籍出版社2006年版。

⑤ ［清］戴震：《孟子字义疏证》，《戴震集》，上海古籍出版社1980年版，285页。

“举理，以见心能区分。举义，以见心能裁断”[①]。因此，当我们说心知能够把握理义，便同时承认了心的理性分析能力（区分）与理性判断力（裁断）。同时，心知对于理义之“悦”，一方面肯定了心知能力（分析能力与判断力）和认识对象（理与义）的天然和谐，另一方面也揭示了认识过程中心知所展示的情感能力。当我们“就其自然，明之尽而无几微之失焉”[②]，从而达到必然之际，心知便“如是而后无憾，如是而后安”[③]。“安”、“无憾”可以说是“悦”的具体化，消极地说，它们是心知把握必然时候的伴随状态，积极地说，它们以独有的情绪方式确证了必然与自然的相合。“悦”的情绪扬弃了理性的冷静超然，赋予认识活动鲜明的个体存在品格。章学诚、戴震关于“个体系数”的论述与西方当代哲学家波兰尼（Michael Polanyi）等人的默会知识（tacit knowledge）论有相通之处。[④]

如前所述，顾炎武、颜元等人特别彰显了考证知识与技艺知识，从而为中国传统知识观增加了新的向度。然而，另一方面，清初思想家对于一直占据中国思想主流的心性之知实不能忘怀。即便在颜元那里，我们也可以看到不同知识观之间的纠结与矛盾。颜元以技艺为知识之典范，复以礼乐为技艺之典范。然而，礼乐不止于技艺而已，它们同时与人的心性密切相关。诚如钱穆所言，“欲求习斋讲礼乐之精意，则不可不及于其性善、性恶之辨。最要者在驳正气质之非恶”[⑤]。礼乐等六艺不仅是经世济用的实用技能，同时还是正习去蔽、关乎身心存养的心性之知。礼

---

① ［清］戴震：《孟子字义疏证》卷上，“理”，《戴震集》，上海古籍出版社1980年版，267页。

② ［清］戴震：《孟子字义疏证》，《戴震集》，上海古籍出版1980年版，285页。

③ ［清］戴震：《孟子字义疏证》，《戴震集》，上海古籍出版社1980年版，285页。

④ 参见Michael Polanyi. *The Tacit Dimension*. Peter Smith，1983。

⑤ 钱穆：《中国近三百年学术史》，九州出版社2011年版，第193页。

乐的双重面相实际上构成了颜元知识观的内在歧点。

对于顾炎武以考据学为典范的客观主义知识观，当时的张尔岐、李颙等学者并不以为然。张尔岐认为，“性命之理”“如谓与学人分上了无交涉，是将格尽天下之理，而反遗身以内之理也”[①]。李颙尖锐地指出，顾炎武“考详略，采异同”的做法“失之于本而索之于末，蔽其玄光而求知于耳目也”[②]。究其原因，则在于遗忘身心。他质问道：“假令辩尽古今疑误字句，究与自己身心有何干涉？”[③] 他在《四书反身录》中说得更为明确：“友人有以‘日知’为学者，每日凡有所见闻，必随手札记，考据颇称精详。余尝谓之‘日知’者，无不知也，当务之为急。尧舜之知而不遍物，急先务也。若舍却自己身心切务，不先求知，而惟致察于名物训诂之末，岂所谓急先务乎？假令考尽古今名物，辨尽古今疑误，究于自己身心有何干涉？诚欲‘日知’，须日知乎内外本末之分，先内而后外，由本以及末，则得矣。”[④] 依李颙之意，顾炎武“博学于文”的主张固然开启了为知识而知识的新路向，但也在一定程度上偏离了不离人之存在谈论知识的中国精神传统。李颙对顾炎武的批评，实际上凸显了心性之知与实证知识（以及技能之知）之间的某种张力，同时留给我们一个尚待深思的问题：知识技能与心性之学的沟通是否必要，是否可能，如何可能？

五、寻找新世界观的“萌芽”

中国现代精神传统的意义，不在于创建了一个试图接近于西方现代又“走样”的中国现代思想，而在于：在一场规模宏

① ［明］张尔岐：《答顾亭林书》，《蒿庵集》，齐鲁书社 1991 年版，第 50 页。
② ［清］李颙：《答顾宁人先生》，《二曲集》，中华书局 1996 年版，第 152 页。
③ ［清］李颙：《答顾宁人先生》，《二曲集》，中华书局 1996 年版，第 152 页。
④ ［清］李颙：《答顾宁人先生》，《二曲集》，中华书局 1996 年版，第 508 页。

大的“思想实验”运动中产生了一些有别于西方现代的，另一种可能的新世界观的“萌芽”。中国现代思想传统的独特价值，不仅在于它区别于中国古代，更在于它区别于西方现代。在人类思想史上，这一传统的意义，首先不在于它与西方的同，而在于它与西方的异。中国现代思想史研究的任务之一，便是揭示这些萌芽，并阐明它们如何发生的具体历史过程与运行机制。由此，我们或许可以提供一幅与已有研究不尽相同的思想史图景。在此新图景中，问题意识、思想主题、思想发展的关节点与整体线索都可能是新的。

进一步，中国现代思想传统的意义，不在于它的现成性，而在于它对于我们面向当下全球性的问题本身时的生成性与启发意义。在这一层面上，中国现代思想实验过程中生成的新世界观的“萌芽”，其意义将从元哲学的思考中得到评判。当然，中国现代思想在这一层面的作用或许有其限度。在中国现代思想史上，就思想家而言，“由于现实经历着剧烈变革，思想家们一生变化较大，往往来不及形成严密的哲学体系”；[①] 另一方面，中国现代思潮尽管有其丰富性，“但就某思潮个案而言，则大多发育不够充分，理论建设较为薄弱，其代表人物常常又是政治人物，难以成就真正有原创性系统性的学说”[②]。因此，中国现代思想对于我们的启发意义、解蔽意义或许大于提供现成的系统或深入思考。中国现代思想的某些洞见——它们将引导我们对现代性的前思，另一方面，洞见的发现及其意义的开显有赖于我们对现代性的前思——或许可以为我们提供某些思想起点。当然，思想起点不是完整的思想历程，甚至也不可能是在思想历程中起到关键作用的思想原点。

---

① 冯契：《中国近代哲学的革命进程》，上海人民出版社 1989 年版，第 600 页。

② 高瑞泉主编：《中国近代社会思潮》，上海人民出版社 2007 年版，第16 页。

第四节　辨“国民”

本节考察“国民”，探讨“国”与“民”的辩证，揭示“国民”与西方“nation”、“people”、“citizen”及中国传统“国”、“家”、“子民”之间的复杂关系以及中国现代与“nation-state”并行不悖的世界公民思想。

1915年，年青的胡适意气风发，在日记中写道：“吾辈正生活于一国民觉醒之时代。”① 晚清以降，笼罩中国上空的情绪，既非儒家文化陶冶的平和中庸，亦非道家文化修炼的平淡冲远，而是强敌自远方来压迫下的中心如噎以及由此逆向催生的激越昂扬。没有一个时代如此悲观，也没有一个时代如此乐观。这是一个醒悟的时代，尤其是一个自觉其醒悟的时代。醒之所悟，其一大端，无疑是胡适所言的国民觉醒。国民由觉醒而自知为国民；复由醒观梦，乃知今是而昨非。如此，有重重国民意识的发生。然而，因觉后重生而大欢喜的国民也许并没有进一步觉醒到：梦影重重，梦中复有梦；有小梦有大梦，有小觉有大觉。庄生云：“方其梦也，不知其梦也。梦之中，又占其梦焉。觉而后知其梦也。且有大觉而后知此其大梦也，而愚者自以为觉，窃窃然知之。”（《庄子·齐物论》）国民意识，其觉邪？其梦邪？作为后来者，我们也许不期然居于某种有利的位置，得以观察一个自觉其醒悟的时代其实多多少少是一个自许其醒悟的时代。当然，不能忘记的是，庄生曾借孔丘之口说道：“丘也与女皆梦也。予谓女梦，亦梦也。是其言也，其名为吊诡。”说人梦者，何尝不是梦中人。

一、国民之国：捡拾的生存意境

梁漱溟曾经认为，中国近代民族自救运动，“结晶在一‘近

① 胡适：《胡适留学日记》（下册），安徽教育出版社2006年版，第11页。

代国家’的目标”[1]。这一看法的适用性恐怕不止于梁氏提出此说的20世纪30年代。从晚清以降一直到当下，“中国向何处去”这一核心问题的关键之一便是，如何建立、建设一个近/现代国家。所谓“近/现代国家”（modern country），究其实质，则为现代民族国家（modern nation-state）。1900年，宣扬国民意识的思想先驱之一梁启超就对民族国家的内涵有了较全面的理解与阐述。他说：

> 夫国也者，何物也？有土地，有人民，以居于其土地之人民，而治其所居土地之事，自制法律而自守之；有主权，有服从，人人皆主权者，人人皆服从者。夫如是，斯谓之完全成立之国。[2]

梁启超在这里明确指出了现代民族国家的三要素：土地，人民，统治权。梁启超在这里还涉及人民——他后来主要称之为“国民”——意识的诸多方面：权利意识、法律（宪法）意识、国家意识，等等。同时，梁启超还特别强调了国家的主权独立性，所谓“自制法律而自守之”，两个“自”字正突出了这一点。

梁启超所理解的现代民族国家意义上的国，最初曾以“国民”称之，以区别于中国传统的“国家”形态。1899年，梁氏在《论近世国民竞争之大势及中国前途》这篇重要文献中写道：

> 中国人不知有国民也，数千年来通行之语，只有以国家二字并称者，未闻有以国民二字并称者。国家者何？国民者何？国家者，以国为一家私产之称也。……国民者，以国为人民公产之称也。国者积民而成，舍民之外，则无有国。以一国之民，治一国之事，定一国之法，谋一国之利，捍一国

① 梁漱溟：《中国民族自救运动之最后觉悟》，《梁漱溟集》，黄克剑、王欣编，群言出版社1993年版，第239页。

② 梁启超：《少年中国说》，《梁启超全集》，北京出版社1999年版，第410页。

之患，其民不可得而侮，其国不可得而亡，是之谓国民。①

在这里，“国家”与“国民”对举。梁启超所欲破者国家，因为国家是以家限国；所欲立者国民，因为国民是以民立国。从文法上看，“国家”一词中，“国”是中心词，而“家”是限定词；同样，“国民”一词中，“国”是中心词，而“民”是限定词。这种文法与现代汉语后来将限定词置于中心词之前的通行文法大相径庭。换言之，如果按照后来通行的文法，梁启超所说的“国民”实在要说成“民国”，而“国家”的意思，则相当于后来说的“家国”。②

从思想资源上看，国家与国民之间分疏可以回溯到明清之际的黄宗羲与顾炎武。黄宗羲认为，国不同于天下，国为国君一人一姓所有，而天下则为百姓万民所有。因此，亡国不过是王朝更替，它并不具有首要的重要性。“盖天下之治乱，不在一姓之兴亡，而在万民之忧乐。”③ 顾炎武同样区分了“亡国”与“亡天下”：“有亡国，有亡天下。亡国与亡天下奚辨？曰：易姓改号，谓之亡国；仁义充塞，而至于率兽食人，人将相食，谓之亡天

---

① 梁启超：《论近世国民竞争之大势及中国前途》，《梁启超全集》，北京出版社1999年版，第309页。

② 沈松侨在讨论到梁启超《论近世国民竞争之大势及中国前途》一文时指出：“梁此处所谓‘国家’，显然是指传统君主专制统治下的朝代国家，而非他所极力追求的与国民互为表里的现代国家。张佛泉已先行指破此意。”（沈松侨：《国权与民权：晚清的“国民”论述（1895—1911）》，《中央研究院历史语言研究所集刊》，第七十三本，第四分，2002年12月，第691页，注20。）但是，张佛泉与沈松侨显然都未能注意到梁启超此处所谓“国家”——以及与之相应的“国民”——在文法上的特别之处。正是由于这一点，沈松侨误引“国民者，以国为人民公产之称也”为梁启超对“国民”一词的定义，并用“现代公民”加以诠释。（沈松侨：《国权与民权》，《中央研究院历史语言研究所集刊》，第七十三本，第四分，2002年12月，第693页。）

③ ［明］黄宗羲：《明夷待访录·原臣》，《黄宗羲全集》第一册，浙江古籍出版社1985年版，第5页。

下。”“是故知保天下，然后知保其国。保国者，其君其臣肉食者谋之；保天下者，匹夫之贱与有责焉耳矣。”[①] 显然，顾炎武亦将亡国视为王朝之更替。但天下之亡则为仁义之亡以至于率兽食人，这固然有对万民之忧乐的关怀，但其着眼点还是在于儒家文化所彰扬的王道的绍继。满清入关，明清易代，对于顾、黄等为代表的汉族士人来说，完全不同于以往历史上常见的王朝更替，而是一次异族入侵。值此天崩地解之时，汉族士人不得不寻找、筹划新的生存意义境域（生存意境）。在此背景之下，不难看出，尽管存在这样那样的差异，顾、黄的共通点在于，通过分疏天下与国（朝廷），在国（朝廷）之外另辟新的生存意义空间。

较之明清易代，晚清以降的世变之剧有过之而无不及。世变之剧不仅体现在程度的强烈之上，更是表现在变化的性质之上，所谓“三千年未有之大变局”是也。由世之变，梁启超及康有为、严复等晚清先知先觉者不得不进行新的生存意境筹划；由世变之剧，其生存意境筹划呈现出自身的特点。

激于“中倭之遘难”即清帝国在甲午战争中的败局，严复1895年（光绪二十一年）在天津《直报》发表《论世变之亟》。这大概可以说是严复开始登上人类思想舞台的宣言书。文章辟头写道：“呜呼！观今日之世变，盖自秦以来未有若斯之亟也！”[②] 如斯世变，传统固有的生存意义境域的溃灭不再。“呜呼！”这里，有悲哀有愤懑——天朝上国的优越感遭到根本颠覆，有焦灼，有茫然——我是谁？何为我等？谁是我的等类，我等是、且当是怎样的等类？诸般情绪纠结濡化，构成了严复——以及中国近现代其他思想家——在世活动的基本底色。痛定思痛，严复以

① ［清］顾炎武著，［清］黄汝成集释：《日知录集释》，上海古籍出版社2006年版，第756，757页。

② 严复：《严复集》，王栻主编，中华书局1986年版，第1页。

“天演”接纳进化论，揭橥“物竞天择、适者生存”之义：

> 天演之事，将使能群者在，不群者灭；善群者存，不善群者灭。①
>
> 处物竞剧烈之世，必宜于存者而后终存。②

天演的名义所凸显的，既是人“群”之分际，更是群际的优胜劣汰与生存竞争。在此叙述之中，隐含了对中国之群在群际中位置的重新思考：弱者。在生存危机的逼迫之下，群的保存是第一要务。③ 换言之，第一等事只能是：什么才是顺乎天演的群？中国怎样才能成为能群者、善群者？宜于生存的群应当以何种方式进行组织？换言之，何为适宜的群态，即群之形态？对此，梁启超有明确的回答：“今欧美诸国之竞争，……其原动力乃起于国民之争自存，以天演家物竞天择优胜劣败之公例推之，盖有欲已而不能者焉。”④ 今日世界之竞争为国民竞争，因此，国民——也就是现代通常所说的国家或民族国家——才是适

---

① 严复：《严复集》，王栻主编，中华书局1986年版，第1347页。

② 严复：《严复集》，王栻主编，中华书局1986年版，第166页。

③ 史华慈认为，严复的基本观点十分简洁地表达在他写于五年之后的《与〈外交报〉主人书》中：“今吾国之所最患者，非愚乎？非贫乎？非弱乎？则径而言之，凡事之可以愈此愚、疗此贫、起此弱者皆可为。而三者之中，尤以愈愚为最急。……有一道于此，致吾于愚矣，且由愚而得贫弱，虽出于父祖之亲，君师之严，犹将弃之，等而下焉者无论已；有一道于此，足以愈愚矣，且由是疗贫起弱焉，虽出于夷狄禽兽，犹将师之，等而上焉者无论已。”然后他列举了日本明治天皇、普鲁士国王腓列特大帝及俄国彼得大帝的改革说：“方其发愤图自强，其弃数百千年之旧制国俗，若土苴然”（严复：《严复集》，王栻主编，中华书局1986年版，第3册，第560页。）。这里的思想无疑发生了基本转变。对于价值观、制度、风俗、思想这些文化包含的所有内容，必须用一个尺度来衡量，即它是否维护和加强民族的国家，凡是阻碍达到这一目标的传统，没有什么会是神圣的。（［美］史华慈：《寻求富强：严复与西方》，叶凤美译，江苏人民出版社1996年版，第43~44页。）这一看法不无道理。当然，值得商榷的是，史华慈在这里把群的身份认同——民族国家——视为当然之事了。

④ 梁启超：《论近世国民竞争之大势及中国前途》，《梁启超全集》，北京出版社1999年版，第310页。

宜的群态。以此返观中日甲午之战，日本对于清帝国的胜利，乃民族国家这种群态的胜利。非民族国家为求得生存，唯一的出路似乎只有将自身改造为国，即民族国家。饥不择食，渴不择饮，民族国家成了晚清士人在危机中匆匆捡拾的新的生存意境。

二、国—民关系

“国者何？积民而成也。”[①] 民既为国之基本要素，国自然离不开民。不过，正如国之为民族国家（或简称为国家）有其特别之处，民之为国民亦须有其不同于传统意义上的民的特点。传统意义上的民通常被称为“子民”、“庶民”，等等。作为国之民的国民具有不同传统子民或庶民的特点，正是这些特点使得国民得以成就民族国家。另一方面，国民之为国民的特点恰恰又是得自它所成就的国。如此，国与民相互成就。国与民的这一层关系，可以视为在现代政治情境之下以特定的方式延续了中国传统的“群己之辩”。

（一）化子民为国民

就中国的实际情形而言，国与民两者都处于未成而待成的状态。国家需要缔造，国民需要塑造，而后者似乎更具有操作程序上的优先性。1901 年，《国民报》发表“说国民”一文，其中说道：“有国民乎，无国民乎，此二十世纪之一大问题也。中国而有国民也，则二十世纪之中国，将气凌欧美，雄长地球，固可跷足而待也。中国而无国民也，则二十世纪之中国，将为牛为马为奴为隶，所谓万劫不复者也。故得之则存，舍之则亡。存亡之机间不容发，国民之不可少也如是。”[②] 因此，如何塑造国民便成了生死攸关之事。

---

① 梁启超：《爱国论》，《梁启超全集》，北京出版社 1999 年版，第 273 页。

② 《说国民》，《辛亥革命前十年间时论选集》第一卷，张枬、王忍之编，三联书店 1977 年版，第 74 页。

“国民”这一用法，可谓古已有之，最早可追溯到先秦文献，比如《左传·昭公十三年》有云：“先神命之，国民信之。”但就其内涵而言，这里的“国民”实为诸侯国之子民而非现代民族国家之国民。何为子民？梁启超曾引韩愈之言说明之：

> 唐韩愈之言曰：“君者出令者也。臣者行君之令而致诸民者也。民者出粟米麻丝、作器皿、通货财以事其上者也。君不出令，则失其所以为君。臣不行君令，则失其所以为臣。民不出粟米麻丝、作器皿、通货财以事其上，则诛。”①

君、臣、民构成了中国传统政治关系的三个要素，其关系基本上是民服从于臣、臣服从于君。民处于“君—臣—民”单向性政治权力链的最底端，只有“出粟米麻丝、作器皿、通货财以事其上者”的绝对义务（非此则诛）而不享有任何权利，结果只能“性奴隶之性，行奴隶之行”。塑造国民的任务，相应地表现为便是化子民为国民②。

与相当多的现代思想关键词一样，现代汉语语境下的“国民”主要是作为译名得到理解的。③ 一般认为，“国民”源自日译词。沈松侨即持这种观点：“作为一个指涉特定价值与意义的现代政治概念，当前常用的‘国民’一语，却是十九世纪末、二十世纪初，中国知识分子自日本的汉字新词中辗转假借而成的

---

① 梁启超：《中国积弱溯源论》，《梁启超全集》，北京出版社 1999 年版，第 413 页。

② 历史地看，从子民到国民，其间还有一个“族民”为近代思想家选择的过渡形态。以康有为、梁启超为代表与改良派与以孙中山、章太炎、汪精卫、胡汉民等人为代表的革命派之间展开的激烈争辩，其焦点之一，便是族民与国民之辩。代表性的论文有章太炎《驳康有为论革命书》、汪精卫（汪兆铭）《民族的国民》等。相关研究可参见杜赞奇：《从民族国家拯救历史》，王宪明等译，江苏人民出版社 2008 年版，尤其是第 73～78、136 页。许纪霖：《在现代性与民族性之间——民族主义思潮》，《中国近代社会思潮》，高瑞泉主编，上海人民出版社 2007 年版，尤其是第 317～318、332 页。

③ 参见本章第一节。

政治术语。”[1] 最近，金观涛、刘青峰基于中国近现代文献数据库的统计结果提出了新的看法：19 世纪 30 年代的《东西洋考每月统记传》和魏源的《海国图志》（1843 年与 1852 年两种版本）中，“国民”一词皆甚多见。因此，日本的“国民”一词也很可能是来自中国。[2] 但是，正如金、刘本人所指出的，甲午之前，汉语中的“国民”多指外国人，意为某国之民，那么，此时的“国民”还不是一个“指涉特定价值与意义的现代政治概念”。魏源的《海国图志》曾在日本思想界产生巨大影响，我们完全可以想象：日本明治思想家从魏源那里借用了“国民”一词来吸纳西方现代政治观念，作为这一层意义上的“国民”后来经梁启超等人之手重新输入中国并支配了“国民”一词的用法。就此而言，“作为一个指涉特定价值与意义的现代政治概念”，“国民”还是应该视为一个由日本转借而来的译名。

那么，“国民”所对应的西语词是什么？1902 年 8 月，《游学译编》第九期所刊发的《民族主义之教育》一文在区分“国民”与“民族”时写道：

> 国民之与民族云者，其意义所包含绝异。德意志语所谓“夫俄尔克”（人民）者，谓干摄于同一政府之下之国民，专指政治之集合者言之；“那耶勇”（民族）者，谓具有同一之言语、同一之习惯，而以特殊之性质区别于殊种别姓之民族，专指人类之集合者言之。英语之所谓“那修温”（国民）者，即德语之所谓“人民”，英语之所谓“倬布尔”（人民）者，即德语之所谓“民族”。[3]

---

① 沈松侨：《国权与民权》，《中央研究院历史语言研究所集刊》，第七十三本，第四分，2002 年 12 月，第 685 页。

② 金观源、刘青峰：《观念史研究——中国现代重要政治术语的形成》，法律出版社 2009 年版，第 85 页，注 1。

③ 《民族主义之教育》，《辛亥革命前十年间时论选集》第一卷，张枬、王忍之编，三联书店 1977 年版，第 404 ~405 页。

这是认为，“国民”相当于德语中的“Volk”（夫俄尔克）或英语中的“nation”（那修温），属政治范畴；而“民族”相当于德语中的“Nation”（那耶勇）或英语中的“people”（俾布尔），强调的是族群之义。[①] 这一说法大致不错，但可能需要注意的，英语中的“people”可以兼有政治共同体的用法，比如在林肯著名的提法“of the people，by the people，for the people”（民有，民治，民享）之中。换个角度说，则是德文词“Volk”有两个可能的英文对译词：“nation”或“people”。此外，“国民”还可能对应于英文词“citizen”[②]。比较而言，“citizen”着眼于个体，为可数名词[③]；而“nation”或“people”最通常的用法着眼于由

① “国民”与“民族”的区分在梁启超那里则是“国民”与“部民”的区分：“族群而居，自成风俗者，谓之部民；有国家思想能自布政治者，谓之国民。”（梁启超：《新民说·论国家思想》，《梁启超全集》，北京出版社 1999 年版，第 663 页。）许纪霖援引张佛泉《梁启超国家观念之形成》，解说国民与部民——许将之替换为“族民”——之别云：“族民是一个文化和历史学的名词，以血统、语言、习俗等自然因素为依归，国民则是一个政治学的名词，它与现代国家密切相关，是政治建构的产物。仅仅有民族或族民这些自然因素，还不足以构成一个现代国家，必须有一种建国的自觉，这样族民才能转化为国民，民族才能转化为国家。”（许纪霖：《在现代性与民族性之间——民族主义思潮》，《中国近代社会思潮》，高瑞泉主编，上海人民出版社 2007 年版，第 332 页。）

② 比如，沈松侨写道：“日本学者池上荣子研究明治初期日本的公民权与国族认同，指出，明治日本在吸纳西方政治观念时，并没有将 citizenship 或 citizen 译作‘市民权’与‘市民’，而是将之译作‘国民’。”（沈松侨：《国权与民权》，《中央研究院历史语言研究所集刊》，第七十三本，第四分，2002 年 12 月，第 689 页。）

③ “citizen”现在通译为“公民”。在个体的意义上，“国民”与“公民”常可互换。但是，在某些语境下，“国民”与“公民”并不等同。对此，梁启超《新民说》已有所自觉：“凡生息于一国中者，苟及岁而即有公民之资格，可以参与一国政事，是国民全体对于政府所争得之自由也。”（梁启超：《新民说》，《梁启超全集》，北京出版社 1999 年版，第 676 页。）这里涉及年龄问题。未成年的国民没有公民资格，故不能参政。梁启超在下文讨论古希腊时则注意到了国民因社会阶层问题而被排除在公民范畴之外的情形：“希腊纯然贵族政体，所谓公民者，不过国民中一小部分，而其余农、工、商及奴隶，非能一视也。”（同上）其中隐含着的“国民”定义如下：国民是“具有本国国籍的人”。（参见《辞海》对“国民”的释义）

citizen 所构成的总体，为不可数的集合名词。合而言之，“国民”对应的德文词为“Volk”，而英文词则主要为“nation”，有时也可对应于“people”或“citizen”。

历史地看，英语中的“nation”一词，最初其实也是偏于族民或部民，只是到了后来才偏于政治统一共同体。① 有学者指出，17 世纪以后，受卢梭“天赋人权”、“主权在民”等思想影响，“nation”一词的内涵发生了变化，即由效忠于国家的人变为国家的主人。② 但这样的理解显然过于简单了。张灏指出，即使在西方近代语境中，“nation”也是一个内涵复杂的概念。他援引马克·罗尔夫《国民的张力：个人和公共义务》一书中的观点说，粗略地看，“近代民主国家的国民由西方遗产中的三种文化传统构成：希腊、希伯来和罗马基督教。这三种传统每一种都为近代国民的形成作出了一份重要的贡献。参与思想来自希腊，奉献思想来自希伯来，个人本位思想来自罗马基督教。”③

翻译（Übersetzung）转渡（über-setzen）思想文化。“Nation”一词的内涵既如此丰富如此复杂，那么，其对译词“国民”向现代汉语世界转渡了哪些内涵？从康有为、梁启超等思想家的论述来看，独立、自由、平等、权利等都是国民的题中应有之义。比如，康有为就说：“人人皆有天与之体，即有自立之权，上隶于天，人尽平等。”④ 这是在以天的名义转渡独立、平等之义，带有过渡时期特有的“旧瓶装新酒”的思维特点。在国民的诸多内涵中，权利的重要性显得尤为突出。后来，邹容在轰动一时的

① 参见 *Oxford English Dictionary* 之“nation”词条：“In early examples the racial idea is usually stronger than the political; in recent use the notion of political unity and independence is more prominent.”

② 郭双林、龙国存：《国民与奴隶——对清末社会变迁过程中一组中坚概念的历史考察》，《中国文化研究》，2002 年春，第 123～134 页。

③ 张灏：《梁启超与中国思想的过渡（1890—1907）》，江苏人民出版社 1993 年版，第 154 页。

④ 康有为：《大同书》，上海古籍出版社 2005 年版，第 129 页。

名著《革命军》中也写道："曰国民，曰奴隶，国民强，奴隶亡，国民独立，奴隶服从。"① 这是通过国民与奴隶的对立突出了国民的独立品格。

实际上，19世纪末20世纪初，"国民"经常与"奴隶"一起作为一对针锋相对的概念对子被人们加以讨论。前文曾提到的《说国民》一文便写道，"同是一民也，而有国民、奴隶之分。"两者的区别在于有无权利："奴隶无权利，而国民有权利。"这与现代民族国家相匹配的主权在民观念。那么，何谓权利？"曰：天之生人也，既与以身体自由之权利，即与以参预国政之权利。"② 天所赋之人权，既包括人身自由权，也包括参政权这样的政治权利。相形之下，参政权具有更为根本的意义。民有参政权，从而使国民从根本上区别于奴隶。"所谓国民者，有参政权之谓也。所谓权也者，在君主之国须经君主与议员所承认，在民主之国须经国民全体代表所许可，定为宪法布之通国，彼暴虐之君主，专擅之政府，多数之党派，皆不得而破坏之、专横之、攘窃之也。要之，国民之权利，须经宪法法律所定者，然后谓之权，不然则否。"③ 国民之权利包括参政权源自宪法，而宪法的制定则基于国民的立法权。按照梁启超的理解，国民的政治权利除了参政权之外还有自治权：

> 今于他事置不论，请专就其人种之特质而论之。一曰富于自治之力也。泰西所谓文明自由之国，其所以保全人权，使之发达者，有二端：曰参政权，曰自治权。而此两权之中，又以自治权为尤切要。此政治学者之公论也。虽然，参

① 邹容：《革命军》，《辛亥革命前十年间时论选集》第一卷，张枬、王忍之编，三联书店1977年版，第671页。

② 《说国民》，《辛亥革命前十年间时论选集》第一卷，张枬、王忍之编，三联书店1977年版，第72页。

③ 《说国民》，《辛亥革命前十年间时论选集》第一卷，张枬、王忍之编，三联书店1977年版，第73页。

政权者，可以鼓国民之气，一跃而获之；自治权者，则恒因历史习惯，积久而后成，非可以强致而骤得也。[①]

（二）造者与被造者：国民的二重结构

塑造国民、化子民为国民既为当务之急，接下来的问题自然是：谁来承担这样的"历史"重任？是否存在塑造者与被塑造者的分野？对于这一问题，梁启超在《新民说》中似乎给出了否定的回答："新民云者，非新者一人，而新之者又一人也，则在吾民之各自新而已。"[②] 在梁启超看来，国民当自新，每人既是新者又是新之者。也许恰恰只有这样，吾民才真正在精神上的自主独立而自作主宰，才真正有资格成其为国民。依儒家传统，新民为《大学》三纲领之一，新者自新，其背后蕴含了儒家的性善论预设以及对人人皆可成人的乐观精神。然而，另一方面，从儒家经典又可以明显地看到士与民的分野。比如，《论语·泰伯》固然记曾子之言曰"士不可不弘毅，任重而道远"，但同时也记孔子之言曰，"民可使由之，不可使知之"。又如孟子认为，民惟有恒心方有恒心，无恒产而有恒心则——士能之（《孟子·梁惠王上》）。儒家经典往往以士——旁及君王——为不言而喻的言说对象或阅读者。民，目不识丁，只是治于人的劳力者。在20世纪初，由知识为直接因素所造成的阶层差异显然依然存在。就现实状态而言，梁启超所言的"吾民之各自新"首先只能是对知识阶层的号召与要求。然而，这样一来，即使在知识阶层内部，既然有号召者与被号召者，显然就已经存在先觉者与后觉者的分野，前者是启蒙者，后者是被启蒙者。从启蒙内容上看，被启蒙者除了国民意识，即自觉其为国民之外，还要自觉到让他人——知识分子及普遍大众——觉醒的使命。这里同时包含了知

① 梁启超：《论中国人种之将来》，《梁启超全集》，北京出版社1999年版，第259页。

② 梁启超：《新民说》，《梁启超全集》，北京出版社1999年版，第656页。

识分子的自我启蒙意识与启蒙意识。与此相应，现代国民实际上具有一种二重化的结构：它既包括由传统的士大夫阶层[①]转化而来的现代知识阶层，又包括由传统的子民转化而来的现代普遍国民。然而，转化是艰难的，从传统的子民向现代普遍国民的转化尤其艰难。鲁迅的诸多文字向我们揭示，在近现代中国，对于很多民众而言，并不自知其为子民亦或国民，子民也罢，国民也好，只是多事的知识分子往他们身上贴的外在标签，他们被规定为“国民”，被授予、赋予他们还不甚了然的自由与平等。他们只是局外的看客，还没有成长为自觉的国民。

不少学者已注意到上述国民二重结构。沈松侨《国权与民权》一文的开头引述1920年天津《益世报》一则关于人力车夫以国民话语责备学生之辱骂的报道，并评论说：“这与其说反映了20世纪初期中国社会的实况，毋宁更透露了当时中国知识阶层亟欲动员‘国民’概念及其所蕴涵的特定价值以改造社会大众之意识构造的迫切意图。”[②] 这里明确区分知识阶层与社会大众，并将二者描述为改造与被改造的关系。类似的区分亦见于美国学者杜赞奇（Prasenjit Duara）的名著《从民族国家拯救历史》（*Rescuing History from the Nation: Questioning Narratives of Modern China*）对五四时期的分析：

> 即使与国家的决裂被减少到了最低程度，但要与历史决裂，还必须把国民建造成为国家的基础。国家早已在国民的

---

① 林同济曾做过一个有趣的分疏：“大夫士”与“士大夫”。大夫士为贵族武士，是西周至春秋中前期的社会政治中心，士大夫为文人官僚，为战国之后的社会政治中心。大夫士尚义重礼，礼即荣誉，义则是荣誉之规，相应的则有“义的四大则”，即忠、敬、勇、死。而在士大夫那里，义流产为面子，礼流产为应酬，忠、敬、勇、死的四位一体观巧变为孝、爱、智、生的四德中心论。参见林同济：《大夫士与士大夫——国史上的两种人格型》，《时代之波——战国策派文化论着辑要》，温儒敏、丁晓萍编，中国广播电视出版社1995年版，第61~68页。

② 沈松侨：《国权与民权》，《中央研究院历史语言研究所集刊》，第七十三本，第四分，2002年12月，第686页。

名义下出现，不过，这些掌握国家命运的人必须重新加以铸造才能行使自己的主权。这已经不是唤醒国家与国人的问题，而是重新创造国民的问题。谁来承担创造国民的使命？20世纪20年代末，面对国家的危机，迷恋于正在兴起的世界革命的话语，中国士大夫阶层的继承者在创造国民形象的同时，也创造出了知识分子的形象。创造者与被创造者辩证地联为一体，相互依存，相互赋予对方以权威。①

中国现代知识分子第一次把五四运动前后凝聚为一个“启明”学者群体，即早已觉醒并将会解放那些“尚待觉醒”的国民的思想家。……知识分子与国民这样两个相互依存的观念，这一五四运动的传统，一直使知识分子对民族国家及其觉醒并进入现代抱有很强的责任感。②

另一方面，沈松侨所云“中国知识阶层亟欲动员‘国民’概念及其所蕴涵的特定价值以改造社会大众之意识构造”同时也涉及了近现代中国知识阶层作为启蒙者改造国民的方式特点，那就是，动员“国民”概念以言行事。对此，梁启超有自觉的认识与追求：“若夫立言之宗旨，则仍在浚牖民智，熏陶民德，发扬民力，务使养成共和法治国国民之资格，此则十八年来之初志，且将终身以之者也。”③ 鉴于此，梁启超积极从事报业，先后创办的《时务报》、《清议报》、《新民丛报》等影响巨大。此外，他还不无夸张地鼓吹“小说界革命”：“欲新一国之民，不可不先新一国之小说。故欲新道德，必新小说；欲新宗教，必新小说；欲新政治，必新小说；欲新风俗，必新小说；欲新学艺，

① ［美］杜赞奇：《从民族国家拯救历史》，王宪明等译，江苏人民出版社2008年版，第92页。

② ［美］杜赞奇：《从民族国家拯救历史》，王宪明等译，江苏人民出版社2008年版，第92页。

③ 梁启超：《鄙人对于言论界之过去及将来》，《饮冰室文集》，云南教育出版社2001年版，第2762页。

必新小说；乃至欲新人心，欲新人格，必新小说。何以故？小说有不可思议之力支配人道故。”[①] “今日欲改良群治，必自小说界革命始；欲新民，必自新小说始。”[②] 除新小说之外，尚有新史学关乎国民意识之培育：“史学者，学问之最博大而最切要者也，国民之明镜也，爱国心之源泉也。今日欧洲民族主义所以发达，列国所以日进文明，史学之功居其半焉。”[③]

与梁启超相似，章太炎也十分推崇报刊的影响力。他说：“今欲一言而播赤县，是惟报章。”[④] 事实上，流亡日本后的章太炎主笔《民报》，与当时主持《新民丛报》的梁启超之间展开精彩的笔战，一时蔚为壮观，的确有“一言而播赤县”的成效。有意思的是，正如梁启超倡新小说，章太炎十分重视“演义”：“夫国家种族之事，闻者愈多，则兴起者愈广。诸葛武侯、岳鄂王事，牧猪奴皆知之，正赖演义为之昭宣令闻。”[⑤] 演义是一种通俗小说体裁，为“牧猪奴”这样的下层普通大众所喜闻乐见，章太炎重视演义，无疑是看重它可以借助于诸葛亮、岳飞等等生动形象的故事形式向普遍民众宣传、传播“国家种族”思想的启蒙意义。当然，不难看出，章太炎在这里把国家与种族过于紧密地联系在一起了，与此相应的国民意识便是基于单一种族即汉族的国民意识。在这一点上，革命家章太炎的视域似不如改良家梁启超宽广合理。撇开这一点不谈，单就国民意识的培育鼓动而言，章太炎有一个独特的主张，那就是用国粹激发国民意识：

① 梁启超：《论小说与群治之关系》，《梁启超全集》，北京出版社 1999 年版，第 884 页。

② 梁启超：《论小说与群治之关系》，《梁启超全集》，北京出版社 1999 年版，第 886 页。

③ 梁启超：《新史学》，《梁启超全集》，北京出版社 1999 年版，第 736 页。

④ 章太炎：《实学报叙》，《章太炎政论选集》，汤志钧编，中华书局 1977 年版，第 29 页。

⑤ 章太炎：《洪秀全演义序》，《章太炎政论选集》，汤志钧编，中华书局 1977 年版，第 308 页。

“用国粹激动种性，增进爱国的热肠。”① “为甚提倡国粹？不是要人尊信孔教，只是要人爱惜我们汉种的历史。这个历史，是就广义说的，其中可以分为三项：一是语言文字，二是典章制度，三是人物事迹。”② 人物事迹尤能激发爱国之心：“中国人物，那建功立业的，各有功罪，自不必说，但那俊伟刚严的气魄，我们不可不追步后尘。……其中最可崇拜的，有两个人：一是晋末受禅的刘裕，一是南宋伐金的岳飞，都是用南方兵士，打胜胡人，可使我们壮气。”③ “若要增进爱国的热肠，一切功业学问上的人物，须选择几个出来，时常放在心里，这是最要紧的。就是没有相干的人，古事古迹，都可以动人爱国的心思。”④ “选择”是一个很有意思的用词。它多少表明，对岳飞等历史人物之所以突显为英雄，乃是自觉拣择后加以表彰的成果，而“增进爱国的热肠”既是表彰的目的，亦是拣择的标准。国民意识的塑造有必要将目光投向历史，简别出历史记忆，从而为未成而待成，因而也是指向未来的国民认同提供某种历史基础。⑤

梁启超倡新小说，章太炎重演义，两位启蒙思想家都强调了文学的普及性。这一思路在五四新文化运动中达到新的高潮。胡

---

① 章太炎：《东京留学生欢迎会演说辞》，《章太炎政论选集》，汤志钧编，中华书局1977年版，第272页。

② 章太炎：《东京留学生欢迎会演说辞》，《章太炎政论选集》，汤志钧编，中华书局1977年版，第276页。

③ 章太炎：《东京留学生欢迎会演说辞》，《章太炎政论选集》，汤志钧编，中华书局1977年版，第279页。

④ 章太炎：《东京留学生欢迎会演说辞》，《章太炎政论选集》，汤志钧编，中华书局1977年版，第279~280页。

⑤ 沈松侨曾撰有《我以我血荐轩辕——黄帝神话与晚清的国族建构》一文，探讨了黄帝如何在晚清中国被建构为“中华民族”的始祖，从而服务于建构“nation”这种“想象的社群”。（《台湾社会研究季刊》，第二十八期，1997年12月。）“想象的社群”这一用法则可能借自安德森（Benedict Anderson）的大作《想象的共同体：民族主义的起源与散布》（*Imagined Communities: Reflections on the Origins and Spread of Nationalism*. Verso Press，1983）。

适说道，“吾以为文学在今日不当为少数文人之私产，而当以能普及最大多数之国人为一大能事。……凡世界有永久价值之文学，皆尝有大影响于世道人心者也。”[①] 影响世道人心，其具体内涵在胡适那里正是国民意识的塑造。文学要能普及最大多数之国人，根本之处莫过于让书面表达与口说的语言相一致，即废文言文而兴白话文。声势浩大的白话文运动成果斐然。白话文填平书面语与口语之间曾有的巨大鸿沟，从而拉近了启蒙者与被启蒙者之间的距离。凭借白话文这种语言建制，知识阶层的声音更加畅通地抵达广大民众，知识阶层所调用的国民话语更加有效地兴起社会大众的国民意识。

历史地看，启蒙思想家的语言策略可以说是对儒家传统语言哲学的创造性转化。孔子很早就提出“正名”主义：“名不正，则言不顺；言不顺，则事不成；事不成，则礼乐不兴。礼乐不兴，则刑罚不中；刑罚不中，则民无所错手足”（《论语·子路》）。这里蕴含了孔子的语言哲学：语言与实在相互编织相互渗透，因此语言可以作用于实在。这一点在政治之域表现为，语言对于政治文化秩序具有建构作用。因此，可以通过正名达到成事、兴礼乐、使刑罚得当而安民的效果。正名活动看似迂远，实则它就是政治活动，而且是首要的政治活动。[②]

（三）藏子民于国民

启蒙思想家宣扬国民意识，特别表彰国民所享有的独立、自由、平等与权利。在此意义上，国民接近于公民（citizen）。沈松侨指出，20 世纪初期中国知识阶层所理解的“国民”，“其实兼具着西方政治思想传统中的 citizen（公民）与 citizenship（公民权、公民资格）的意涵。……透过这种以普世性 citizenship 作

① 胡适：《胡适留学日记》（下册），安徽教育出版社 2006 年版，第 250 页。

② 参见刘梁剑：《天·人·际：对王船山的形而上学阐明》，上海人民出版社 2007 年版，第四章第二节。

为参照架构的概念形构，国民身份既指一个政治社群的成员，更意谓着其所应享有的各项应得的（entitled）平等权利。”[①] 平等、权利，诸如此类对于传统的子民来说是几乎是完全陌生的。因此，塑造国民往往被理解为化子民为国民的过程，其中隐含着一个似乎不言而喻的判断：国民是与子民完全异质的新事物。

然而，实际的情形却是，从子民到国民绝非完全的断裂。换言之，国民仍然包含了某种子民的因素。1905 年，《民报》创刊号上即有当时革命派干将汪兆铭的一篇文章《民族的国民》，其界说国民云：

> 国民云者，法学上之用语也。自事实论以言，则国民者构成国家之分子也。盖国家者团体也，而国民为其团体之单位，故曰国家之构成分子。自法律论言，则国民者有国法上之人格者也。自其个人的方面观之，则独立自由，无所服从；自其对于国家的方面观之，则以一部对于全部，而有权利义务。此国民之真谛也。此惟立宪国之国民惟然。专制国则其国民奴隶而已，以其无国法上之人格也。[②]

依此界说，国民在事实层面为国家之构成分子，在法律层面则为有国法上之人格。因为有国法上之人格，国民既有权利又有义务：就权利言，为独立自由的个人；就义务言，则是“以一部对于全部”、即作为国家构成一分子对于国家之义务。作为独立自由的个人，国民是公民；作为国家之一分子，国民仍是子民，因为国民仍然有服从的义务。因此，我们不妨说，国民是公民与子民的统一。当然，虽然同为子民，国民之为子民不同于传统专制制度下的子民。汪兆铭的论述特别强调了法律、国法和立宪。国

① 沈松侨：《国权与民权》，《中央研究院历史语言研究所集刊》，第七十三本，第四分，2002 年 12 月，第 487 页。

② 精卫（汪兆铭）：《民族的国民》，《辛亥革命前十年间时论选集》第二卷，张枏、王忍之编，三联书店 1977 年版，第 83 页。

民之为子民服从国家，实际上则是服从法律、尤其是作为根本大法的宪法。

法国启蒙思想家狄德罗曾区分了“臣民”与“公民”：“在严格的意义上来理解臣民这个词，而在最广泛的意义上来理解公民这个词，并且考虑到后者仅仅与法律相联系，前者则与一个君主相联系。这两种人同样服从命令，但是后者是服从一个道德实体的命令，前者是服从一个肉体的命令。公民这个名称既不适用于屈服地活着的人也不适用于孤立地活着的人。”① 狄德罗这里所说的“臣民”与“公民”之别，大致相当于我们所讨论的传统子民与国民之为子民之间的区别：传统子民屈从于君主、服从一个肉体的命令；国民之为子民屈从于法律、服从一个道德实体的命令，国民之为子民不是“孤立地活着的人”，因为他/她是国家之一分子；国民之为子民也不是“屈服地活着的人”，因为他/她之屈服于法律同时就是屈服于自己的意志。在宪政条件下，宪法、法律乃是共同意志的体现。并且，正是由于宪法、法律体现了共同意志，它们把国民组合成了一个“道德实体”。对此，卢梭在《社会契约论》中有精彩的论述：

> 如果我们撇开社会公约中一切非本质的东西，我们就会发现社会公约可以简化为如下的词句：我们每个人都以其自身及其全部的力量共同置于公意的最高指导之下，并且我们在共同体中接纳每一个成员作为全体之不可分割的一部分。②
>
> 只是一瞬间，这一结合行为就产生了一个道德的与集体的共同体，以代替每个订约者的个人；组成共同体成员数目就等于大会中所有的票数，而共同体就以这同一行为获得了

---

① 北京大学哲学系外国哲学史教研室编译：《十八世纪法国哲学》，商务印书馆 1963 年版，第 423 页。

② ［法］卢梭：《社会契约论》，何兆武译，商务印书馆 2003 年版，第 20 页。

> 它的统一性、它的公共的大我、它的生命和它的意志。这一由全体个人的结合所形成的公共人格，以前称为城邦，现在则称为共和国或政治体；当它是被动时，它的成员就称它为国家；当它是主动时，就称它为主权者；而以之和它的同类相比较时，则称它为政权。至于结合者，他们集体地就称为人民；个别地，作为主权权威的参与者，就叫做公民，作为国家法律的服从者，就叫做臣民。①

卢梭在这里区分了人民与公民，公民与臣民，它们实际上正是国民的不同面向。公民是个体，人民则是由公民由所组成集合体，而国民可以兼指集体或个体。公民参与主权，臣民——也就是上面所说的子民——服从法律，而这正是国民的双重身份。一方面，主权在民，国民享有主权，是立法者——在此意义上，国民是公民；另一方面，国民又须服从主权，遵守法律——在此意义上，国民是子民。服从主权之于国家成员的绝对权力，服从法律，这是公民之为子民的义务。服从主权何以必要？“如果国家，或者说城邦，只不外是一个道德人格，其生命全在于它的成员的结合，并且如果它最主要的关怀就是要保存它自身；那么它就必须有一种普遍的强制性的力量，以便按照最有利于全体的方式来推动并安排各个部分。正如自然赋予了每个人以支配自己各部分肢体的绝对权力一样，社会公约也赋予了政治体以支配它的各个成员的绝对权力。正是这种权力，当其受到公意指导时，就获得了主权这个名称。”②

但是，民主制度下的臣民不同于专制制度下的子民。在民主制度之下，主权是“人民共同体的意志”③，法律体现公意

① ［法］卢梭：《社会契约论》，何兆武译，商务印书馆2003年版，第21页。
② ［法］卢梭：《社会契约论》，何兆武译，商务印书馆2003年版，第67页。
③ ［法］卢梭：《社会契约论》，何兆武译，商务印书馆2003年版，第33页。

(volonté générale)，“公意永远是公正的，而且永远以公共利益为依归”，[①] 子民遵守法律不是丧失了自由，而是获得了道德与政治意义上更大的自由。“根本就不存在没有法律的自由，也不存在任何人是凌驾于法律之上的。一个自由的人民，服从但不受奴役；有首领但没有主人；服从法律但仅仅是服从法律。”[②]“确切说来，主权的行为又是什么呢？它并不是上级与下级之间的一种约定，而是共同体和它的各个成员之间的一种约定。它是合法的约定，因为它是以社会契约为基础的；它是公平的约定，因为它对一切人都是共同的；它是有益的约定，因为它除了公共的幸福而外就不能再有任何别的目的；它是稳固的约定，因为它有着公共的力量和最高权力作为保障。只要臣民遵守的是这样的约定，他们就不是在服从任何别人，而只是在服从他们自己的意志。”[③]

从理论上看，公民与子民构成了国民的两重面相。现在的问题是，在现代中国的历史脉络中，公民面相与子民面相在国民中所占的比重是否有小大之别？国民之为子民对国家的服从呈现出怎样何种具体的历史形态？

如前所述，依照梁启超最初的“国民”用例，“国民”一词引导的思想焦点置于国而非民之上。后来，“国民”通行的用法（包括在梁启超那里）将语义重心从“国”飘移至“民”。“国民”不再是一个关于“国”的概念，而是一个关于“民”的概念。尽管如此，“国”在于“国民”概念中仍然占据非常重要的位置。国始终以或显或隐的方式成就、规范、限制甚至支配着民。关系本有关联与系缚两个同时存在的面相。

① ［法］卢梭：《社会契约论》，何兆武译，商务印书馆2003年版，第35页。

② ［法］卢梭：《山中书简》第3书。转引自［法］卢梭：《社会契约论》，何兆武译商务印书馆，2003年版，第47页注③。

③ ［法］卢梭：《社会契约论》，何兆武译，商务印书馆2003年版，第40页。

但是，中国启蒙思想家对于国之于民的关系的思考，其基本倾向，一言以蔽之，曰见于关联而蔽于系缚。梁启超认为，中国人因其固有之习俗，以致“政府民人，痛痒不关，爱国之心，因以薄弱”[①]。因此，新生的国民意识首先要认识到民与国的直接关联，并因直接关联而有民对国之关心：国之存亡兴废，对于个人乃利害相关、生死攸关之事。国民对关联的意识将引发共襄整体的行为与效果。在梁启超关于国民的论述中，总是强调国民与国家的相互成就，强调民与国家的一体化，表现出越来越强的国家主义倾向。[②]

梁启超等现代思想家对国民关系的如是理解，多少带有中国传统的思维的影响。《大学》为后世儒家提供了思考身、家、国、天下关系的基本范式：“欲平天下者必治其国，欲治其国者必齐其家，欲齐其家者必修其身。……身修而家齐，家齐而国治，国治而天下平。”（《礼记·大学》）杂家著作《吕氏春秋》亦也类似的表述：“身为而家为，家为而国为，国为而天下为。故曰：以身为家，以家为国，以国为天下。此四者，异位同本。”（《审分览·执一》）中国理解“关系”的传统方式，总是从部分到整体一气贯下。它对于关系两方之“和”带有乐观的理想主义，却多少无视于关系两方冲突的向度。它因为见其同而蔽于异，从而缺乏某种必要的紧张感。

当然，另一方面，对国—民的如是理解自有其历史的合理性。近代中国与西方遭遇，强弱立判，居于弱势的中国被激发出

---

① 梁启超：《论政府与人民之权限》，《梁启超全集》，北京出版社1999年版，第260页。

② 随着梁启超的政治思想从卢梭主义转向伯伦知理主义，其国家观、国民观亦发生转变。另一方面，日本学者松元三之介认为，国家精神或国家主义是日本明治精神的特点之一。（参见［日］松元三之介：《国权与民权的变奏：日本明治精神结构》，李冬君译，东方出版社2005年版。）

对力道的追求[①]。国民意识的诉求，其关注的核心点，乃在于如何将民众从一盘散沙式的合同状态提升到共襄整体的体同状态。[②] 从“积民而成”的国家观到国家有机体观，梁启超对体同的诉求呈现出越来越强的趋向。民的体同状态，实际上意味着形成了一种复杂系统。它就是国。一个复杂系统的形成总是伴随着突现（emergence）。对于中国现代思想家来说，积民成国，所渴求的正是突现而来的力量。康有为说道：“窃惟东西各国之所以

① 吊诡的是，中国人之自觉追求力道，正是西方文化发挥支配力与统治力的顺因之道。在中国现代化高歌凯进取得重大突破的表象之下，中国文化自我迷失日益严重，已接近“弱丧而不知归”的境地。先知型的思想家梁漱溟早就指出，现代中国不得不实现民族自救，而“所以自救之道，自无外学他。始而所学在其具，继所趋求在其道，自曾文正李文忠以迄共产党，虽再转再变，不可同语，而抛开自家根本固有精神，向外以逐求自家前途，则实为一向的大错误，无能外之者。”（梁漱溟：《中国民族自救运动之最后觉悟》，《梁漱溟集》，黄克剑、王欣编，群言出版社 1993 年版，第 238 页）现代中国文化转向对富强的追求，转向对力道的追求这种“西洋化的中国民族自救运动”（同上，第 244 页），“囿于西洋把戏的圈而不能出”（同上，第 243 页），“一言以蔽之，总皆一反吾民族王道仁义之风，而趋于西洋霸道功利之途（孙中山先生在日本讲演，对中西文化作此分判）。”（同上，第 241 页）民族自救，势之必然，不得不然。“中国人居现在的世界，如不往团体组织里去，将无以自存，事实上逼着我们往组织里去，向西方转。”（梁漱溟：《乡村建设理论》，《梁漱溟集》，黄克剑、王欣编，群言出版社 1993 年版，第 271 页）然而，民族自救总不能是最后之目的。梁漱溟引罗素《中国之问题》，指出中国“以保存国家独立之故，而降级至吾人之程度，则为彼计，为吾人计，皆非得策。”“中国政治独立所以重要者，非以其自身为最终之目的，乃以为中国旧时之美德与西洋技艺联合之一种新文化非是莫由发生也。苟此目的不能达，则中国政治之独立几无价值可言。”（梁漱溟：《中国民族自救运动之最后觉悟》，《梁漱溟集》，黄克剑、王欣编，群言出版社 1993 年版，第 246 页）相反，中国当超越民族自救而承担更大的历史责任。“所谓从民族自觉而有的新趋向，其大异于前者，乃在向世界未来文化之开辟以趋，而超脱乎一民族生命保存问题。”（同上，第 244 页）超越民族的视域而进入世界文化的视域。以世界文化的未来观之，而不是以民族生命保存观之。相应地有中国文化的重新自觉：“中国人其果审于世界文化转变之机已届，正有待吾人之开其先路，而毅然负起其历史的使命；则民族前途之恢张，固又于此日之志气卜之矣。”（同上，第 245 页）

② 《墨子·经说上》：“同：二名一实，重同也；不外于兼，体同也；俱处于室，合同也；有以同，类同也。”

致强者，非其政治之善，军兵炮械之精也。在其举国君民，合为一体，无有二心也。”[①] 将单个的国民之力有效整合为国家之力。此力为“合力”，但又不止于“合力”，力源于关系与结构，即组织。组织带来力的质变与飞跃。

“组织”作为力量之源的发现，可谓现代中国一件大事。恰恰因为是力量之源，组织获得了正当性、超越性与崇高性。与组织相关，则是解放与系缚的辩证法。20 世纪初，曾有“家庭革命”的主张。“家庭革命者何也？脱家族之羁轭而为政治上之活动是也，割家族之恋爱而求政治上快乐是也，抉家族之封蔀而开政治上之智识是也，破家族之圈限而为政治上之牺牲是也，去家族之奴隶而立政治上之法人是也，铲家族之恶果而收政治上之荣誉是也。”[②] “家也者，为万恶之首。”[③] 家庭（家族）解放，通过否定个体的非家庭（族）所属性，获得个体的向来我属性，然而，却是在此种向来我属性的幻象之下实现国家对个人的神圣支配。国民意识号召国民把自己从旧有的社会关系中解放出来并投入到国这种新的组织之中去。个体，从某种社会关系中解放出来，却是为了被组织到新的社会关系之中去。对旧的社会关系——关联与系缚——的解放要求，却是来自新的社会关系的系缚要求。在此逻辑之下，自由解放实际上只有工具价值，因为它服务于实现新的社会动员。“以作为全体一部分的有道德的生命来代替我们人人得之于自然界的生理上的独立的生命。”[④] 借用卢梭的话来说：“自由，是因为一切个人的依附都会削弱国家共

① 康有为：《请君臣合治满汉不分折》（1898 年 8 月），《康有为政论选》，中华书局 1981 年版，第 340 页。

② 家庭立宪者：《家庭革命说》，《辛亥革命前十年间时论选集》卷一，张枬、王忍之编，三联书店 1977 年版，第 833 页。

③ 汉一：《毁家论》，《辛亥革命前十年间时论选集》卷二下，张枬、王忍之编，三联书店 1977 年版，第 916 页。

④ ［法］卢梭：《社会契约论》，何兆武译，商务印书馆 2003 年版，第 50～51 页。

同体中同样大的一部分力量；平等，是因为没有它，自由便不能存在。”[①]“组织”的喻象源自丝之经纬。“经纬相交，此为组织。”[②] 组织离不开纪律，而“纪”同样隐含了丝的喻象。国家组织自有其纪律或规训（disciplines）。国民意识号召国民自觉自愿地投入国家组织纪律的怀抱。“这场由‘国民’论述所引发的思想、观念与价值的变革运动，虽然有其解放的潜能，却同时也构成了另外一套另为严密的规训与支配的系统。”[③] 在极端的情况下，“‘国民’，恰如其字面所示，只能是‘国家的子民’。”[④] 在组织名义之下，在“爱国”精神的感召之下，国民之国要求国民之民对它的绝对臣附与忠顺。

从力道的追求到国民对国家的绝对臣附，其中的逻辑似乎顺理成章。1928 年，后来的“战国策派”代表人物林同济发表《大政治时代的伦理——一个关于忠孝问题的讨论》一文。文章认为，现代世界是相争以“力”的大政治世界，它以全体化的国力为基本竞争单位。“在此种以全体化国力为竞争单位的世界，最重要的是每个人民都要成为国家的有机体的一份子。个个‘人民’都得练成一个得力的‘公民’。”[⑤] 与一国之国力、公民之得力等力道的追求相应，“一切的公德，一切的政治德行之中，忠为第一。……大政治时代的忠，绝对忠于国。惟其人人能绝对忠于国，然后可化个个国民之力而成为全体化的国力。忠是国力形成

---

① ［法］卢梭：《社会契约论》，何兆武译，商务印书馆 2003 年版，第 66 页。

② 章太炎：《国家论》，《章太炎政论选集》上册，汤志钧编，中华书局 1977 年版，第 360 页。

③ 沈侨松：《国权与民权》，《中央研究院历史语言研究所集刊》，第七十三本，第四分，2002 年 12 月，第 716 页。

④ 沈松侨：《国权与民权》，《中央研究院历史语言研究所集刊》，第七十三本，第四分，2002 年 12 月，第 723 页。

⑤ 参见温儒敏、丁晓萍编：《时代之波——战国策派文化论著辑要》，中国广播电视出版社 1995 年版，第 168 ~ 170 页。

的基础，形成的先决条件”[1]。在精忠报国之类的名义之下，国家与国民开始呈现为一种不对称的关系：国民的意义附着于国家，可以国家之故牺牲国民。“在‘塑造国民’此一动人口号下，中国人民固然从传统的政治、社会组织与伦理规范的藩篱中被彻底解放出来，然而，其目的所在，却是要把他们重新纳入一个更大、更紧密的群体——国家。在这种意义下，‘国民’其实兼具着两个不同的身体——一个体别的身体与一个集体的身体，而集体的国民身体在位阶上永远优先于任何个别的国民身体。”[2]

与此相应，国民便沦落到仅有工具价值的可怜地步。这一点，尤其体现在以国民为人才的思维之中。1898 年，康有为上书光绪，慷慨陈词：“后世不立学校……故人才鲜少，不周于用也。”“欧美作其国民为人才，以为己国之用。”[3] 呜呼哀哉！康有为知人才，可谓高明之士。然而，犹不如庄子所谓社木之无用而有大用。人不为所用，方能避免沦为工具价值而自足其性。

由此可见，“国民兼有公民与子民”两重身份这一理论问题在现代中国的具体历史实践中获得了“阳为公民而阴为子民”的特殊表现形态。启蒙思想家对此无疑有所意识。甚至，他们自觉地利用了国民的阴阳结构，对国民解放、自由、平等与权利等的宣扬带有鲜明的政治修辞术色彩，所达成的效果，则是藏子民于国民。

其实，“国家”这一现代汉语词也隐含了一种奇妙的修辞。“国家”，通过“家”的喻象，将现代国族（state-nation）观念与传统家族观念不露痕迹地焊接在一起。国家国家，以国为家。它

---

① 参见温儒敏、丁晓萍编：《时代之波——战国策派文化论著辑要》，中国广播电视出版社 1995 年版，第 168～170 页。

② 沈侨松：《国权与民权》，《中央研究院历史语言研究所集刊》，第七十三本，第四分，2002 年 12 月，第 719 页。

③ 康有为：《请开学校折》，《康有为政论集》，汤志钧编，中华书局 1981 年版，第 305 页。

首先要求像对待家一样对待国，提倡情感层面的家国同构。进而，它要求以国为家的替代物，舍小家顾大家。家庭、家族是小国，国家是大家。以国为家，位置上的替代，情感上的袭取，即将家的自然情感转移到国。1904 年，陈独秀在《说国家》这篇文章中写道："我生长二十多岁，才知道有个国家，才知道国家乃全国人的大家，才知道人人有应当尽力于这大家的大义。"[①] 梁漱溟曾说，"'家'之于中国人，慰安而勖勉之，其相当于宗教矣"[②]。这里说的是小家。大家之大，在于它较之小家有更高的价值，有更强烈的准宗教情结：国成为自我超越的意义域；小我融入国的庄严感、为国牺牲的崇高感。国民意识总是要求着爱国意识。张君劢曾云："国民所以爱国，不是为个人的利益，是为一国的文化和国民性的永久保存起见。这种爱国之念，发于求国家的天长地久而来，实含有宗教的神秘性，决不是股东合组的公司，只为谋利的所可同日而语。"[③] 国家凭借超越的情感实现国对个人的控制与侵占并隐蔽之。

三、从民族国家到世界共和国：康有为《大同书》与世界政治秩序原理

如上所述，塑造国民是为了建设民族国家。中国现代思想家普遍认为，在现代世界舞台上，非民族国家为求得生存，唯一的出路似乎只有将自身改造为民族国家。然而，即便在"列国竞争之世"、中国"稍有不若，即在淘汰败亡之列"[④]

① 陈独秀：《陈独秀著作选》，第一卷，上海人民出版社 1993 年版，第 55 页。

② 梁漱溟：《中国民族自救运动之最后觉悟》，《梁漱溟集》，黄克剑、王欣编，群言出版社 1993 年版，第 224 页。

③ 张君劢：《爱国的哲学家：菲希德》，《东方杂志》23 卷 10 期，1926 年 5 月，第74～75 页。

④ 康有为：《请广译日本书派游学折》，《康有为政论集》上册，汤志钧编，中华书局 1981 年版，第 301 页。

这样一种生死系于一线的形势下，中国思想家似乎仍有豪情与逸致规划世界秩序。①

世界秩序是一个国际政治问题。依照下文的讨论，“国际”(international）是一个需要加以扬弃的用字法。与其说“国际”，不如说“世界”。所谓“世界秩序原理”，乃基于对当下世界政治形势的判断，设想世界政治秩序基本建制，并且推原基本建制之理。

中国思想很早就对世界秩序想象产生兴趣。《庄子·则阳》述蜗角之争：

> 魏莹与田侯牟约，田侯牟背之。魏莹怒，将使人刺之。……
>
> 惠子闻之，而见戴晋人。戴晋人曰：“有所谓蜗者，君知之乎?”曰：“然。”“有国于蜗之左角者曰触氏，有国于蜗之右角者曰蛮氏，时相与争地而战，伏尸数万，逐北旬有五日而后反。”君曰：“噫！其虚言与?”曰：“臣请为君实之。君以意在四方上下有穷乎?”君曰：“无穷。”曰：“知游心于无穷，而反在通达之国，若存若亡乎?”君曰：“然。”曰：“通达之中有魏，于魏中有梁，于梁中有王。王与蛮氏有辩乎?”君曰：“无辩。”客出而君惝然若有亡也。②

倘若将其中的“国”解读为民族—国家而非封邦建国制度下的诸侯国，这则故事似乎便可以转化为颇有深义的现代寓言。触氏与蛮氏“时相与争地而战，伏尸数万”：两个民族—国家卷入领土等利益争端，争而不已，往往诉诸战争。战争伴随个体生命的

① 高瑞泉教授早已指出：“现代中国人在构思国家解放之路的时候，从不离开对世界前途的考虑。‘天下兴亡，匹夫有责’的传统，由于‘天下’的概念已经大大拓展，就变得不仅适用于唤醒民族主义，而且可能转化为世界公民意识。从康有为、谭嗣同、孙中山、梁漱溟到毛泽东，中国思想家总是胸襟阔广、规模宏大，他们决不局限于中国问题本身，而总是同世界前途联系在一起，来设计中国的道路。”（高瑞泉：《中国现代精神传统》，东方出版中心 1999 年版，第 255 页）

② 郭庆藩：《庄子集释》，中华书局 2004 年版，第 888、891～893 页。

剥夺。在一定的条件下，国与国之间也会订立盟约。但国际盟约相当脆弱。“魏莹与田侯牟约，田侯牟背之。魏莹怒，将使人刺之。”国际盟约或者基于力量的暂时均衡，或者作为有利可图的权宜之计，因此只不过是临时的停战约定或友好协议。一旦力量对比或利益关系发生变化，盟约随时可能被撕毁，国家的怒气随时可能转化为战争（在君主制之下，国君的情绪即国家情绪；在现代民族—国家，则需要通过历史记忆，通过“爱国”、“保家卫国”等神圣话语来调动国家情绪）。有国，有国际，有战争；避免战争之苦需要克服有国之害。《庄子》的解决之道，在于视域转换，即“游心于无穷，而反在通达之国”：在一个更高的超然视域（“无穷”）的返观之下，原本天经地义的国家视域就显得无足轻重（“若存若亡”），不再有毋庸置疑的可靠性（“客出而君惝然若有亡”鲜明刻画了基本信念动摇时的失重感）。

康德那部伟大的规划一开头就暗示，在讲求实际的政治家或普遍人看来，永久和平只是哲学家“甜蜜的梦”。[①] 相形之下，《庄子》的“无穷”视域更加高远飘渺，也许我们更有理由相信，它只是哲学家不切实际的浪漫梦想？不管怎么说，这种梦想在中国思想传统中不绝如缕，一直延续到现当代。其中，康有为（1858—1927）的“大同论”[②] 想象瑰丽，论述详备，狂言妄语之中不乏真知灼见。

（一）“有国之害”与世界国家方案

康有为《大同书》在结构上无疑深受佛家“四谛”说（苦、集、灭、道）的影响：始于“入世界观众苦”，经由苦因的诊断

---

① 参见［德］康德：《永久和平论》，《历史理性批判文集》，何兆武译，商务印书馆1997年版，第97页。

② “大同”的英译颇多。萧公权曾列举“The Great Unity,” “Grand Union,” “Cosmopolitan Society,” “The Great Commonwealth,” “The Great Communion,” “Grand Harmony”等。参见 Hsiao Kung-chuan. *A Modern China and a New World: K'ang Yu-wei, Reformer and Utopian, 1858—1927*. University of Washington Press, 1975, Chapter 4。

和去苦途径的细描，最后终于“去苦界至极乐”。相对于释迦牟尼单纯的宗教努力[1]，康有为为全人类寻找的救世良方还涉及政治制度。就国家而言，一方面，国家有它的自然基础与历史必然性。“结党而争胜，从强而自保者，人情之所不能免也。故有部落、国种之分，有君臣、政治之法，所以保全人家室财产之乐也。”[2]“有国者，人道团体之始，必不得已。”[3] 但另一方面，则是触目惊心的“有国之害”：“然国既立，国义遂生，人人自私其国而攻夺人之国，不至尽夺人之国而不止也。”[4] 以国为界，义止于国，与之相随的则是国际战争。国际战争为何难以避免？“国者，人民团体之最高级也，自天帝外，其上无有法律制之也。各国私益，非公法所可抑，非虚义所能动也。其强大国之侵吞小邦，弱肉强食，势之自然，非公理所能及也。”[5] 国与国之间自然是无法无天、相争以力的状态。如何解决？康有为的主张颇为激进。他认为，“国者，在乱世为不得已而自保之术，在平世为最争杀大害之道也。而古今人恒言，皆曰天下国家，若人道不可少者，此大谬也。”[6] 这里隐含着一个判断：民族国家仅仅是一种临时性的历史建制，消除国与国之间的战争，从根本上讲只有“去国”，即消除国家。康有为遥想将来，“人民由分散而合聚之序，大地由隔塞而开辟之理，天道人事之自然者也。……若大地既通，合为一国，岂不为大之止观哉！而诸星既通之后，其哂视蕞尔二万七千里之小球，不等于微尘乎，而非夜郎之自大乎？”[7]

---

① 法国汉学家戴密微曾对四谛说中的诊疾隐喻进行了细致的解读。参见 Paul Deiéville. Le boddhisme et la guerre. *Cho ix d'études Bouddhiqes* (*1929—1970*). E. J. Brill, 1973, pp. 261-269。

② 康有为：《大同书》，《康有为大同论二种》，三联书店 1998 年版，第 52 页。

③ 康有为：《大同书》，《康有为大同论二种》，三联书店 1998 年版，第 119 页。

④ 康有为：《大同书》，《康有为大同论二种》，三联书店 1998 年版，第 105 页。

⑤ 康有为：《大同书》，《康有为大同论二种》，三联书店 1998 年版，第 120 页。

⑥ 康有为：《大同书》，《康有为大同论二种》，三联书店 1998 年版，第 120 页。

⑦ 康有为：《大同书》，《康有为大同论二种》，三联书店 1998 年版，第 104 页。

撇开“诸星既通之后”的长远愿景，暂且把目光局限在我们这颗小小的寰球。康有为设想的世界秩序实际上是一种“世界国家”方案：众多的民族国家合而为一，用“无邦国”的“大同”“世界”超越民族国家的分界与分裂。

一般说来，关系可以分梳为关系项与关系本身，关系的改变，或者通过改变关系项的性质，或者在关系项基本性质不变的前提下诉诸关系本身的性质改变。[①] 康有为的思路，实即主张通过国际关系项（民族国家）的性质改变来改变“国际关系”。随着关系项的改变，即民族国家不再是民族国家，关系项之间的关系也就从“国际关系”演变为世界国家内部的地方政府之间的关系。从民族国家的角度看，民族国家在两个方向发生转化[②]：一方面从宣示主权的单位弱化为权力有限的地方政府，另一方面又把自己的国家职能让渡给世界国家。民族国家以“消失”在世界国家—地方政府的二重结构中的方式部分保留了自身。[③] 换言

① 金岳霖认为，“关系上的改变虽然不牵扯到性质上的改变，然而性质上的改变总牵扯到关系上的改变。”（金岳霖：《知识论》，商务印书馆 1983 年版，第 102 页）

② 哈贝马斯曾经问：“Overcoming the Nation-State：Abolition or Transformation?”（参见 Juergen Habermas. *The Inclusion of the Other*. MIT Press，1998，pp. 124-127）在“abolition”与“transformation”之间，本节倾向于“transformation”。

③ 康有为设想了三级政府：“太平之世，只此公政府、各度政府、地方自治局三级。”（康有为：《大同书》，《康有为大同论二种》，三联书店 1998 年版，第 323 页）因此，汪晖的以下说法不准确：“大同世界分为两级政府，即全地大同政府和各度政府。”（汪晖：《现代中国思想的兴起》，第二部，上卷，三联书店 2004 年版，第 777 页。）在康有为那里，公政府属于世界国家层面，各度政府与地方自治局则可以归入地方政府层面。“度”是康有为想象设计出来的地方行政单位。他说，“以大地圆球剖分南北，凡为百度，赤道南北各五十度。东西亦百度。”（康有为：《大同书》，《康有为大同论二种》，三联书店 1998 年版，第 132 页。）“惟一度之地，以之上通全地公政府，下合人民，大小得宜，多寡适当，故可立为自治之小政府也。每度约为英里之一百。”（康有为：《大同书》，《康有为大同论二种》，三联书店 1998 年版，第 319 页。）哈贝马斯虽然在某些地方明确拒绝世界国家，但欧盟的实践激发了他对世界区域政府的热望，主张建立区域政权机构，为世界组织奠定有效的基础。（参见［德］哈贝马斯：《论康德的永久和平论》，《包容他者》，曹卫东译，上海人民出版社 2002 年版，第 213 页。）

之，我们可以在世界国家—地方政府的二重结构中找到民族国家的残存者（remants）。[①] 从世界国家的角度看，世界国家"既是对国家的否定，也是一种放大了的、没有外部的国家。"[②] 民族国家总是相待而生，相待性又决定了排他性。因此，恰恰是"没有外部"的无外性否定了民族国家的排他逻辑，从而构成了世界国家区别于民族国家的根本特征。汪晖指出，"在《大同书》中，康有为不是以民族—国家，也不是以帝国为中心讨论具体的政治架构问题，而是以地球为单位讨论'世界管理'问题，其实质是在否定民族—国家机器体系的基础上重新构思全球的政治构架"[③]。不过，需要补充的是，按照康有为，"以全球为单位"这一世界视域至少构成了否定民族—国家机器体系的观念基础。

康有为的方案在一定程度上得到了当代中国学者赵汀阳的回应。赵氏近年提出"天下体系"说，虽然只是导论性质的粗略构想，却已经激发了中、英文世界的热议。[④] 康有为所讲的无法无天、相争以力的国际状态在赵氏那里被表述为"世界"尚未存在："在今天，政治意义上的有制度、有管理、有秩序的'世界'尚未存在，而地理或物理意义上的世界就成为一个没有人对它负责任的荒地，是可以被任意掠夺和争夺的公共资源，是个进行征服的战场。这就是当今世界的最大政治难题：一个整体上无

---

① 意大利学者 Santiago Zabala 曾区分了"残存者"（remnants）与"遗骸"（remains）。参见 Santiago Zabala. *The Remains of Being*. Columbia University Press，2009，pp. 1-23。

② 汪晖：《现代中国思想的兴起》，第二部，上卷，三联书店 2004 年版，第 777 页。

③ 汪晖：《现代中国思想的兴起》，第二部，上卷，三联书店 2004 年版，第 746 页。

④ 赵汀阳的《天下体系：世界制度哲学导论》一书初版于 2005 年（南京：江苏人民出版社）。2011 年的新版本（北京：中国人民大学出版社）附录部分收入桑迪普·瓦斯莱克、童世骏等中外学者的相关评论。

序的世界，一个没有政治意义的世界，就只能是一个暴力主导的世界。”① 政治上有序的世界，赵氏称之为“天下”。赵氏宣称，“天下”是一个饱满的世界概念（the full concept of the world），是地理、心理和社会制度三者合一的“世界”：地理学意义上“天底下所有土地”，天下人的民心，世界一家的理想。天下所指的世界是个“有制度的世界”，是个已经完成了从 chaos 到 cosmos 转变的世界，是个兼备了人文和物理含义的世界。② 但是，世界在最核心的世界制度层面，天下的内涵究竟如何，赵氏没有给出更加具体的说明。在此意义上，天下仍是一个空洞粗疏的提法。事实上，天下、或天下意义上的世界、或天下意义上的帝国——赵氏的用词颇为随意——在很大程度上还只是一个理念，一种应然的视域：它要求像康有为“以全球为单位”那样以“世界”——或“世界性政治单位”超越民族国家的视域。赵汀阳写道，“世界作为共同政治事业的逻辑是建设一个完整政治存在的逻辑，它不再设立对立面，不再需要敌人，按照天下理论的说法，就是‘天下无外’”③。“由于天下/帝国不是个国家，而是世界性政治单位，于是在天下/帝国这个概念下的‘国际关系’就不同于通常意义上的国际关系。天下单位之下的‘国’不是民族/国家，而应该说是‘地方性统治’。”④ 无外的天下与地方性统治，我们在这里看到了一种类似于康有为世界国家—地方政府的二重结构。

---

① 赵汀阳：《天下体系：世界制度哲学导论》，中国人民大学出版社 2011 年版，第 12 页。

② 赵汀阳：《天下体系：世界制度哲学导论》，中国人民大学出版社 2011 年版，第 27 ~ 29 页。

③ 赵汀阳：《天下体系：世界制度哲学导论》，中国人民大学出版社 2011 年版，第 15 页。

④ 赵汀阳：《天下体系：世界制度哲学导论》，中国人民大学出版社 2011 年版，第 53 页。

（二）对话康德、哈贝马斯：世界共和国，一个被放弃的选择？

在西方脉络中，讨论世界秩序不能不回到康德。与康有为类似，康德永久和平论的逻辑起点也是国与国之间的无法律状态（statu injusto）以及与此相伴的战争之苦。哈贝马斯指出，“康德把他所追求的国家之间的‘法律状态’消极地定义为消灭战争：‘不应当有战争’，‘卑鄙的战争该结束了’”①。与康有为不同的是，康德用霍布斯、洛克等近代思想家发展的“自然状态”（the state of nature）说来解释国家之间的无法律状态。《永久和平论》“走向各国之间永久和平的正式条款”一开始就说：“自然状态并不是一种人与人生活于相互间的和平状态，而是一种战争状态。”② 在自然状态之下，一个人或一个民族可以仅仅“由于他处于与我相邻的这一状态本身而伤害了我们，尽管不是在事实上但却通过他那状态的无法律性而经常地在威胁着我们。”③ 相应于自然状态的“集谛”，康德以“永久和平”为“灭谛”，而通达永久和平的“道谛”则在于：

> 国家相互之间的关系，由于无法律状态仅仅蕴含着战争，是不可能根据理性再有其他任何方式的，只有是他们也恰好像个体的人那样放弃自己野蛮的（无法律的）自由，使自己适应于公开的强制性的法律，并且这样形成一个（确实是不断在增长着的）终将包括大地上所有民族在内的多民族的国家（civitas gentium）。可是他们按照自己的国际权利

---

① ［德］哈贝马斯：《论康德的永久和平论》，《包容他者》，曹卫东译，上海人民出版社2002年版，第192页。

② 何兆武译本：“人与人生活于相互间的和平状态并不是一种自然状态，那倒更其是一种战争状态。”（［德］康德：《永久和平论》，《历史理性批判文集》，何兆武译，商务印书馆1997年版，第104页。），似不通。据德文本及英译本校改。

③ ［德］康德：《永久和平论》，《历史理性批判文集》，何兆武译，商务印书馆1997年版，第105页。

> 观念却根本不愿意这样，因而就 in hypothesi［在假设上］[①] 抛弃了 in thesi［在理论上］是正确的东西。于是取代一个世界共和国这一积极概念的（如果还不是一切都丧失尽净的话），就只能是以一种防止战争的、持久的并且不断扩大的联盟这种消极的代替品来扼制人类的害怕权利与敌对倾向的那种潮流了，尽管是不免有经常爆发战争的危险。[②]

卢梭等人设想个体的人通过订立契约来摆脱自然状态。康德则把社会契约论拓展到国家之间：国家通过订立契约摆脱国家之间的无法律的自然状态。[③] 就契约的性质而言，康德实际上提出了两种不同的方案：一种是积极的世界共和国（a world republic）方案，一种则是上述方案的消极替代品，即国家联盟。比起康有为，康德的世界共和国更加具体。“共和国”的称号本身直接标示了世界国家的政权形式（forma regiminis）。再者，世界共和国这“一个普遍的人类国家”（a universal state of humankind）具有世界公民法（ius cosmopoliticum，cosmopolitan law）这一最高法律形态。世界共和国本质上要求民族国家让渡国家主权（尤其是

---

① 此处的“in hypothesi”似宜译作“在实践上”。何译本译作“在假设上”，颇难索解。德文字典 *Herders Conversations-Lexikon* 将“in hypothesi”释作“angenommen, vorausgesetzt”［在假设上］。不过，在德文字典 *Pierer's Universal-Lexikon* 中，“in hypothesi”的释义则是“in Anwendung auf vorliegenden Fall”［在当前情况下的应用］（Band 8，Altenburg 1859，S. 914）。涛慕思·博格在引用康德时正是将“in hypothesi”译作“in practice”［在实践上］。参见 Thomas Pogge，Cosmopolitanism，in Robert Goodin，Philip Pettit，and Thomas Pogge，eds. *A Companion to Contemporary Political Philosophy*. Blackwell，2007，p. 315。

② ［德］康德：《永久和平论》，《历史理性批判文集》，何兆武译，商务印书馆 1997 年版，第 114 页。

③ 对于柏拉图《理想国》一书的基本架构来说，个体层面的正义与国家层面的正义之间的类比关系至关重要。

“对暴力手段的垄断”①)，国际争端的解决不再诉诸武力，而是诉诸居于民族国家之上的法律。这时的民族国家实际上已不再是民族国家，相应的法律也不再是调节国家间关系的国际法（ius gentium，international law)，而是调节公民——包括个人与国家(如果依然称其为“国家”的话，这时国家的法律地位犹如“法人”)——与“一个普遍的人类国家”之间关系的世界公民法。②

然而，在康德看来，世界共和国（或者说多民族的国家）固然在理论上正确，但在实践上却不可行。在现实中，似乎没有哪一个民族国家愿意“放弃自己野蛮的（无法律的）自由”，愿意放弃在必要的情况下用战争“捍卫”国家利益的国际权利，也没有哪一个民族国家会自愿地把自己置身于“公开的强制性的法律”之下。在写于《永久和平论》之前的另一篇文章中，康德表达了对“世界公民体制”或“世界公民共同体”③ 的另一种担忧：“这样一种普遍和平的状态（正如国家过大所曾多次发生的那样）从另一方面对于自由变得更加危险，即可能由此导致最可怕的专制主义”。④ 因此，康德最终放弃了世界共和国，取而

① 哈贝马斯对国家主权的刻画：“对外主权意味着，一个国家能够在国际舞台上维护自己的独立和领土完整，若有必要可以使用军事力量。对内主权指的是，能够在垄断暴力手段的基础上，一个国家能够通过行政能力和制定法保护领土内部的有法有序。”（Juergen Habermas. Kant's Idea of Perpetual Peace: At Two Hundred Years' Historical Remove, in Habermas, *The Inclusion of the Other: Studies in Political Theory*. MIT Press, 1998, p. 170. 参见［德］哈贝马斯《论康德的永久和平论》，《包容他者》，曹卫东译，上海人民出版社 2002 年版，第 197 页。)

② 参见［德］康德：《永久和平论》，《历史理性批判文集》，何兆武译，商务印书馆 1997 年版，第 105 页，注①。

③ 康德在另一处从自然目的论出发为“普遍的世界公民状态”立说：“作为一个基地而使人类物种的全部原始禀赋都在它里面得到发展的一种普遍的世界公民状态。”（［德］康德：《世界公民观点之下的普遍历史观念》，《历史理性批判文集》，何兆武译，商务印书馆 1997 年版，第 18 页。)

④ ［德］康德：《论通常的看法：这在理论上可能是正确的，但在实践上是行不通的》，《历史理性批判文集》，何兆武译，商务印书馆 1997 年版，第 206 ~ 207 页。

代之的，则是“一种根据共同协议的国际权利而来的合法的联盟状态”①。《永久和平论》第二项正式条款明确宣布：“国际权利应该以自由国家的联盟制度为基础。”② 康德强调，自由国家联盟是“一种各民族的联盟，但却不必是一个多民族的国家”③，它“并不是要获得什么国家权力，而仅仅是要维护与保障一个国家自己本身的以及同时还有其他加盟国家的自由，却并不因此之故（就像人类在自然状态之中那样）需要他们屈服于公开的法律及其强制之下”④。自由国家也就是共和制国家。康德相信，共和国依其本性是必定倾向于永久和平的：在共和体制下，是否进行战争的决定权在国家公民手中，而国家公民出于自己必须付出的战争代价的考虑必定是反对战争的。⑤ 因此，自由国家联盟乃是永远结束一切战争的和平联盟（doedus pacificum，pacific federation），而非仅仅企图结束一场战争的和平条约（pactum pacis，peace treaty）。

康德对自由国家联盟的想象显然过于乐观了。关于共和国的和平天性，哈贝马斯指出，康德当时（1795 年）还没有认识到“民族”观念的动员力量，没有预料到民族主义激情将鼓动共和国的公民为民族、为祖国而战。⑥ 国家，即便是自由国家，如果

---

① ［德］康德：《论通常的看法：这在理论上可能是正确的，但在实践上是行不通的》，《历史理性批判文集》，何兆武译，商务印书馆 1997 年版，第 207 页。

② ［德］康德：《永久和平论》，《历史理性批判文集》，何兆武译，商务印书馆 1997 年版，第 110 页。

③ ［德］康德：《永久和平论》，《历史理性批判文集》，何兆武译，商务印书馆 1997 年版，第 110 页、第 107 页。

④ ［德］康德：《永久和平论》，《历史理性批判文集》，何兆武译，商务印书馆 1997 年版，第 113 页。

⑤ ［德］康德：《永久和平论》，《历史理性批判文集》，何兆武译，商务印书馆 1997 年版，第 107 页。

⑥ Juergen Habermas. Kant's Idea of Perpetual Peace: At Two Hundred Years' Historical Remove, in Habermas, *The Inclusion of the Other: Studies in Political Theory*. MIT Press, 1998, p. 172. ［德］哈贝马斯《论康德的永久和平论》，《包容他者》，曹卫东译，上海人民出版社 2002 年版，第 198 ~ 199 页。

不让渡主权，如果没有具有强制力的法律的约束（国际法显然不是这样的法律），依其本性必定倾向于战争。前面提到，康有为设想了“无邦国”的大同世界。实际上，在康有为那里，从民族国家到世界国家需要分三步走：“夫联合邦国之体有三：有各国平等联盟之体，有各联邦自行内治而大政统一于大政府之体，有削除邦国之号域，各建立州郡而统一于公政府之体。”① 康有为依儒家公羊三世说，将此三体比作“据乱世”、“升平世”与“太平世”三个发展阶段。康德的自由国家联盟大致相当于康有为所设想的“据乱世”。据乱世阶段，各国平等联盟，各主权国家立约同盟。“其政体主权各在其国，并无中央政府，但遣使订约，以约章为范围。”② 但是，“凡此联盟之约，主权既各在其国，既各有其私利，并无一强有力者制之，忽寻忽寒，今日弭兵而明日开衅，最不可恃者也。”③ 没有居于民族国家之上的“强有力者”的制裁作为后盾，盟约或国际法往往沦为“虚义”空文，经不起力或/与利的冲击。康德心目中的和平联盟只不过是脆弱的和平条约的幻相。实际上，康德本人就曾经明确地指出，“通过所谓的欧洲的势力均衡而来的持久的普遍和平，只是一场幻觉罢了。就好像斯威夫特的那所房子一样，它由一位建筑师根据全部的平衡定律建造得那么完美，以至于当只不过是一只麻雀栖息在那上面的时候，它马上就倒塌了”，而要克服国家间的自由状态，“除非是每个国家都要服从一种以配备有权力的公共法律为基础的国际权利（可以和个人之间的公民权利或国家权利相类比）”，除非每个国家都自愿地服从“一种普遍的国际国家”的威力，听从它的法律。④ 那时的康德还没有产生“通过所谓的

① 康有为：《大同书》，《康有为大同论二种》，三联书店1998年版，第121页。

② 康有为：《大同书》，《康有为大同论二种》，三联书店1998年版，第122页。

③ 康有为：《大同书》，《康有为大同论二种》，三联书店1998年版，第122页。

④ ［德］康德：《论通常的看法：这在理论上可能是正确的，但在实践上是行不通的》，《历史理性批判文集》，何兆武译，商务印书馆1997年版，第209页。

自由国家联盟而来的持久的普遍和平”的幻觉。

自由国家联盟，还是世界共和国？在这两种方案之间，康德的后继者哈贝马斯曾经明确地说，不能依靠“世界国家”这样一种“根本不受欢迎的”组织形式。他呼吁从国家关系到世界内政的视角转换，但他所倡导的却是“一个没有世界政府的世界内政模式”。① 但是，在《论康德的永久和平观念》一文中，哈贝马斯似乎更倾向于世界国家方案。他认为：

> 如前所述，康德的国家永恒联盟概念虽尊重国家主权却不能自洽。世界公民法必须加以制度化，从而对一切个别政府具有约束力。万国共同体必须以制裁作为威胁，确保它的成员至少做出合法的行为。只有这样，通过相互威胁来维护主权的国家之间的不稳定系统，才能转变为具有共同机构的联盟，承担起国家的职能，也就是说，从法律上调节联盟成员之间的关系，并且监督对这些规则的遵守情况。国家间的外部国际关系（这些国家彼此构成外部环境）从而也就转变为建立在法规或宪法基础之上的共同组织的成员之间的内部关系。②

前面提到，康德的世界公民法调节世界公民与世界国家之间的关系，而世界公民包括个人与国家。世界公民法具有宪法特征，保障世界公民权利（cosmopolitan right），无论是对个人还是对国家都具有约束力。因此，一方面，如果国家侵犯个人的世界公民权

---

① 参见［德］哈贝马斯：《灾难与教训——短暂的20世纪：回顾与诊断》，《后民族结构》，曹卫东译，上海人民出版社2002年版，第67~68页。

② Juergen Habermas. Kant's Idea of Perpetual Peace: At Two Hundred Years' Historical Remove, in Habermas, *The Inclusion of the Other: Studies in Political Theory*. MIT Press, 1998, p. 179. 参见哈贝马斯：《论康德的永久和平论》，《包容他者》，曹卫东译，上海人民出版社2002年版，第206页。

利，它就应当受到世界公民法的制裁[1]；另一方面，如果一个国家侵犯另一国家的世界公民权利，它也应当受到世界公民法的制裁。哈贝马斯强调，“世界公民法必须加以制度化，从而对一切个别政府具有约束力”，这种约束力显然不仅仅是《联合国人权宣言》或其他公认的国际公约所具有的“规范的软约束力”[2]，而是能够“以制裁作为威胁”的硬约束力。与之相应，能够“承担起国家的职能”的世界机构可以恰当地称为“世界国家”——尽管哈贝马斯或许更愿意称之某种“联盟”。康有为、赵汀阳都强调了硬约束力的必要性。康有为设想，从民族国家到世界国家过渡的“升平世”阶段，各国联合，设公议会（有时又称为“公议院”、“公议政府”、“公政府”，康有为的用词颇为混乱）。议会成员从各国公平选出，公举出议长。公议政府“不过为遣使常驻常议之体”[3]，它的职责是“专议万国交通之大纲；其余政事皆听本国之自主”[4]。公议会没有干涉各国内政的行政权。不过，“各国有大破坏文明及公共之安乐，背万国之公法者，公议院得以公调合各国之兵弹禁之，若仍不从，则同攻伐其国土，改易其政府”[5]。公议会方案颇似联合国机制。但是，在康有为看来，公议会的有限权力不能令人满意，必须加以扩充。他

① 由此不难引申出哈贝马斯“人权高于主权”的主张。这一主张有待进一步讨论。托马斯·博格从“人权”出发发展了他的国家正义理论，批评罗尔斯的万民法方案没有顾及国际正义。（参见［美］博格：《康德、罗尔斯与全球正义》，刘莘、徐向东等译，上海译文出版社2010年版）但是，从消极的一面来看，套用康德的用词，“人权高于主权”在理论上正确，但在实践上不可行：如果世界国家尚未登场，“人权高于主权”就不会有合法的执行者，这样一来，它只能成为干涉主义或霸权主义的新借口。再者，从儒家“仁”的原则来看，“人权”概念隐含的“以个为限”的个体主义立场也值得商榷。

② 参见［德］哈贝马斯：《灾难与教训——短暂的20世纪：回顾与诊断》，《后民族结构》，曹卫东译，上海人民出版社2002年版，第67页。

③ 康有为：《大同书》，《康有为大同论二种》，三联书店1998年版，第127页。

④ 康有为：《大同书》，《康有为大同论二种》，三联书店1998年版，第128页。

⑤ 康有为：《大同书》，《康有为大同论二种》，三联书店1998年版，第129页。

说，“公议会积有权力，则设公政府立各国之上。虽不干预各国内治，而有公兵公律以弹压各国”①。公议会逐渐从常设议事机构发展为以公律及专属军事力量（公兵）约束万国的公政府。按照赵汀阳的说法，这样的公政府拥有“一个仅仅属于世界而不是属于任何国家的权力体系”。赵汀阳认为，“要保证一种契约的有效性就必须有制度的支持，而一种制度是有效的就必须是一个权力体系而不仅仅是一个权力契约。现在世界上的国际组织，比如说联合国，所以不像国家那样有效，就是因为没有相匹配的有效的世界制度作为支持，进一步说就是没有一个仅仅属于世界而不是属于任何国家的权力体系的支持”②。

（三）全球地方性

自由国家联盟，还是世界共和国？在上述讨论中，康有为、哈贝马斯、赵汀阳在一定意义上回答了这样一个问题：世界国家是必要的。然而，如果我们选择世界共和国方案，似乎仍有必要说明，世界共和国是可欲的，康德对它的担忧是多余的。首先，康德认为，没有哪一个民族国家愿意“放弃自己野蛮的（无法律的）自由”，也没有哪一个民族国家会自愿地把自己置身于“公开的强制性的法律”之下。在全球联系密切的今天，我们看到，一方面，一些自然生长的超民族国家的组织（比如跨国企业）已经在事实上改变了民族国家独霸天下的格局；另一方面，出于应对全球环境恶化、全球性的犯罪活动等跨国问题的需要，民族国家有时被迫、有时自愿地把自己置身于“公开的强制性的法律”之下。民族国家是一种历史现象：它曾经应运而生，亦将应运而灭，民族国家的“意愿”既无法选择自身的生，也无法主宰自身的死。

---

① 康有为：《大同书》，《康有为大同论二种》，三联书店1998年版，第122页。

② 赵汀阳：《天下体系：世界制度哲学导论》，中国人民大学出版社2011年版，第66页。

再者，世界共和国是否像康德所说的那样必然导致“最可怕的专制主义”？哈贝马斯指出，在这一问题上康德受限于当时的历史经验。“刚刚从美国革命和法国大革命中孕育出来的宪政国家在当时还属于特例，还不普遍。”① 近年来大力倡导全球正义的博格（Thomas Pogge）也表达了类似的看法②：过去200年大大拓展了我们在相关问题上的历史经验，特别是美国与欧盟的经验证明，联邦体制可以实现真正意义上的分权，切实可行，并没有妨碍稳定和正义。③ 康德囿于历史经验，对人类能够找到避免专制的国家建制缺乏信心。如果人类能够建构民主的而非专制的民族国家（至于它的国家结构形式是否必须是联邦制可以暂时存而不论），那么，或许我们有理由相信，人类也能够建构民主的而非专制的世界国家。对于人类来说，世界国家也许是一个尚未现实、可以现实而老不现实的目标。④

哈贝马斯说，当今世界正处在从国际法向世界公民法转变的

① ［德］哈贝马斯：《论康德的永久和平论》，《包容他者》，曹卫东译，上海人民出版社2002年版，第197页。

② 博格既是罗尔斯的高足，又是罗尔斯关于世界秩序的“万民法”方案的激烈批评者。博格批评说，在《万民法》中，“罗尔斯把可以避免的贫困、疾病、压迫和腐败等问题统统归于承受这种威胁的社会的国内因素。因此，他否认全球制度秩序的根本的重要性以及巨大的全球经济不平等所造成的四处弥漫的腐蚀影响。此外，由于罗尔斯关注的焦点只是如何面向各国人民而辩护全球秩序，他也就否认了有必要使国际政策和制度安排面向个人而得到辩护，特别是面向全球范围内最不利的人而得到辩护”。（［美］博格：《康德、罗尔斯与全球正义》，刘莘、徐向东等译，上海译文出版社，2010年，中译本序，第3页。）参见 Thomas Pogge. Rawls on International Justice. *The Philosophical Quarterly*, April 2001, Vol. 51, No. 2003, especially p. 248; Thomas Pogge. Cosmopolitanism, in Robert Goodin, Philip Pettit, and Thomas Pogge, eds., *A Companion to Contemporary Political Philosophy*, Blackwell, 2007, especially p. 317。

③ 参见 Thomas Pogge. Cosmopolitanism, in *A Companion to Contemporary Political Philosophy*, Blackwell, 2007, p. 315。

④ 金岳霖说，绝对的目标可以现实而老不现实；绝对的目标达，则几息而数穷。（参见金岳霖：《论道》，中国人民大学出版社2005年版，第163页）

过渡阶段。[1] 按照本节的解读，这也就是一个从民族国家向世界国家转变的过渡阶段。“全球地方性”（glocality）或许可以是一个与此过渡阶段相应的意蕴丰厚的世界政治概念。它标示我们的客观处境：对于现实处境中的全球性面向与地方性面向（民族国家面向），我们有着同样真切的感受；我们生活在一个全球化—地方化的时代（a glocal age）。它标示我们对于客观处境的主观理解，即一种全球—地方视域（glocal perspective）：我们同时站在民族国家公民与世界公民的立场上思考问题。全球地方性还意味着评价世界制度的基本原则：正义（justice）或仁义原则以及与之相应的一种妥善安排一多关系的世界制度[2]：这种制度一方面创立一个真正的世界政府作为世界有机体的中心（全球性），另一方面又能够容纳自然生长起来的多元与差异（地方性）。

第五节　“哲学”反思

一、在“Philosophy”与“哲学”之间

如本章第一节所述，现代汉语中的哲学话语面临着深刻的无根性的困境，造成困境的一个重要原因在于：现代汉语哲学话语基本上通过翻译的方式从西方近代哲学机械输入。走出困境的途

① Juergen Habermas. Kant's Idea of Perpetual Peace: At Two Hundred Years' Historical Remove, in Habermas, *The Inclusion of the Other: Studies in Political Theory*. MIT Press, 1998, p. 183.

② 世界秩序的安顿需要处理很多层面的一多问题，包括世界政府（一）与地方政府（多）之间的关系，也包括黄勇教授所讲的普遍政治原则（一）与成员不同宗教与形而上学立场（多）之间的关系。（参见黄勇：《全球化时代的政治》，台大出版社中心 2011 年版，第 v 页。）一多问题也涉及如何处理中心与边缘的关系。在这方面，任博克（Brook Ziporyn）研究天宗台四明知礼所阐发的遍中论（omnicentralism）不无启发意义。（参见 Brook Ziporyn. *Evil and/or/as the Good: Omnicentrism, Intersubjectivity and Value Paradox in Tiantai Buddhist Thought*. Harvard University Press, 2000。）

径或许有二：某些传统哲学语汇是否可能重新成为用来思考的、活生生的哲学元语言；是否可能从日常语言中提炼基本说理词。时下，中国哲学研究的基本工作范式，是将中国（传统或现代）哲学话语作为对象语言加以梳理与考察，其面临的最大困难恐怕在于：对象语言考察在多大程度上可以反作用于哲学元语言，从而改变中国哲学理解世界的方式。从对中国（传统或现代）哲学的对象式考察转变为中国式的哲学研究，这将是中国哲学成其为“哲学”（philosophizing）的关键。

汉语言哲学的任务之一，乃是通过“三重面相”（如果可能的话，“四重面相”）的考察，描画中国现代思想生成的特殊脉络。其中，对“哲学”的考察有其特别之处。我们正处在一个中国哲学日益自觉的时代：中国哲学日益感到有必要以自己的独特面貌担当更多的责任。由于“哲学”一词的特殊性，对“哲学”的概念考察既构成了对哲学本身的哲学反思，即元哲学研究；元哲学研究也意味着对中国哲学史书写的自觉反思；与此同时，以“哲学”概念为切入点，经由元哲学考察中国现代精神传统的处境与世界意义。对“哲学”的反思，催迫我们在世界哲学的视野之下反思中国现代思想史。我们可以从三个层面理解“世界哲学”：参与世界范围内的对话；从史的角度说，在世界大势之中思考中国的问题；从思的角度说，当今时代，中国哲学应该进一步走向世界，以自己的独特价值在世界范围内担当更多的文化责任。①

① 笔者曾从中国哲学于世界之中生发的角度谈及中国哲学的世界性问题：“向汉语世界译介海外中国哲学研究成果，于中国思想之生发，意义何在？海外学者对中国哲学的精深讨论将世界带到我们面前。中国哲学不是中国人——人种学或政治学意义上的中国人——的私产。人种学或政治学意义上的资格不但不能合法证成我们是中国思想的继承人资格，相反，它所诱发的错觉与自负容易让我们忘记：我们需要努力成长为中国思想的继承者，并且，不在世界之外，而在世界之中。”（［新加坡］赖蕴慧著：《剑桥中国哲学导论》，刘梁剑译，世界图书出版公司2013年版，译者后记。）

胡适、冯友兰开创了研究中国哲学的现代范式，其功甚伟。冯友兰《中国哲学史》以此开篇："哲学本一西洋名词。今欲讲中国哲学史，其主要工作之一，即就中国历史上各种学问中，将其可以西洋所谓哲学名之者，选出而叙述之。""哲学"在现代汉语中的成立始于参照西方的"philosophy"。这种参照关系构成了"哲学"运作的微妙语境，透过它，可以看到"哲学"在"philosophy"刺激之下的原创发生，同时不难体察到"哲学"的困境。胡、冯所开创的研究范式，一言以蔽之，就是试图在中国传统思想中寻找符合先定的西方"哲学"概念的东西。然而，我们现在对这样的研究范式已经越来越感到不满足。中国哲学有其独特的面相；这些独特的面相不能被规抚、化约在西方哲学的框架之下——但这一点并不妨碍中国哲学成其为哲学。相反，中国"哲学"所有而"philosophy"所无的东西将会反过来作用于"philosophy"进而拓展"philosophy"的内涵，从而构成"哲学"的第四重面相。这一点并非不可能。不妨以中国哲学的一个重要组成部分儒学观之。朱子云，"儒，学者之称。"[①] 儒学意义上的学者不是"scholar"意义上的博学之士，而是学—习如何成就人的应然样态的修习践行者。学者，以学—习的姿态建构生存意义境域（或曰生存意境），追求生命的至善与欣悦。学，觉也，以生命意义的自觉为指向，学为君子、学为圣人。学并不停留于单纯的思辩或直觉，而是贯通知与行，贯通学与习，所谓"学而时习之，不亦乐乎"（《论语·学而》）。在此意义上，儒学是以君子及圣人为理想人格的实践成人之学。成人，既是目标，又是实践过程。就目标而言，成人意味着完善的人格；成人，人之成也。就实践过程而言，成人，使人成也，成人即修身的过程。阳明心学则提出了自己的修身成人之路："阳明之学，达于人心，以求学术之要。"[②] 换言之，心学以"达于人心"为学术之要，

① ［宋］朱熹：《四书章句集注》，中华书局 1983 年版，第 88 页。

② ［明］黄宗羲：《董在中墓志铭》，《黄宗羲全集》，第十册，浙江古籍出版社 1985 年版，第 464 页。

以“亲证”[1] 心源为提升人的道德本心的着力点。心学展现了一种独特的中国哲学的功夫。学以成人，这不仅是儒学的精神，更是一般意义中国哲学的精神。在这里，我们发现了中国“哲学”可能增益西方“philosophy”的东西。

二、从《诗经》反思中国哲学现有研究范式

《诗经》能否作为一个哲学文本进入我们的视野？按照习见的学科分类，《诗经》属于文学而非哲学。梁启超《中国近三百年学术史》将《诗经》放在“周秦时代之美文”的名下加以讨论。胡适、尤其是冯友兰的哲学史书写确立了中国哲学学科的现代范式，在标举逻辑分析为主导性的研究方式的同时，也就框定了中国哲学所能、所当处理的题材范围。题材的界线与研究方式的界线相互匹配。《诗经》在胡适的《中国哲学大纲》中尚有一席之地：对于公元前 8 世纪至前 7 世纪，我们只能从《诗经》考得当时的思潮，如忧时派、厌世派、乐天知命派、纵欲自恣派、愤世派，等。[2]《诗经》有此殊荣，大概是因为胡适的哲学史离思想史较近，还不够“纯粹”。自冯友兰之后，中国哲学史的书写则已经把《诗经》完全排除在外了。在此情形之下，《诗经》之为哲学文本便是一个有待证成的命题。这一命题的证成只能诉诸《诗经》哲学意蕴的阐明。阐明工作倘若成功，现有中国哲学现有研究范式所划定的界线就会多少显得可疑了。

我们从《周南·关雎》、《小雅·鹤鸣》入手做一点探索。

《关雎》云：

关关雎鸠，在河之洲。窈窕淑女，君子好逑。

参差荇菜，左右流之。窈窕淑女，寤寐求之。

---

① ［明］黄宗羲：《明儒学案》卷九，《黄宗羲全集》，第七册，浙江古籍出版社 1985 年版，第 196 页。

② 参见胡适《中国哲学史大纲》，东方出版社 1996 年版，第 34～37 页。

求之不得，寤寐思服。悠哉悠哉，辗转反侧。
参差荇菜，左右采之。窈窕淑女，琴瑟友之。
参差荇菜，左右芼之。窈窕淑女，钟鼓乐之。

我们熟悉《关雎》，尤其是其中那一句“窈窕淑女，君子好逑”。窈窕淑女是君子的好配偶。君子爱上了一位淑女，追求她，睡着醒着都想着她，所谓“寤寐思服”，害了相思病，想象着演奏琴瑟、钟鼓让她快乐的情景。总起来看，在最直接的层面上，《关雎》全诗描述了一位君子，也就是我们的诗人思慕淑女的种种复杂情感：有渴望与期盼，有惆怅与哀伤，也有愉悦与欢乐。

这些情感分属于三个不同的层次：“关关雎鸠，在河之洲。窈窕淑女，君子好逑”——这是渴望与期盼；“参差荇菜，左右流之。窈窕淑女，寤寐求之。求之不得，寤寐思服。悠哉悠哉，辗转反侧”——这里有惆怅与哀伤；“参差荇菜，左右采之。窈窕淑女，琴瑟友之。参差荇菜，左右芼之。窈窕淑女，钟鼓乐之”——这里则是愉悦与欢乐。

进一步看，这些不同层次的情感还分属于不同的时令。诗中出现了雎鸠与荇菜。雎鸠是一种水鸟，荇菜则是一种可以食用的水草。在《诗经》的时代，它们还不属于养殖场，不属于大棚温室，而是完全属于自然界。因此，它们能够真实传递时令的消息。“关关雎鸠”，这是雎鸠在春天的鸣叫。荇菜春天发芽，夏天浮出水面，至秋天方告成熟，可以采摘食用。“关关关关”，雎鸠在春天的鸣叫触发了君子对淑女的渴望与期盼。渴望与期盼中的淑女形象还只是理想中的形象，未免有点模糊、朦胧、飘渺，它亟待于在现实生活中得到具体落实。“参差荇菜，左右流之”，荇菜或长或短，美丽的姑娘顺着水流或左或右地寻找。这是应和秋季的劳作。这位美丽的姑娘没有想到的是，她劳作的倩影无意中拨动了一位君子的心弦。闻一多曾说，“《关雎》，女子采荇于河滨，君子见而悦之”[①]。然而，由“悦”所引发的秋思并非单纯的愉悦幸福，而是充满了惆怅与哀伤。“悠哉悠哉，辗转反侧”，翻来覆去不得安宁的是诗人的身体，魂牵梦萦不得安宁的则是诗人的心。我们的诗人一边想象着姑娘继续采集自然界馈赠的身影——“参差荇菜，左右采之/芼之”，荇菜找到之后是采摘，采摘之后是拣择，一边想象着为佳人奏乐的愉悦与欢乐——“窈窕淑女，琴瑟友之。窈窕淑女，钟鼓乐之。”

再进一步看，笼罩春秋，在春与秋之间弥漫的诸般情感分属于过去、现在与未来。君子对采荇女的相思是当下切切实实的实情。时下的思念回溯过去，因为它发端于春天对爱情的美好憧憬；时下的思念又将未来带到眼前，因为它不可遏制地激发了对将来愿景的想象。经由思念，现在、过去与未来打成一片。或者，更确切地说，思念把过去和将来纳入当前，使得过去、现在与将来相续相通并使此种相续相通持存。思念持存过去，可称为“留”；思念持存将来，可称为“豫”。就其持存而言，过去、将来与现在“皆其现在”。“皆其现在”之“现在”，不再是与过去或将来并列的一个时间阶段；它是“现—在”，即出现、在场、来到、到时。过去、将来与现在皆其现—在：过去未尝过去，将来已经来到，现在并非刹那。思念建构了一个过去、现在和将来共同在场的充盈空间。这种充盈为人所独有，荇菜没有，雎鸠也不会有。

然而，充盈中仍有某种匮乏。“悠哉悠哉，辗转反侧”的不安现象正是匮乏的显现。“窈窕淑女，寤寐求之”，男生对女生的思慕之情，这是人类最本能的感情之一。男生本能地思慕女生，因为他有一种根本性的匮乏，这种匮乏只有与女生联手才得以弥补。这恰恰在最基本的层面表明：人不是一个孤零零的个

① 闻一多：《风诗类抄》，转引自程俊英、蒋见元：《诗经注析》，中华书局1991年版，第2页。

体，人不是生而自足的个体。人之为人，需要在人际中实现自身的充盈。

何谓人际？“人际”之“际”在这里是一名而三义：相际，分际，交际。相际是亲密无间的共在，分际标示彼此间的差异与分界，交际则意味着相互作用、彼此交通。相际、分际、交际，三者相互包含，相互成就。

“窈窕淑女，寤寐求之”，君子对采荇的淑女一见钟情，朝思暮想，情郁于中，发而为诗。然而，他们可能只是在河滨打了个照面，彼此未通姓名，也未有只言片语的交流。思念对于君子来说固然是刻骨铭心的实情，但我们的淑女是否也受着思念的折磨，是否感觉到了君子的思念？《关雎》对此并无交待。“窈窕淑女，寤寐求之。求之不得，寤寐思服。”这只是君子对淑女的单相思。它不同于相思。只有彼此思念才成其为相思。相思是双向的、交互的思念，而单相思则只是单向度的思慕，还缺乏男女生之间的沟通、感应与感通。没有感通，人际——从男女之际一直到宽泛意义上的人人之际——无从建立。

何谓“感”？感字从咸从心：“咸”意味着合、周遍。张载说，“感即合也，咸也。”[1] 王船山注曰：“无所不合，感之周遍者也，故谓之咸。”[2] “心”意味着：感者，感于心也。《周易》的《咸》卦专门讨论“感”。其中九四爻辞曰：“憧憧往来，朋从尔思。”王弼注：“处上卦之初，应下卦之始，居体之中，在股之上，二体始相交感，以通其志，心神始感者也。”[3] 王弼认为，九四之爻位犹居“体中”“股上”，所指者，心神也。王船山也说，“《咸》四当心与物感之位”[4]。所以感是一件与心相关

---

① ［宋］张载：《张载集》，中华书局 1978 年版，第 63 页。

② ［明］王夫之：《说文广义》，《船山全书》第十二册，岳麓书社 1996 年版，第 364 页。

③ ［魏］王弼注，［唐］孔颖达疏：《周易正义》，北京大学出版社 1999 年版，第 141 页。

④ ［明］王夫之：《周易内传》，《船山全书》第一册，岳麓书社 1996 年版，第 589 页。

的事情，也就是说，感离不开关心。因为关心，一方可以感知另一方的幸福，并为之开心；也正因为关心，一方可以感知另一方的烦闷，并为之而焦心、揪心或者操心。人际的确立需要感通，而感通则需要在心的基础之上得以确立。

由于感通的缺失，最初遇见淑女怦然心动的愉悦被忧伤所取代。于此之际，感通因其缺席而显得特别引人注意，或者说，感通以匮乏的方式突显自身存在的必要性。“悠哉悠哉”的君子对此无疑有所领会。他憧憬美好的未来，“窈窕淑女，琴瑟友之”；“窈窕淑女，钟鼓乐之”。《礼记·乐记》：“金石丝竹，乐之器也。”琴瑟属丝竹，钟鼓属金石。君子恰恰是想象着借用琴瑟、钟鼓等乐器的力量来表达情感心迹，并最终实现男女双方的感通和谐。情动于中，发之为乐，乐表露最真实的心志，《礼记·乐记》云：“唯乐不可以为伪”。和谐是音乐的本质，不和谐即不成其为音乐。另一方面，和谐又是音乐所实现的一个重要功效。音乐可以“格神人”、“和天地”，实现天地人神的感通、相际与亲密性（Innigkeit）。

《诗经》跟音乐有着密切的关系，因为《诗》原本就是配合着音乐舞蹈演唱的乐歌。《诗经》中的三类体裁风、雅、颂其实标识了不同的乐调风格。孔子在《论语·八佾》里曾说，“《关雎》，乐而不淫，哀而不伤。”这首先是《关雎》这首诗的乐调的风格。但是，乐为心声，言为心声，《关雎》一诗的乐调、诗句及其情感具有内在的同一性，乐调的风格因此同时为诗句的风格以及乐调与诗句所传达的情感的特点——以及男女感通的不同程度。首章，君子怀春，二章，君子偶遇采荇的淑女而怦然心动。这是男女渴望感通的萌动。其辞也喜气洋洋，其乐调也想必舒展轻扬。三章，君子思慕淑女，欲求感通而不得，其辞也低吟浅唱，其乐调也想必迟缓回旋，有淡淡的哀愁笼罩其间。余二章述两情相悦，男女的感通也步步深入，四章有琴瑟之轻拢慢捻拔复挑，至末章则有钟鼓之声洋洋乎盈耳，全诗和乐的气氛达到高潮。《论语·泰伯》:“《关雎》之乱，洋洋乎盈耳哉。”《关雎》之乱就是指《关雎》乐的末章。

“窈窕淑女，寤寐求之。”我们曾把它理解为男生对女生的思慕之情，并说这是人类最本能的感情之一。这样的理解还过于粗浅，因为它把君子简单地化约为男生，把淑女简单地化约为女生，从而漏掉或跳过了一些重要的东西。

何谓“君子”?《论语·雍也》:“质胜文则野，文胜质则史，文质彬彬，然后君子。”朴实多于文采，就未免粗野；文采多于朴实，又未免虚浮。文采和朴实，配合适当，相得益彰，这才是一个君子。质从内在的德性立说，文从外在的文饰立说，文质彬彬，那是内在德性与外在文饰的完美的结合。文质彬彬才是名副其实的君子境界。

君子可以用“文质彬彬”来形容，与君子相配的淑女则可以用“窈窕”来形容。何谓“窈窕”?扬雄《方言》:“善心为窈，善状为窕。”[①] 则“窈窕”本合内外而言。就外形而言，“窕”的含义也很丰富。王肃所谓“美容”侧重于长相，扬雄所谓“美状”侧重于身材，而毛传释“窈窕”为“幽闲”[②] 则侧重于恬淡从容的气质。恬淡从容的气质自然是内心和平精神的不自觉流露与展现。窈而窕，方可称之为淑女。毛传，“淑，善”[③]。因此，淑是一个表示赞赏与肯定的价值判断。

对淑女的最好诠释，莫过于《桃夭》。这首诗用了三个层次以桃树比喻淑女。第一个层次，“桃之夭夭，灼灼其华”。孔颖达正义：“夭夭，言桃之少；灼灼，言花之盛。……言桃有华之

① ［汉］毛亨传，［汉］郑玄笺，［唐］孔颖达疏：《毛诗正义》，北京大学出版社 1999 年版，第 24 页。

② ［汉］毛亨传，［汉］郑玄笺，［唐］孔颖达疏：《毛诗正义》，北京大学出版社 1999 年版，第 22 页。

③ ［汉］毛亨传，［汉］郑玄笺，［唐］孔颖达疏：《毛诗正义》，北京大学出版社 1999 年版，第 22 页。

盛者，由桃少故华盛，以喻女少而色盛也。”[1] 这相当于“窕”的层面。第二个层次，“桃之夭夭，有蕡其实”。毛传：“蕡，实貌。非但有华色，又有妇德。”[2] 这相当于“窈”的层面。第三个层次，“桃之夭夭，其叶蓁蓁”。毛传：“蓁蓁，至盛貌。有色有德，形体至盛也。”[3] 这相当于合“窈窕”而言之的“淑”。

有色有德，形体至盛也。我们不免要问：内在的美德如何形之于外而体之于形？儒家讲修身。这个“身”字不同于“形”。如果说“形”偏于外在的形体，那么“身”原本就是形体与心灵的统一。《中庸》有言：“富润屋，德润身。”物质财富可以滋润我们的肉体栖息其间的住所，而美德则可以滋润我们的心灵栖息其间的身体。《孟子·尽心上》则说，有德性的人，“其生色也睟然，见于面，盎于背，施于四体，四体不言而喻”。

以德修身，通过内在的修养充实身体，赋予我们的颜面、我们的身体以文采与光泽，让它们焕发迷人的光辉。这是文—面、文—身的“践形”过程。形体是自然赋予的，呵护、滋养处于自然状态的形体，让它从自然状态提升到既有文采又有光泽的文明状态，这是我们每个人对于自身的不可让渡的责任。从自然状态到文—明状态，这是一个以文化面、以文化身的过程，它的实现离不开文化，离不开自觉投身历史文化传统。——在这里，我们不期然听到了历史文化传统的呼唤。一个声音邀请我们进入历史文化传统——而我们现在正在进行的《关雎》阅读活动恰恰就是我们对这一邀请的应和。进入历史文化传统，把自己从自然状态提升到文明状态。文化，自身的充实，生命的成长。小孩子

① ［汉］毛亨传，［汉］郑玄笺，［唐］孔颖达疏：《毛诗正义》，北京大学出版社 1999 年版，第 47 页。

② ［汉］毛亨传，［汉］郑玄笺，［唐］孔颖达疏：《毛诗正义》，北京大学出版社 1999 年版，第 47 页。

③ ［汉］毛亨传，［汉］郑玄笺，［唐］孔颖达疏：《毛诗正义》，北京大学出版社 1999 年版，第 47 页。

长大成人，难道仅仅是体形的增长吗？形体的成长是有限的。然而，对于人来说，有限的是形体，而无限的则是心灵。我们的心有多宽，我们的人就有多大。我们的意义世界有多大，我们的生命就有多宽广。投身历史文化传统，将历史文化传统纳入自身的血脉，从而成就个体心灵与生命的充实与长大。

“窈窕淑女，寤寐求之。”君子思慕淑女，它以男生对女生的思慕为基础，同时又把这种思慕提升到了新高度。男生对女生的思慕如同雄性雎鸠对雌性雎鸠的渴求一样出自本能，君子对淑女的思慕，则是“人们内心深处的最真诚的一份感情的感动所涌现出来的、一种自然的本能的向那高远的美好的那种完善的境界的向往和追求的心意和感情”①。

《关雎》叙说男女的感通。男女的感通是走出一己之域通往人际的重要一步。有男女而后有夫妇，有夫妇而后有家庭，有家庭而后有社会国家，有国家而后有天下世界。

当然，感通不限于人际。“关关雎鸠，在河之洲。窈窕淑女，君子好逑。”诗人听到雎鸠彼此唱和的关关声，感物兴情，激发了追求淑女的渴望。这里有人与物的感通。《咸》卦下艮上兑，即象征交感——从男女交感一直到天地万物的交感。其《彖传》曰：“咸，感也。柔上而刚下，二气感应以相与。……天地感而万物化生，圣人感人心而天下和平。观其所感，而天地万物之情可见矣。”孔颖达疏曰：“‘观其所感，而天地万物之情可见矣’者，结叹咸道之广，大则包天地，小则该万物。感物而动，谓之情也。天地万物皆以气类共相感应，故‘观其所感，而天地万物之情可见矣’。”② 天地万物之间的交感、感通都叫做“情”。或者说反过来说，“情”就是天地万物间的感通。人之性感物而生情。情感在把人之性带入情境的同时总已经把相感之物带入情

① 叶嘉莹：《唐宋词十七讲》，北京大学出版社 2007 年版，第 36 页。

② ［魏］王弼注，［唐］孔颖达疏：《周易正义》，北京大学出版社 1999 年版，第 140 页。

境。情感见证人物之“际”、人人之“际”、天人之“际”。情感是伟大的。《中庸》有言：“喜怒哀乐之未发谓之中，发而皆中节谓之和。中也者，天下之大本也。和也者，天下之达道也。致中和，天地位焉，万物育焉。”那么，如何由情感见证际，进而在人与物、人与人、人与天的情意绵绵中呵护并守护际，这或许构成了最为根本的哲学问题之一。现代世界的一个症结，恰恰在于情感的萎缩。先知型的思想家梁漱溟曾说，现代人“在这样冷漠寡欢、干枯乏味的宇宙中，将情趣斩伐的净尽，真是难过的要死”①。“蒹葭苍苍，白露为霜，所谓伊人，在水一方。溯回从之，道阻且长。”（《秦风·蒹葭》）寻寻觅觅，我们是否还能够返于际，重建生趣盎然的人间乐园？

《鹤鸣》恰好是一首经验乐园的诗：

> 鹤鸣于九皋，声闻于野。鱼潜在渊，或在于渚。乐彼之园，爰有树檀，其下维萚。它山之石，可以为错。
>
> 鹤鸣于九皋，声闻于天。鱼在于渚，或潜在渊。乐彼之园，爰有树檀，其下维榖。它山之石，可以攻玉。

这首诗何所说？我们可以从中倾听到什么？

方玉润给予我们一个有益的提醒：“园字是全诗眼目，前后景物皆园中所有。”② 换言之，在直接的层面上，这首诗描写一座园子。围绕园子，诗写到了鹤、鱼、树、石，等。它们都是园子中的景物。

“鹤鸣于九皋，声闻于野”；“鹤鸣于九皋，声闻于天”。一只鹤在弯弯曲曲深远的水泽中鸣响，鸣声嘹亮，充塞郊野，上彻天穹。按照语感，我们习惯于把“鹤”呼为“仙鹤”。“仙”字无异积淀了汉语人对鹤的基本领会：鹤乃灵异之物。仙鹤灵异的神色，最突出的，无异是它的声音。朱熹说：“鹤，鸟名。……

---

① 梁漱溟：《梁漱溟全集》第一卷，山东人民出版社 1989 年版，第 504 ~ 505 页。

② ［清］方玉润：《诗经原始》，中华书局 1986 年版，第 375 页。

其鸣高亮，闻八九里。”[①] 方玉润则说：“鹤，鸟名。禽品中之最高贵者。其鸣高亮，闻八九里。”[②] 方玉润全盘接过朱熹的注解，并且在此基础上增加了“禽品中之最高贵者”。这是一个价值判断，一个在“其鸣高亮，闻八九里”之上增加的价值判断——也就是说，鹤之高贵与其鸣声高亮之间有着密切的关联。

诗的第一层次写超越高迈的鹤声，第二层次却转向了平平常常的鱼儿：“鱼潜在渊，或在于渚”；“鱼在于渚，或潜在渊”。这里的“或”字颇值得玩味。深渊，浅水，两种不同的环境，“或”字把它们联接起来，并且进而把鱼儿相应的存有样态联接起来。按照形式逻辑的理解，“或”是一个析取联接词，它所联接的两项意味着可供选择的两种不同的可能性。从时间上看，这两种不同的可能性呈现为时序上的展开：鱼儿有时潜伏在深渊，有时则在水中小洲旁的浅水里。再者，“可供选择”是说并非非得如此不可。这里没有必然性的强迫力。鱼儿可以在“深渊”与“浅水”所构成的可能世界里或者这样或者那样，至于究竟怎样，那就看它自己喜欢了。或者说，由它自己决定自己的所在。由自己决定自己的所在，这不就是自由自在吗？“鱼潜在渊，或在于渚”——“鱼在于渚，或潜在渊”，——反复吟咏，依稀间仿佛看到鱼儿逍遥游弋，忽上忽下，随心所欲。鱼儿想必很快乐吧？

“鱼潜在渊，或在于渚”、“鱼在于渚，或潜在渊”。于此，我们默默体会了鱼之“乐”。不过，乐的情感紧接着就被直接点明了：“乐彼之园”。毛传对这一诗句的注解采用了提问的方式：“何乐于彼园之观乎？”[③] 依此，“彼之园”相当于说“彼园”。“彼”为与“此”相对应的远指代词。“彼园”，那个园子。与此

---

① ［宋］朱熹：《诗经集传》，上海古籍书店1987年版，第82页。

② ［清］方玉润：《诗经原始》，中华书局1986年版，第375页。

③ ［汉］毛亨传，［汉］郑玄笺，［唐］孔颖达疏：《毛诗正义》，北京大学出版社1999年版，第668页。

同时，毛传还提醒我们，这里的“乐”意味着“因……而乐”，“乐彼之园”则是因那个园子而乐。

“何乐于彼园之观乎?”那个园子的景观有什么让人感到快乐的呢?——注意，让“人”感到快乐！我们的解读不知不觉出现了“人”的因素。这是我们主观误加的“引入”，抑或只是“引出”诗句本有的隐含之义?方玉润注“乐彼之园”云:“此中有人，呼之欲出。”[①] 实际上，“乐”首先为人之乐，所以乐总是隐含了人。人，泛指，抑或有所指?首先应该是园子具有最亲近关系的人。园主。如果考虑到人的因素，“彼园”除了“那个园主”，还有“他的园子”之意。无论是远指意义上的“那个”，还是第三人称意义上的“他的”，都包含了一种距离感，以及基于距离感的静观与寻思。“何乐于彼园之观乎?”那个园子的景观有什么让园主感到快乐的呢?

在此，我们追问园主的乐园经验。园主之乐，所乐何事?乐园之乐，乐在何处?分析地问:园中何所有?园中所有何以可乐?

追问引导我们审视园子的景观。“乐彼之园，爰有树檀，其下维萚”;“乐彼之园，爰有树檀，其下维榖”。园中有檀树，檀树之下则有萚树，以及榖树。“檀，坚韧珍贵的树木，可以制车。”[②] 相形之下，萚、榖长得矮小，而且也不如檀树名贵。毛传称，“榖，恶木也”[③]。一善一恶，一贵一贱，一高一矮。它们会因此而有不同的待遇吗?在大地的怀抱中，它们不必有此担忧。大地不会因为檀树的名贵而厌弃不起眼的萚榖。不然，不足以成其为大地。《坤》卦彖传曰:“坤厚载物，德合无疆;含弘光大，品物咸亨。”大地博厚，以其无边的德性普载含育万物，

① [清]方玉润:《诗经原始》，中华书局1986年版，第375页。

② 程俊英、蒋见元:《诗经注析》，中华书局1991年版，第530页。

③ [汉]毛亨传，[汉]郑玄笺，[唐]孔颖达疏:《毛诗正义》，北京大学出版社1999年版，第670页。

而万物也因其普载含育而发扬光大，享通畅达。檀树、萚树、榖树，它们在园中相安无事，甚至于相得益彰，彼此辉映，而有生机盎然之趣。园主没有除去檀树之下低矮的恶木，想必是乐于欣赏大化流行的生趣？后世宋儒如周敦颐、程颢、邵雍颇有此遗风。相传茂叔、明道都是窗前草不除，茂叔以为杂草“与自家意思一般”，而明道则“欲常见造物之意”。万物之生意与心中的生意相应和。内外生意的应和引发乐的情绪，所以邵雍时常说“观物之乐”。乐，一种开放与接纳的情绪。“其乐融融”的说法尤其道出了乐所特有的“融”，其乐融融中的含融与融洽。乐者感通所乐者，乐者在乐中深切感受到自身与所乐者的一体无碍。乐园之乐，乐在有生意。

园中何所有？园中不仅有树。“前后景物皆园中所有”。如此，前面描述的鸣鹤与游鱼都乃园中景观。如同生机盎然的杂树，以高亮清远的声音上达于天的鸣鹤，在深渊或浅水间散漫自在的游鱼，它们都与园主的心灵凑泊合一，与其“自家意思一般”。鹤声中回响着园主的心声，游鱼身影映照着园主的心迹。

我们且屏息静气，再次仔细聆听仙鹤的鸣声：

“鹤鸣于九皋，声闻于野”——“鹤鸣于九皋，声闻于天”——

鹤声开展为横向的流溢，从深远的水泽一直到靠近城邑的郊野，无非鹤声。在此流溢中，鹤声将自身展现为丰满充实。不仅如此，鹤声还开展为纵向的上达，从低洼坎陷的水泽一直到高远的苍穹，无非鹤声。在此上达中，鹤声将自身展现为清越通彻超迈。丰满充实，清越通彻超迈，天地之间为鹤声所充盈。另一方面，也恰恰因了鹤声的充盈，天地之间不再是一无所有的虚空，而天与地不再彼此相互隔绝。鹤声沟通天地，鹤声成就了天与地的应和与沟通，而此彼此应和，相互沟通的天地又转而构成了鹤声独特的意义世界。在此意义，恰恰是在充塞沟通天地之际鹤声得以最终成就自身。当然，鹤声的成就同时也是鹤的成就：鹤因此成了得道的灵异之物。道在内，而发之于外——借用朱熹的解说：“诚之不可掩也。”《孟子》：“诚者，天之道；诚之者，人之道。”园主之乐，所乐何事？以诚会通天人，因天人之和解而乐。乐，诗意地栖居。不仅仅是栖居在大地上，而且是栖居于天地之间。

参考文献

（一）

1. 龚自珍：《龚自珍全集》，上海人民出版社1975年版。

2. 张载：《张载集》，中华书局1978年版。

3. 戴震：《戴震集》，上海古籍出版社1980年版。

4. 王弼著，楼宇烈校释：《王弼集校释》，中华书局版1980年版。

5. 石峻、楼宇烈等编：《中国佛教思想资料选编》第一卷，中华书局1981年版。

6. 陈淳：《北溪字义》，中华书局1983年版。

7. 顾炎武：《顾亭林诗文集》，中华书局1983年第2版。

8. 石峻、楼宇烈等编：《中国佛教思想资料选编》，第二卷，中华书局1983年版。

9. 朱熹：《四书章句集注》，中华书局1983年版。

10. 黄宗羲：《黄宗羲全集》，浙江古籍出版社1985年版。

11. 熊琬：《宋代理学民佛学之探讨（朱子理学与佛学之探讨）》，文津出版社1985年版。

12. 章学诚著，叶瑛校注：《文史通义校注》，中华书局1985年版。

13. 方玉润：《诗经原始》，中华书局1986年版。

14. 朱熹：《朱子语类》，中华书局1986年版。

15. 陈寿著，裴松之注：《三国志》，中华书局1987年第2版。

16. 颜元：《颜元集》，中华书局1987年版。

17. 朱熹：《诗经集传》，上海古籍书店 1987 年版。

18. 段玉裁：《说文解字注》，上海古籍出版社 1988 年。

19. 王夫之：《船山全书》，岳麓书社 1996 年版。

20. 程树德：《论语集释》，中华书局 1990 年版。

21. 罗钦顺：《困知记》，中华书局 1990 年版。

22. 周敦颐：《太极图说》，《周敦颐集》，中华书局 1990 年版。

23. 程俊英、蒋见元：《诗经注析》，中华书局 1991 年版。

24. 僧佑：《弘明集》，上海古籍出版社 1991 年版。

25. 张尔岐：《蒿庵集》，齐鲁书社 1991 年版。

26. 慧皎著，汤用彤校注：《高僧传》，中华书局 1992 年版。

27. 王琯：《公孙龙子悬解》，中华书局 1992 年版。

28. 程颢、程颐：《二程集》，中华书局 1993 年版。

29. 阮元：《揅经室集》，中华书局 1993 年版。

30. 戴震：《戴震全书》，张岱年主编，黄山书社 1994 年版。

31. 龚隽：《〈大乘起信论〉与佛学中国化》，文津出版社 1995 年版。

32. 李颙：《二曲集》，中华书局 1996 年版。

33. ［汉］毛亨传，［汉］郑玄笺，［唐］孔颖达疏：《毛诗正义》，北京大学出版社 1999 年版。

34. 王弼注，孔颖达疏：《周易正义》，北京大学出版社 1999 年版。

35. 郑玄注，贾公彦疏：《周礼注疏》，北京大学出版社版 1999 年版。

36. 孙诒让：《墨子间诂》，中华书局 2001 年版。

37. 文廷式：《纯常子枝语》，《续修四库全书》本，上海古籍出版社 2002 年版。

38. 朱熹：《朱子全书》，上海古籍出版社、安徽教育出版社 2002 年版。

39. 郭庆藩：《庄子集释》，中华书局2004年第2版。

40. 顾炎武著，黄汝霖集释：《日知录集释》，上海古籍出版社2006年版。

41. 杨树达：《盐铁论要释》，上海古籍出版社2006年版。

42. 戴震：《东原文集（增编）》，杨应芹编，黄山书社2008年版。

43. 王弼著，楼宇烈校释：《老子道德经注校释》，中华书局2008年版。

44. 袁宏著，李兴和点校：《袁宏〈后汉纪〉集校》，云南大学出版社2008年版。

45. 赖永海：《中国佛性论》，江苏人民出版社2010年版。

46. 《无量寿经》，陈林译注，中华书局2010年版。

47. 道原著，朱俊红点校：《景德传灯录》，海南出版社2011年版。

48. 李塨：《李塨文集》，陈山榜、邓子平主编，河北教育出版社2011年版。

49. 净觉：《楞伽师资记》，《大正藏》第八十五册，No. 2837。

（二）

1. 张枬、王忍之编：《辛亥革命前十年间时论选集》，生活·读书·新知三联书店1977年版。

2. 章太炎：《章太炎政论选》，汤志钧编，中华书局1977年版。

3. 康有为：《康有为政论集》，汤志钧编，中华书局1981年版。

4. 金岳霖：《知识论》，商务印书馆1983年版。

5. 严复：《严复集》，王栻主编，中华书局1986年版。

6. 章太炎：《章太炎全集》，上海人民出版社1986年版。

7. 梁漱溟：《梁漱溟全集》第一卷，山东人民出版社 1989 年版。

8. 张东荪：《知识与文化》（民国丛书，第二编，43 册），上海书店 1990 年版。

9. 陈独秀：《陈独秀著作选》，第一卷，上海人民出版社 1993 年版。

10. 梁漱溟：《梁漱溟集》，黄克剑、王欣编，群言出版社 1993 年版。

11. 温儒敏、丁晓萍编：《时代之波——战国策派文化论着辑要》，中国广播电视出版社 1995 年版。

12. 张东荪著，张汝伦编：《理性与良知：张东荪文选》，上海远东出版社 1995 年版。

13. 胡适：《中国哲学史大纲》，东方出版社 1996 年版。

14. 胡适：《戴东原的哲学》，《胡适文集》第七册，欧阳哲生编，北京大学出版社 1998 年版。

15. 康有为：《大同书》，《康有为大同论二种》，生活 · 读书 · 新知三联书店 1998 年版。

16. 梁启超：《梁启超全集》，北京出版社 1999 年版。

17. 梁漱溟：《东西文化及其哲学》，商务印书馆 1999 年版。

18. 冯友兰：《中国哲学史》，华东师范大学出版社 2000 年版。

19. 梁启超：《饮冰室文集》，云南教育出版社 2001 年版。

20. 金岳霖：《道，自然与人：金岳霖英文论着全译》，刘培育编，生活 · 读书 · 新知三联书店 2005 年版。

21. 金岳霖：《论道》，中国人民大学出版社 2005 年版。

22. 傅斯年：《性命古训辨证》，广西师范大学出版社 2006 年版。

23. 胡适：《胡适留学日记》（下册），安徽教育出版社 2006 年版。

24. 王国维：《王国维遗书》第三册，上海书店出版社 2011 年版。

（三）

1. 汤用彤：《汉魏两晋南北朝佛教史》，中华书局 1955 年版。

2. 高名凯，石安石主编：《语言学概论》，中华书局 1963 年版。

3. 吕澂：《中国佛学源流略讲》，中华书局 1979 年版。

4. 钱鍾书：《管锥编》，中华书局 1979 年版。

5. 石峻、楼宇烈等编：《中国佛教思想资料选编》，第一卷，第二卷，中华书局 1981 年版。

6. 马建忠：《马氏文通》，商务印书馆 1983 年版。

7. 冯契：《中国古代哲学的逻辑发展》，上海人民出版社 1984 年版。

8. 钱鍾书：《谈艺录》，中华书局 1984 年版。

9. 冯契：《中国近代哲学的革命进程》，上海人民出版社 1989 年版。

10. 李开：《戴震评传》，南京大学出版社 1992 年版。

11. 李明友：《一本万殊：黄宗羲的哲学与哲学史观》，人民出版社 1993 年版。

12. 张灏：《梁启超与中国思想的过渡（1890—1907）》，江苏人民出版社 1993 年版。

13. 钟肇鹏、周桂钿：《桓谭·王充评传》，南京大学出版社 1993 年版。

14. 倪梁康：《现象学及其效应：胡塞尔与当代德国哲学》，生活·读书·新知三联书店 1994 年版。

15. 申小龙：《汉字人文精神论》，江西教育出版社 1995 年版。

16. 姚小平：《洪堡特——人文研究和语言研究》，外语教学与研究出版社 1995 年版。

17. 杨国荣：《从严复到金岳霖：实证论与中国哲学》，高等教育出版社 1996 年版。

18. 冯契：《认识世界与认识自己》，华东师范大学出版社 1997 年版。

19. 汪晖：《汪晖自选集》，广西师范大学出版社 1997 年版。

20. 冯契：《冯契文集》第九卷，华东师范大学出版社 1998 年版。

21. 季羡林：《糖史》（一），《季羡林文集》第九卷，江西教育出版社 1998 年版。

22. 李葆嘉：《当代中国音韵学》，广东教育出版社 1998 年版。

23. 高瑞泉：《中国现代精神传统》，东方出版中心 1999 年版。

24. 李泽厚：《中国思想史论》，安徽文艺出版社 1999 年版。

25. 杨国荣：《科学的形上之维：中国近代科学主义的形成与衍化》，上海人民出版社 1999 年版。

26. 杨国荣：《史与思》，浙江大学出版社 1999 年版。

27. 陈嘉映：《思远道》，福建教育出版社 2000 年版。

28. 成中英主编：《本体与诠释》第一辑，生活·读书·新知三联书店 2000 年版。

29. 黄克武：《自由的所以然——严复对约翰·弥尔自由思想的认识与批判》，上海书店出版社，2000 年版。

30. 刘又辛、方有国：《汉字发展史纲要》，中国大百科全书出版社 2000 年版。

31. 郁振华：《形上的智慧如何可能？》，华东师范大学出版社 2000 年版。

32. 张学智：《明代哲学史》，北京大学出版社 2000 年版。

33. 陈嘉映：《泠风集》，东方出版社 2001 年版。

34. 段晴：《波你尼语法入门：Sarasiddhantakaumudi〈月光疏精粹〉述解》，北京大学出版社 2001 年版。

35. 潘文国：《字本位与汉语研究》，华东师范大学出版社 2002 年版。

36. 赵元任：《赵元任语言学论文集》，吴宗济、赵新那编，商务印书馆 2002 年版。

37. 陈嘉映：《语言哲学》，北京大学出版社 2003 年版。

38. 潘德荣：《文字 · 诠释 · 传统》，上海译文出版社 2003 年版。

39. 任继愈主编：《中国哲学史》第二册，人民出版社 2003 年版。

40. 陈来：《诠释与重建：王船山哲学的精神》，北京大学出版社 2004 年版。

41. 钱穆：《中国学术思想史论丛》（八），安徽教育出版社 2004 年版。

42. 汪晖：《现代中国思想的兴起》，生活 · 读书 · 新知三联书店 2004 年版。

43. 杨国荣：《存在之维》，人民出版社 2005 年版。

44. 陈赟：《回归真实的存在》，复旦大学出版社 2006 年版。

45. 刘述先：《黄宗羲心学的定位》，浙江古籍出版社 2006 年版。

46. 高瑞泉主编：《中国近代社会思潮》，上海人民出版社 2007 年版。

47. 刘梁剑：《天 · 人 · 际：对王船山的形而上学阐明》，上海人民出版社 2007 年版。

48. 叶嘉莹：《唐宋词十七讲》，北京大学出版社 2007 年版。

49. 王泛森：《晚明清初思想十论》，复旦大学出版社 2008 年版。

50. 陈寅恪：《金明馆丛稿二编》，三联书店 2009 年版。

51. 陈寅恪：《金明馆丛稿初编》，三联书店 2009 年版。

52. 刘笑敢：《诠释与定向：中国哲学研究方法之探究》，商务印书馆 2009 年版。

53. 金观源、刘青峰：《观念史研究——中国现代重要政治术语的形成》，法律出版社 2009 年版。

54. 吴震：《泰州学派研究》，中国人民大学出版社 2009 年版。

55. 杨国荣：《伦理与存在：道德哲学研究》，华东师范大学出版社 2009 年版。

56. 杨国荣：《孟子的哲学思想》，华东师范大学出版社，2009 年版。

57. 杨国荣：《王学通论——从王阳明到熊十力》，华东师范大学出版社 2009 年版。

58. 黄俊杰：《东亚文化交流中的儒家经典与理念：互动转化与融合》，台大出版中心 2010 年版。

59. 陈嘉映：《说理》，华夏出版社 2011 年版。

60. 黄勇：《全球化时代的政治》，台大出版社中心 2011 年版。

61. 钱穆：《中国近三百年学术史》，九州出版社 2011 年版。

62. 赵汀阳：《天下体系：世界制度哲学导论》，中国人民大学出版社 2011 年版。

63. 鲍永玲：《"种子"与"灵光"——王阳明心学喻象体系通论》，上海世纪出版集团 2012 年版。

64. 李泽厚、刘绪源：《中国哲学如何登场？——李泽厚 2011 年访谈录》，上海译文出版社 2012 年版。

65. 俞宣孟：《本体论研究》，上海人民出版社 2012 年第 3 版。

66. 杨国荣：《人类行动与实践智慧》，生活·读书·新知三联书店 2013 年版。

(四)

1. 陈独秀:《对于时局的我见》,《大公报》,1920 年 8 月 12 日。

2. 张君劢:《爱国的哲学家:菲希德》,《东方杂志》,23 卷 10 期,1926 年 5 月。

3. 金克木:《试论梵语中的“有—存在”》,载金克木:《印度文化论集》,中国社会科学出版社 1983 年版。

4. 陈荣捷:《新儒学“理”之思想之演进》,陈荣捷:《王阳明与禅》,台湾学生书局 1984 年版。

5. 郁振华:《金岳霖关系理论研究》,《哲学研究》1993 年第 9 期。

6. 杜钢建:《重构国民意识与发展国民社会——20 世纪中国立宪思想的反思》,《兰州学刊》1994 年第 6 期。

7. 杨国荣:《知识与智慧》,载《理论·方法·德性》,学林出版社 1996 年版。

8. 沈松侨:《我以我血荐轩辕——黄帝神话与晚清的国族建构》,《台湾社会研究季刊》,第二十八期,1997 年 12 月。

9. 金克木:《梵语语法〈波你尼经〉概述》,载金克木:《梵佛探》(《梵竺庐集》[丙]),江西教育出版社 1999 年版。

10. 郭双林、龙国存:《国民与奴隶——对清末社会变迁过程中一组中坚概念的历史考察》,《中国文化研究》2002 年春。

11. 杨国荣:《形而上学引论》,华东师范大学现代思想文化研究所编:《思想与文化》第二辑,华东师范大学出版社 2002 年版。

12. 沈松侨:《国权与民权:晚清的“国民”论述(1895—1911)》,《中央研究院历史语言研究所集刊》,第七十三本,第四分,2002 年 12 月。

13. 陈赟：《性善：一种引导性的概念》，《现代哲学》2003年第1期。

14. 高山杉：《从维也纳学派看古代印度逻辑》，《读书》2004年第7期。

15. 吴根友：《言、心、道——戴震语言哲学的形上学追求及其理论的开放性》，《哲学研究》2004年第11期。

16. 陈嘉映：《从移植词看当代中国哲学》，《同济大学学报》2005年第4期。

17. 程志华：《“自然视界”与意义世界——关于黄宗羲“盈天地皆气”与“盈天地皆心”关系的新诠》，《河北大学学报》2005年第5期。

18. ［日］沟口雄三：《论天理观的形成》，载沟口雄三、小岛毅主编：《中国的思维世界》，孙歌等译，江苏人民出版社2006年版。

19. 邓国光：《先秦两汉诸子‘理’义研究》，载方勇主编：《诸子学刊》，第一辑，上海古籍出版社2007年版。

20. 刘梁剑：《汉字·汉语·世界：汉语言哲学研究引义》，成中英、潘德荣主编：《本体与诠释》第六辑，上海人民出版社2007年版。

21. 刘梁剑：《现代汉语哲学语汇的困境》，《人文杂志》2007年第5期。

22. 刘梁剑：《语言之为际：王船山语言哲学发微》，李申、陈卫平主编：《哲学与宗教》第二辑，上海古籍出版社2008年版。

23. 吴根友：《试论戴震的语言哲学思想》，《中国哲学史》，2009年第1期。

24. ［日］岛田虔次：《论‘体用’的历史》，《中国思想史研究》，上海古籍出版社2009年版。

25. 刘梁剑：《“旧瓶装新酒”——论严复的科学观，兼论中国现代思想研究方法》，《华东师范大学学报》2009 年第 2 期。

26. 吴晓番：《龚自珍哲学新论》，华东师范大学博士论文，2010 年。

27. 刘梁剑：《诗经的哲学意蕴》，《人文杂志》2010 年第 3 期。

28. 刘梁剑：《逍遥游向郭义与支遁义勘会》，《华东师范大学学报》2010 年第 3 期。

29. 刘梁剑：《颤动的界线：自然与人化》，《中国社会科学报》，2010 年 7 月 29 日第 11 版。

30. 刘梁剑：《国民意识的觉与梦》，载中国现代想想与文化研究所编：《思想与文化》第 10 辑，华东师范大学出版社 2010 年版。

31. 刘梁剑：《人性论能否为美德伦理奠基?》，《华东师范大学学报》2011 年第 5 期。

32. 刘梁剑：《人物之间：黄宗羲“一本万殊”思想的一个面向》，《学海》2012 年第 1 期。

33. 刘玮：《古典哲学的百科全书：安东尼·朗专访》，《哲学分析》2012 年第 5 期。

34. 刘梁剑：《戴震批判理学及其语言哲学之成立》，中国现代思想文化研究所编：《思想与文化》第 12 辑，华东师范大学出版社 2012 年版。

35. 刘梁剑：《康有为〈大同书〉与世界政治秩序原理》，(《华东师范大学学报》2013 年第 2 期。

36. 刘梁剑：《“形神”不定——魏晋南北朝思想的一个面向》，《中山大学学报》2013 年第 3 期。

(五)

1. 北京大学哲学系外国哲学史教研室编译：《十八世纪法国哲学》，商务印书馆 1963 年版。

2. ［英］休谟：《人性论》，关文运译，商务印书馆 1980 年版。

3. ［瑞士］索绪尔：《普通语言学教程》，高名凯译，商务印书馆 1980 年版。

4. ［英］斯宾塞：《群学肄言》，严复译，商务印书馆 1981 年版。

5. ［英］耶方斯：《名学浅说》，严复译，商务印书馆 1981 年版。

6. ［古希腊］亚里士多德：《解释篇》，苗力田译，《亚里士多德全集》第一卷，中国人民大学出版社 1990 年版。

7. ［法］谢和耐：《中国和基督教——中国和欧洲文化之比较》，耿昇译，上海古籍出版社 1991 年版。

8. ［德］海德格尔：《海德格尔选集》，孙周兴选编，上海三联书店 1996 年版。

9. ［美］史华慈：《寻求富强：严复与西方》，叶凤美译，江苏人民出版社 1996 年版。

10. ［英］霍克斯：《结构主义和符号学》，瞿铁鹏译，上海译文出版社 1997 年版。

11. ［德］康德：《历史理性批判文集》，何兆武译，商务印书馆 1997 年版。

12. ［英］培根：《新工具》，许宝骙译，商务印书馆 1997 年版。

13. ［古希腊］柏拉图：《蒂迈欧》，《柏拉图〈对话〉七篇》，戴子钦译，辽宁教育出版社 1998 年版。

14. ［德］赫尔德：《论语言的起源》，姚小平译，商务印书馆 1998 年版。

15. ［美］马蒂尼奇编：《语言哲学》，牟博等译，商务印书馆 1998 年版。

16. ［法］德里达：《论文字学》，汪堂家译，上海译文出版社 1999 年版。

17. ［德］洪堡特：《论人类语言结构的差异及其对人类精神发展的影响》，姚小平译，商务印书馆 1999 年版。

18. ［德］海德格尔：《存在与时间》（修订译本），陈嘉映、王庆节译，生活·读书·新知三联书店 1999 年版。

19. ［德］伽达默尔：《真理与方法》，洪汉鼎译，上海译文出版社 1999 年版。

20. ［美］列文森：《儒教中国及其现代命运》，中国社会科学出版社 2000 年版。

21. ［法］福柯：《词与物》，莫伟民译，上海三联书店 2001 年版。

22. ［意］利玛窦：《天主实义》，载利玛窦：《利玛窦中文著译集》，朱维铮主编，复旦大学出版社 2001 年版。

23. ［德］维特根斯坦：《哲学研究》，陈嘉映译，上海人民出版社 2001 年版。

24. ［美］艾兰：《水之道与德之端：中国早期哲学思想的本喻》，张海晏译，上海人民出版社 2002 年版。

25. ［德］哈贝马斯：《包容他者》，曹卫东译，上海人民出版社 2002 年版。

26. ［德］哈贝马斯：《后民族结构》，曹卫东译，上海人民出版社 2002 年版。

27. ［瑞士］索绪尔：《索绪尔第三次普通语言学教程》，屠友祥译，上海人民出版社 2002 年版。

28. ［古希腊］柏拉图：《斐德罗篇》，王晓朝译，《柏拉图全集》第二卷，人民出版社 2003 年版。

29. ［英］葛瑞汉：《论道者》，张海晏译，中国社会科学出版社 2003 年版。

30. ［法］卢梭：《社会契约论》，何兆武译，商务印书馆 2003 年版。

31. ［美］麦金太尔：《伦理学简史》，龚群译，商务印书馆2003年版。

32. ［古希腊］亚里士多德：《尼各马可伦理学》，廖申白译，商务印书馆2003年版。

33. ［德］海德格尔：《林中路》（修订译本），孙周兴译，上海译文出版社2004年版。

34. ［德］海德格尔：《在通向语言的途中》（修订译本），孙周兴译，商务印书馆2004年版。

35. ［美］米杰·霍巴德等编：《修剪菩提树："批判佛教"的风暴》，龚隽等译，上海古籍出版社2004年版。

36. ［日］伊藤隆寿著：《佛教中国化的批判性研究》，肖平、杨金萍译，香港经要文化出版有限公司2004年版。

37. ［德］海德格尔：《演讲与论文集》，孙周兴译，生活·读书·新知三联书店2005年版。

38. ［日］松元三之介：《国权与民权的变奏：日本明治精神结构》，李冬君译，东方出版社2005年版。

39. ［荷兰］许理和：《佛教征服中国——佛教在中国中古早期的传播与适应》，李四龙、裴勇等译，江苏人民出版社2005年版。

40. ［古希腊］亚里士多德：《范畴篇　解释篇》，方书春译，商务印书馆2005年版。

41. ［日］山口久和：《章学诚的知识论：以考证学批判为中心》，王标译，上海古籍出版社2006年版。

42. ［英］斯塔斯：《批评的希腊哲学史》，庆泽彭译，华东师范大学出版社2006年版。

43. ［日］松元史朗：《缘起与空——如来藏思想批判》，肖平、杨金萍译，中国人民大学出版社2006年版。

44. ［美］杜赞奇：《从民族国家拯救历史：民族主义话语与中国现代史研究》，王宪明等译，江苏人民出版社2008年版。

45. ［美］万德勒:《哲学中的语言学》，陈嘉映译，华夏出版社 2008 年版。

46. ［美］芮沃寿:《中国历史中的佛教》，常蕾译，北京大学出版社 2009 年版。

47. ［德］施坦茨勒:《梵文基础读本》，季羡林译，北京大学出版社 2009 年版。

48. ［美］博格:《康德、罗尔斯与全球正义》，刘莘、徐向东等译，上海译文出版社 2010 年版。

49. ［德］洪堡特:《洪堡特语言哲学文集》，姚小平编译，商务印书馆 2011 年版。

50. ［新加坡］赖蕴慧:《剑桥中国哲学导论》，刘梁剑译，世界图书出版公司 2013 年版。

（六）

1. ［日］井上哲次郎、有贺长雄编:《改订增补哲学字汇》，东洋馆书店明治十七年版。

2. ［日］武内义雄:《中国思想史》，岩波书店 1936 年版。

3. ［日］伊藤隆寿:《中国仏教の批判的研究》，大藏出版株式会社 1992 年版。

4. ［日］子安宣邦:《汉字论：不可避の他者》，岩波书店 2003 年版。

5. ［日］九鬼周造:《いきの构造》，岩波书店 2004 年版。

6. Anderson，Benedict. *Imagined Communities: Reflections on the Origins and Spread of Nationalism*. Verso Press，1983.

7. Austin，J. L. *Philosophical Papers*. Oxford University Press，1961.

8. Bai，Tongdong. *China: The Political Philosophy of the Middle Kingdom*. Zed Books，2012.

9. Bauer，Wolfgang. *Geschichte der chinesischen Philosophie*.

Muenchen: Beck, 2001.

10. Bornemann, Eduard. *Griechische Grammatik*. Frankfurt am Main: Verlag Moritz Diesterweg, 1978.

11. Chan, Alan. *Two Visions of the Way: A Study of the Wang Pi and Ho-shang Kung Commentaries on the Lao-tzu*. State University of New York Press, 1991.

12. Chan, Wing-tsit (trans. and Complied). *A Source Book in Chinese Philosophy*. Princeton University Press, 1963.

13. Chomsky, N. *Cartesian Linguistics: A Chapter in the History of Rationalist Thought*. Haper and Row, 1966.

14. Elberfeld, Rolf. *Phaenomenologie der Zeit im Buddhismus: Methoden interkulturellen Philosophierens*. Bad Cannstatt, 2004.

15. Elman, Benjamin A. *From Philosophy to Philology: Intellectual and Social Aspects of Change in Late Imperial China*. Harvard University Press, 1990.

16. Gipper, Helmut. *Gibt es ein sprachliches Relativitaetsprinzip? Untersuchungen zur Sapir-Whorf-Hypothese*. Frankfurt am Mainz: S. Fischer, 1972.

17. Goodin, Robert. Pettit, Philip. Pogge, Thomas (eds.). *A Companion to Contemporary Political Philosophy*, second editon. Blackwell, 2007.

18. Graham, A. C. *Disputers of the Tao: Philosophical Argument in Ancient China*. Open Court, 1989.

19. Graham, A. C. *Studies in Chinese Philosophy and Philosophical Literature*. State University of New York Press, 1990.

20. Granet, Marcel. *La Pensée Chinoise*. la Renaissance du Livre, 1934.

21. Habermas, J. *The Inclusion of the Other: Studies in Political Theory*, ed. by Ciaran Cronin and Pablo De Greiff. MIT Press, 1998.

22. Hall, David L. and Ames, Roger T. *Thinking Through Confucius*. State University of New York Press, 1987.

23. Hansen, Chad. *A Daoist Theory of Chinese Thought: A Philosophical Interpretation*. Oxford University Press, 1992.

24. Hansen, Chad. *Logic and Language in Ancient China*. The Univerity of Michigen Press, 1983.

25. Harbsmeier, Christoph. *Language and Logic*, in Joseph Needham, *Science and Civilization in China*, Vol 7. Cambridge University Press, 1998.

26. Hall, David L. & Ames, Roger T. *Thinking Through Confucius*. State University of New York Press, 1987.

27. Hanson, Chad. *Language and Logic in Ancient China*. University of Michigan Press, 1983.

28. Hsiao, Kung-chuan. *A Modern China and a New World: K'ang Yu-wei, Reformer and Utopian, 1858—1927*. University of Washington Press, 1975.

29. Heidegger Martin. *Vortraege und Aufsaetze*. Verlag Guenther Neske, 1954.

30. Heidegger, Martin. *Wegmarken*. Vittorio Klostermann, 1976.

31. Heidegger, Martin. *Holzwege*. Vittorio Klostermann, 1977.

32. Heidegger, Martin. *Heraklit*. Vittorio Klostermann, 1979.

33. Heidegger, Martin and Fink, Eugen. *Heraklit: Seminar Wintersemester 1966/1967*. Vittorio Klostermann, 1970.

34. Herder, J. G. *Ideen zur Philosophie der Geschichte der Menschheit*, *Herders Saemtliche Werke*. B. Suphan Hg., Bd. 14. Weidmannsche Buchhandlung, 1909.

35. Hobbes, Thomas. *Philosophical Rudiments. The English Works of Thomas Hobbes*, Vol. 1, collected and edited by Sir William Molesworth. John Bohn, 1969.

36. Jullien, F. *Figures de l'immanence*. Grasset, 1993.

37. Kahn, Charles H. *The Verb "Be" in Ancient Greek*. Reidel, 1973.

38. Lakoff, George. Johnson, Mark. *Metaphors We Live By*. The University of Chicago Press, 1980.

39. Nietzsche, Friedrich. *Jenseits von Gut und Boese. Saemtliche Werke* (Kritische Studienausgabe in 15 Baenden), Herausgegeben von Giorgio Golli und Mazzino Montinari, Band 5. de Gruyter: Deutscher Taschenbuch Verlag, 1980.

40. Polanyi, Michael. *The Tacit Dimension*. Peter Smith, 1983.

41. Plato. *The Collected Dialogues of Plato*. edited by Edith Hamilton and Huntington Cairns. Princeton University Press, 1961.

42. Rosemont, Henry (ed.). *Chinese Texts and Philosophical Contexts: Essays Dedicated to Augus C. Graham*. Open Court, 1991.

43. Sim, May. *Remastering Morals with Aristotle and Confucius*. Cambridge University Press, 2007.

44. Stenzler, A. F. *Elementarbuch der Sanskrit-Sprache*, 19. Auflage. Walter de Gruyter, 2003.

45. Tong Shijun. *The Dialectics of Modernization: Habermas and the Chinese Discourse of Modernization*. Wild Peony Pty. Ltd., 2000.

46. Wagner, Rudolf G. *A Chinese Reading of the Daodejing: Wang Bi's Commentary on the Laozi with Critical Text and Translation*. State University of New York Press, 2003.

47. Whorf, Benjamin Lee. *Language, Thought and Reality: Selected writings of Benjamin Lee Whorf*, ed. and with an introduction by John B. Carroll. M. I. T. Press, 1978.

48. Yu, Jiyuan. *The Ethics of Confucius and Aristotle: Mirrors of Virtue*. Routledge, 2007.

49. Zabala, Santiago. *The Remains of Being: Hermeneutic Ontology*

after Metaphysics. Columbia University Press, 2009.

50. Ziporyn, Brook. *Evil and/or/as the Good: Omnicentrism, Intersubjectivity and Value Paradox in Tiantai Buddhist Thought*. Harvard University Press, 2000.

（七）

1. Anscombe, G. E. M. Modern Moral Philosophy. *Philosophy: The Journal of the Royal Institute of Philosophy*, January, 1958, Vol. XXXⅢ.

2. Benveniste, E. Catégories de pensée et categories de langue, in Benveniste, E. *Problèmes de linguistique générale*, Vol. 1. Editions Gallimard, 1966.

3. Cheng, Chung-Ying. Inquires into Classical Chinese Logic. *Philosophy East & West*, July-October, 1965, Vol. 15, pp. 195-216.

4. Deiéville, Paul. La penetration du Bouddhisme dans la tradition philosophique chinoise. dans *Choix d'études Bouddhiqes* (*1929—1970*). E. J. Brill, 1973.

5. Deiéville, Paul. Le boddhisme et la guerre. dans *Choix d'études Bouddhiqes* (*1929—1970*), E. J. Brill, 1973.

6. Gedalecia, David. Excursion into Substance and Function: The Development of the *ti-yung* Paradigm in Chu Hsi. *Philosophy East and West*, 26 (1974).

7. Huang Yong. Two Dilemmas in Virtue Ethics and How Zhu Xi's Neo-Confuciansim Avoids Them. *Journal of Philosophical Research*, 2011, Vol. 36.

8. Liu Liangjian (Sky Liu). Review of Yu Zhenhua's *How is Metaphysical Truth Possible*. *Dao: A Journal of Comparative Philosophy*, summer 2002, Vol. 1, No. 2.

9. Liu Liangjian (Sky Liu). Review of Yang Guorong's *Existence and Ethics*. *Dao: A Journal of Comparative Philosophy*, winter 2002, Vol. 1, No. 3.

10. Liu Liangjian (Sky Liu). Review of Chen Yun's *Returning to the Authentic Existence*. *Dao: A Journal of Comparative Philosophy*, Winter 2003, Vol. 3, No. 1.

11. Liu Liangjian (Sky Liu). Review of Gong Hua'nan's *Knowing and Being*. *Dao: A Journal of Comparative Philosophy* Summer 2005, Vol. 7, No. 2.

12. Liu Liangjian (Sky Liu). Review of Fang Xudong's *To Honor Moral Virtues and To Follow the Path of Inquiry and Learning*. *Dao: A Journal of Comparative Philosophy*, 2007, Vol. 8, No. 2.

13. Liu Liangjian (Sky Liu). Review of Wu Zhen's *On Thaizhou School*. *Dao: A Journal of Comparative Philosophy*, 2011, Vol. 10, No. 4.

14. Liu Liangjian (Sky Liu). Review of Huang Chun-chieh's *The Confucian Classics and Their Ideas in the Cultural Interaction in East Asia: Interaction, Transformation and Syntheses*. *Dao: A Journal of Comparative Philosophy*, 2012, Vol. 11, No. 3.

15. Liu Liangjian (Sky Liu). Review of Peng Guoxiang's *Interpretation and Examination of Confucian Tradition*. *Journal of Chinese Philosophy*, 2013, Vol. 40, No. 3/4.

16. McDowell, J. Two Sorts of Naturalism, in McDowell, J. *Mind, Value and Reality*. Harvard University Press, 1998.

17. Moeller, Hans-Georg. Contexts and Concepts: An Introduction to Yang Guorong's Concrete Metaphysics, forthcoming.

18. Paul, Gregor. Argumente fuer die Universalitaet der Logik, in *Hôrin: Vergleichende Studien zur japanischen Kultur*, München, Iudicium Verlag, 1994, Bd. 1, SS. 57-86.

19. Pogge, Thomas. Rawls on International Justice. *The Philosophical Quarterly*, April 2001, Vol. 51, No. 2003.

20. Rosemont, Henry, Jr. On Representing Abstractions in Archaic Chinese. 1974, *Philosophy East and West*, Vol. 24, No. 1.

21. Tang Fan. Study on the History of Chinese *Xiaoshuo* in Terms of Terminological Interpretations: A Brief Introduction to *Annotations on Terminologies of Genres and Writing Techniques in Ancient Chinese Xiaoshuo*, in *ECNU Review*, Vol. 2. East China Normal University Press, 2013.

22. Virtue Ethics, in *Encyclopaedia Britannica Online*. http://0-search. eb. com. libecnu. lib. ecnu. edu. cn/eb/article-252575

23. Ziporyn, Brook. *Li* (Principle, Coherence) in Chinese Buddhism. *Journal of Chinese Philosophy* 30 (3-4).

索引

跋

杨国荣师著文讨论语言的形上之维，启人深思。读博期间，有一次旁听陈嘉映教授的一门课程，萌生了“汉语言哲学”的想法。十余年来，这一想法挥之不去，经过断断续续的思考，涵养往复，现在似乎略有眉目。不揣鄙陋，作《汉语言哲学发凡》，试图初步阐明汉语言哲学的旨趣和内涵。汉语言哲学旨在尝试一种有别于通行范式的中国哲学研究，通过哲学语法考察研究哲学问题。汉语言哲学与中国哲学研究之间存在互动关系：一方面，基于语言的独特经验研究语言哲学的问题，另一方面，以语言哲学为进路推进中国哲学研究。通过具体的研究展示汉语言哲学之思如何在中国哲学研究的过程中逐渐生发，又如何反过来为中国哲学研究提供新的角度。少年时读陈望道《修辞学发凡》，对“发凡”一词情有所钟，不意今天可以借来一用。

本书系教育部人文社科重点研究基地华东师范大学中国现代思想与文化研究所重大项目“汉语与中国思想的特质：中国当代文化建设的语言哲学向度”（项目号：11JJD720012）的研究成果之一。我的朋友臧要科、俞喆、吴晓番和鲍永玲共同参与了该课题的研究，大家各有所获。本书部分内容曾经以论文的形式问世。特别感谢高瑞泉教授、付长珍教授、杨海文教授、唐忠毛副教授、苟小泉副教授在论文发表上的提携与帮助。华东师大哲学系中国哲学博士生安谧、硕士生郁梦恬、张靖杰、吴闻仪、李广骁在文字录入、格式订正、参考文献编制等方面付出了辛苦劳作，芥末一如既往地帮忙校订终稿，在此谨致谢忱。本书的顺利出版离不开孙海芳老师热忱、专业而高效的编辑工作。

本书以“论”为体裁，却远未达到“弥纶群言，而研精一理”（《文心雕龙·论说》）的要求，对汉语言哲学的思考在深度上更是不尽如人意，但愿在拟定的后续工作“金岳霖语言哲学研究”中能有所改进。

甲午年春识于云间茫然斋榕树下。

郑重声明